大学与地方社会
以河南大学为中心
（1912—1949）

杨涛 ◎ 著

中国社会科学出版社

图书在版编目（CIP）数据

大学与地方社会：以河南大学为中心：1912－1949／杨涛著 .—北京：中国社会科学出版社，2023.6
ISBN 978－7－5227－1500－1

Ⅰ.①大… Ⅱ.①杨… Ⅲ.①地方高校—关系—社会发展—研究—河南 Ⅳ.①G649.21②D676.1

中国国家版本馆 CIP 数据核字（2023）第 032136 号

出 版 人	赵剑英
责任编辑	单　钊　李凯凯
责任校对	郝阳洋
责任印制	王　超

出　　版	中国社会科学出版社
社　　址	北京鼓楼西大街甲 158 号
邮　　编	100720
网　　址	http://www.csspw.cn
发 行 部	010－84083685
门 市 部	010－84029450
经　　销	新华书店及其他书店
印　　刷	北京明恒达印务有限公司
装　　订	廊坊市广阳区广增装订厂
版　　次	2023 年 6 月第 1 版
印　　次	2023 年 6 月第 1 次印刷
开　　本	710×1000　1/16
印　　张	18.75
字　　数	298 千字
定　　价	98.00 元

凡购买中国社会科学出版社图书，如有质量问题请与本社营销中心联系调换
电话：010－84083683
版权所有　侵权必究

序

　　大学与地方社会的关系在中国近代高等教育的发展历史上，实在是一个值得认真探讨的课题。从源头上考察，许多大学的创办本身，就与地方有着千丝万缕的联系；在以后的发展中，这种联系更是逐步加深，互为资源、相互促进、取得双赢。众所周知，19世纪末中国近代大学起步之初先后成立的天津中西学堂（1895）、上海南洋公学（1896）、浙江求是书院（1897）、京师大学堂（1898）等，除京师大学堂是由清政府直接创办者外，其余三所均是由地方政府或个人团体集资创办的。这些近代高等教育机构的萌芽能在上述地区破土而出并茁壮成长，与天津、上海、杭州等地的地理位置和彼时彼地的政治、社会、经济、文化状况有直接的关系；其结果是，这些地区在一个多世纪的发展进程中，到处都留下了天津大学、交通大学和浙江大学的深深印记，至今方兴未艾。

　　进入21世纪，大学与地方社会关系日益受到学界重视，研究成果相对丰富起来，关注的内容也呈现多样化的特点，既有某一领域的深度挖掘，也有各个领域的全面展开。但是，毋庸讳言，关注的重点仍然主要集中在沿海、沿江开放较早地区举办的大学或高等教育机构；或者是特色鲜明、在全国有较大影响的一些学校。大量的省区一级的大学与地方社会的关系，尚未受到应有的重视，这对于教育史、特别是地方教育史和地方史的研究而言，应该说是一种缺憾。

　　杨涛博士的新著《大学与地方社会：以河南大学为中心（1912—1949）》是这方面的一个尝试。全书通过"学校与地方政府的互动""地方教育的引领者""地方文化的改良者""地方经济的建设者"等专题，全面探讨了河南大学在中华民族灾难深重的特殊历史时期，学校与她的母体——河南地区相傍相依、不离不弃,四十年间所走过的曲折道路;生动地展现了一个省区对一所大学的生存和发展至关重要的支持与扶植,比较全面地展现了一所大学对一个省区政治、经济、文化、教育等事业发展的无可替代的全面回哺。这本著作的基本框架和内容是十几年前他的博士毕业论文。毕业后杨涛先回家乡河南的一所大学工作,之后又去陕西的一所大学任教,最近几年则来到地处东南沿海的浙江,在一所高校工作。十几年来辗转中原、西北和江南三个区域三所高校工作的体悟,使他有机会进一步从地域角度思考和完善"大学与地方社会"这个专题的内涵。从书稿中可以看出,与原来的博士论文稿相比,本书增加了不少内容。这可能也是历史研究的一个特点,随着阅历的加深和时间的积淀,对学术问题的思考和理解会有一种潜移默化的提升。希望杨涛博士就此专题进一步拓展,在中国近代高等教育史领域做出新的探索。

是为序。

田正平

壬寅深秋于浙江大学西溪校区

目 录

导 论 ……………………………………………………… (1)
  一　选题缘由与意义 ……………………………………… (1)
  二　相关研究的学术史回顾 ……………………………… (8)
  三　几个需要说明的问题 ………………………………… (26)
  四　研究方法和论文框架 ………………………………… (29)

第一章　学校与地方政府互动：从留学预备学校到国立大学 ……… (33)
  第一节　政权更替下新型学校的创建 ……………………… (34)
    一　时代的机遇 …………………………………………… (34)
    二　地方先进知识分子的努力 …………………………… (36)
  第二节　综合性大学的肇基与确立 ………………………… (39)
    一　综合性大学的肇基 …………………………………… (39)
    二　综合性大学的确立 …………………………………… (64)
  第三节　抗战期间辗转迁移与国立化 ……………………… (72)
    一　迁川计划的流产 ……………………………………… (72)
    二　抗战胜利前夕的浩劫 ………………………………… (75)
    三　抗战烽烟中国立化的实现 …………………………… (77)
    四　抗战胜利后复员 ……………………………………… (85)
  本章小结 …………………………………………………… (86)

第二章　地方教育的引领者：全方位推动全省教育发展 ………… (90)
  第一节　推动省级教育经费在全国率先独立 ……………… (90)

  一　教育经费独立运动的背景 …………………………… (91)
  二　引领全省教育界索薪 ………………………………… (96)
  三　推动全省教育经费得以独立 ………………………… (99)
  四　采取措施保证教款顺利征收 ………………………… (104)
 第二节　与地方社会良性互动的硕果："廉方教学法" ……… (113)
  一　"廉方教学法"的创始人与"廉方教学法"特色 …… (114)
  二　"廉方教学法"实验前后与地方政府的互动 ………… (118)
  三　"廉方教学法"的影响 ………………………………… (123)
 第三节　对全省中等教育的贡献 ……………………………… (125)
  一　中等教育骨干人才的重要摇篮 ……………………… (126)
  二　主持和参与创办的中学 ……………………………… (128)
 第四节　创建省立百泉乡村师范 ……………………………… (143)
  一　吸收借鉴先进经验，创办百泉乡村师范 …………… (144)
  二　公平的教师聘任和招生制度 ………………………… (150)
  三　"军农中心主义教育"的基本办学原则与实践 ……… (155)
  四　省立百泉乡村师范的成就 …………………………… (159)
 本章小结 ………………………………………………………… (161)

第三章　地方文化的改良者：传播和传承先进文化 ………… (164)

 第一节　创办进步刊物　传播爱国主义思想 ………………… (164)
  一　1937年以前创办的主要进步刊物 …………………… (165)
  二　进步刊物对爱国主义思想的传播 …………………… (166)
 第二节　改进地方社会风俗 …………………………………… (177)
  一　樊粹庭对全省民众教育的贡献 ……………………… (179)
  二　沈世祺和杨晓晴等对省立民众教育馆的机构改革 … (187)
 第三节　樊粹庭对豫剧的改良 ………………………………… (198)
  一　豫剧改良前的缺陷 …………………………………… (199)
  二　樊粹庭对豫剧改良的基础 …………………………… (203)
  三　樊粹庭对豫剧改革的贡献 …………………………… (205)
 第四节　对殷墟发掘的贡献 …………………………………… (212)
  一　协调中央研究院与省图书馆纠纷 …………………… (213)

二　参与殷墟发掘工作 …………………………………… (220)
　本章小结 ………………………………………………………… (224)

第四章　地方经济的建设者：立足现实促进社会经济发展 ……… (226)
　第一节　采用多种方式促进地方农村经济发展 ………………… (227)
　　一　成立农业调查和推广机构 …………………………… (229)
　　二　开展农业推广和改良的代表性事件概略 …………… (234)
　　三　对棉花和小麦的改良和推广 ………………………… (243)
　第二节　积极参与蝗灾治理 ……………………………………… (254)
　　一　民国时期河南的蝗灾 ………………………………… (254)
　　二　对蝗虫灾害的应对 …………………………………… (258)
　本章小结 ………………………………………………………… (263)

结　语 ……………………………………………………………… (264)

参考文献 …………………………………………………………… (270)

后　记 ……………………………………………………………… (290)

导　　论

一　选题缘由与意义

（一）选题缘由

19世纪末期，中国开始出现具有现代意义的大学，至20世纪30年代初期，初步形成一个大学、独立学院和专科学校共存的、相对完整的现代高等教育体系。然而，需要指出的是，这个体系中的大部分高等院校分布在沿海、沿江和北平等中外文化交汇较早、工商业相对发达的地区，而广大内陆地区数量较少。

根据1934年南京国民政府教育部的统计数据，当时全国共有本科以上的综合性大学和独立学院76所，其中，上海18所；北平12所；河北省（含天津市）8所；广东省6所；南京市[①]、福建、四川、山西等省市各3所；江苏、浙江、山东、湖北、湖南、河南、辽宁等省份各2所；安徽、广西、云南、新疆、吉林、甘肃等省区各1所；而江西、陕西、贵州、绥远、宁夏、察哈尔、热河、黑龙江、西康、蒙古等省区连一所大学都没有。[②] 从这些综合性大学和独立学院的地域分布上考察，上海、河北、广东、南京、福建、江苏、浙江、山东、湖北、湖南、辽宁、安徽等沿海、沿江省份和北平的大学共计63所，而这些地区之外的广大内陆地区仅有13所。

可以说，中国高等教育体系形成之初，在地域分布上就显示出极不

[①] 1927年，国民政府定都南京后，把南京从江苏省分离出来升格为特别市，而后把镇江作为江苏省省会。该统计是按照当时中国的行政区划而进行的。

[②] 国民政府教育部教育年鉴编纂委员会编：《第一次中国教育年鉴（丙编·教育概况·上）》（影印版），台北：传记文学出版社1971版，第19页。

均衡的状态。

中国高等教育体系形成之初的这种地域分布，有一定的历史和现实原因。从历史传统上看，自南宋以后，东南沿海因为政治、经济、文化的优势取代了原先北方的优势地位，中国文化与教育的发展重心转向了南方。而自元明清三个朝代至1927年，北京一直是首善之区，文化教育也得到快速发展。另外，鸦片战争以后，随着通商口岸被迫开放，沿海沿江地区成为中西政治、经济和文化交汇融通的最前沿。随着西方势力的楔入，沿海沿江地带率先逐渐从古老的传统社会中剥离出来，在经济、政治、文化等方面形成了与内地相对立的特色。[①] 毋庸讳言的是，由于现代中国大学本身就是从西方大学的"模式"移植而来，而沿海沿江地区接受"欧风美雨"的浸润较早，中国现代许多著名学府分布在这里也不足为奇了。

中国历史传统和近代现实原因交织在一起，导致中国现代高等教育自起步始就埋下了不均衡布局的伏笔，到抗战全面爆发前，这种不均衡状况在中国现代高等教育发展过程中一直得到延续，从而使中国现代高等院校机构在形成一个相对完整体系的时候，大都分布在沿海沿江地区。然而，尽管现代大多数大学都分布在沿海沿江地带，但内陆地区也曾产生了一批在当时当地以至当代都比较有影响的现代大学，如山西大学、河南大学、四川大学、广西大学以及云南东陆大学[②]等。这些大学虽然没有沿海沿江地区的大学"著名"，但同为近代中国社会的发展和中国高等教育早期现代化做出了巨大贡献。

也许是中国现代高等教育体系这种不均衡布局的缘由，学术界对中国现代大学的研究，无论是宏观研究还是个案研究，基本上都集中于沿海沿江地区的著名大学，而对相对落后的内陆省份大学（除了近代山西大学在发展过程中自身的特殊性而受到较多关注外）的研究则相对薄弱。这种研究现状，在某种程度上使中国近代高等教育史在研究对象上表现出以沿海沿江近代发达地区大学为中心的"发达地区高等教育史"的研

[①] 陈达凯等：《中国现代化史·1800—1949（第一卷）》，学林出版社2006年版，第13—14页。

[②] 即今云南大学。

究取向。对于这种研究现状，套用费正清的一句话是比较合适的，即近代中国大学发展的历史，"一些重大的事件已被人们所了解……同时，许多较次要的事件仍然未被人知或者被忽视"。①

在促进近代中国社会发展的过程中，虽然沿海沿江地区的大学堪称"主力"，但也有内陆经济相对落后地区大学的参与，只是存在着时间先后和贡献大小的差别而已。忽视了对内陆大学发展的研究，就可能在对现代中国高等教育发展的历史和理论研究中形成一种"马太效应"的局面，也可能无从了解中国高等教育发展的全部经验和得失。如今，随着中国高等教育的快速发展，也出现了许多亟待解决的问题。对于这些问题，正如有学者所言："许多现实的教育问题需要总结历史的经验来予以科学的回答。"② 然而，想要系统了解中国现代高等教育跌宕起伏的发展历程以及全面总结近代中国大学发展史上的经验教训，绝不仅仅是以沿海沿江地区著名大学为研究对象就可以做到的，而应当是对不同地域现代大学的全面研究。

基于上述原因，本书把当今学术界关注较少的河南大学作为研究对象，把1912年至1949年河南大学与河南社会之间的互动关系作为关注的中心来进行个案研究。

众所周知，作为社会的子系统，"大学像其他人类组织——如教会、政府、慈善组织一样，处于特定时代总的社会结构之中而不是之外"③。大学在发展过程中，一直在与时俱进地调适着自身与所处区域的社会变迁之间的关系，以便使自身能够得到区域社会的支持而取得进一步发展。同时，通过与所处区域发展的各个方面保持合理张力，大学也力图通过自身的努力来促进所在区域的教育、经济以及文化等诸多方面发展。从这一角度看，把大学的发展放在与所处区域社会互动发展的视域中考察，可能对其发展轨迹把握得更准确一些。因此，本书不是仅仅针对民国时期河南大学自身发展所进行的一项类似于校史式样的研究，而是把河南

---

① 费正清主编：《剑桥中国晚清史》，中国社会科学出版社1993年版，第1页。
② 田正平、肖朗：《教育史学科建设的回顾与前瞻》，《教育研究》2003年第1期。
③ ［美］亚伯拉罕·弗莱克斯纳：《现代大学论——美英德大学研究》，徐辉、陈晓菲译，浙江教育出版社2001年版，第1页。

大学的发展历程放在1912年至1949年河南社会变迁乃至这一段时期中国社会发展的大背景下，从河南大学和河南社会发展关系的角度所进行的一项地方大学与当地社会如何互动发展的研究。

1949年以前，河南大学的历史几乎是和时代同步的。1912年，河南大学的前身——河南留学欧美预备学校建立，历经河南省立中州大学、河南省立中山大学、省立河南大学和国立河南大学五个不同阶段。河南大学在每个阶段的发展，都和河南具体的社会环境关系密切。

1912年民国初创，河南的一批有识之士深感河南身处内陆，风气闭塞，新型人才缺乏，"学战阙员，既不能与各国相角逐，复不能与各省相角逐……留学无人，则真文明无其导线，真事业无其原质，后此共和国之河南各个人、各社会，犹是前此专制国之各个人、各社会，以之入政治竞争、文化竞争、经济竞争、生存竞争之场，必永无河南人之立足地。"① 在这种指导思想下，他们发起成立了河南留学欧美预备学校。

在从一所以培养留学生为主体的专科学校到综合性大学的发展过程中，由于民国时期河南社会动荡较大，长时间战乱不断，不同军阀相继在这里主政，主政军阀对教育的态度对河南大学的发展产生了重要影响。抗战时期，河南又成为抗日前线，河南大学在抗战时期的相当长时间并没有像当时其他大学那样远迁大后方，而是在河南省境内辗转搬迁，不时受到日军骚扰，加之民国时期河南频发的自然灾害，土匪遍地。这些社会因素和政治环境对河南大学的发展多有影响。在动荡的社会环境中，河南大学不仅克服各种困境、充分利用各种有利机遇，从小到大发展起来；而且结合河南社会实际情况，对河南地方社会发展尽可能地做出了自己的贡献。除了发挥自身最为基本的人才培养职能，培养了一大批适应国家和地方社会发展的新型人才外；河南大学也通过其他方式推动了河南的发展，直接服务于地方文化发展、社会生产、参与地方自然灾害的预防和治理，从而在教育、文化、经济等诸方面推动了河南社会的发展。可以说，河南大学在河南社会各种因素影响下不断发展的同时，也一直努力地为河南社会做着各种贡献。

---

① 林维镐、林伯襄、刘鸣晟：《筹备留学欧美学校公启》，《大中民报》1912年4月29日第1版。

了解河南大学与民国时期河南社会之间的这种互动发展关系，不仅可以系统深入地看到民国时期河南大学发展过程中影响其发展的校园内外的众多活动，在一定意义上有益于拓展有关河南大学的研究领域，而且可以进一步推进对河南大学这所百年老校发展的研究。同时，通过探讨河南大学与河南社会的互动发展，虽不敢说可以通过这一个案研究来看到近代大学与地方社会，尤其是内地大学与地方社会互动的整体面貌，但也可以从另一个视角发现一些以往研究所看不到的多重面相。需要指出的是，在以往与河南大学相关的论著中，提及河南大学发展历程的较多，但可能是研究主旨的关系，对河南大学发展过程中与河南社会之间的关系，则几乎都是一笔带过。应该说，这是对民国时期河南大学乃至河南近代教育史研究的一个薄弱环节。

（二）研究意义

1. 有助于更全面、充分地了解中国现代高等教育的实况

如前所述，由于现代中国的著名大学几乎都是从沿海沿江、中西文化碰撞最为激烈的地区发展而来的，因此，近几十年来出版的对现代大学进行研究的有关中国现代高等教育著作，视角大多集中在沿江沿海地区的著名大学，而广大内陆地区现代大学的发展，则几乎游离于教育史研究者的视野之外。实质上，每一个地方的大学在发展过程中都有自己的问题和特征，都有不同于其他大学的发展特色，也都是促进现代中国社会发展的不可或缺的组成部分。中国现代高等教育的发展，应当是不同地区的共同参与。单凭对几所著名大学的研究，可能无法清楚了解中国现代高等教育发展的复杂性，也无法了解不同区域大学对不同地方社会所做的独特贡献。

1912年至1949年，河南省是一个经济、文化和教育都不算发达的内陆省份，加之四境环战，在相对落后的情况下，直到1923年，河南省才真正拥有了第一所现代意义的高等教育机构——由河南留学欧美预备学校升格而来的河南中州大学。经过多年发展，河南大学跻身民国时期为数不多的多学科综合性大学行列，而且在抗战全面爆发以前，河南大学已经成为在沿海沿江以外的内陆地区学科门类最为齐全的高校。作为民国时期河南省唯一一所综合性高等院校，河南大学在一定程度上成为河

南社会发展的重要动力源。由于河南大学主要依靠民国时期河南省自身的力量发展而来,那么,在河南大学发展过程中,民国时期河南社会所存在的哪些因素成为河南大学发展过程中的动力和阻力?在河南省处于举足轻重地位的河南大学,又在当地社会发展中起到了什么作用?扮演了什么样的角色?河南大学从哪些方面促进了民国时期河南社会的发展?诸如此类的问题既为我们深入探讨和研究河南大学展现了一个新的窗口,又为研究近代大学与地方社会互动发展相关的诸多因素提供了大有裨益的可供挖掘的素材和更为广阔的问题意识。

本书力图从河南大学与民国时期河南社会相互关系出发,通过对河南大学与河南社会多种因素之间关系的铺陈和分析,展示河南大学与河南社会互动发展的多维图景,以便从较为广阔的层面上系统性地揭示出近代内陆大学和地方社会之间互为依存的内在关系。

在以往中国教育史研究中,对一所大学与地方关系的关注较少,从而使得对中国现代高等教育发展状况的了解不够全面。因此,以河南大学与民国时期河南社会的互动发展为个案进行研究,有助于弥补以往相关研究的不足,有利于更加充分地了解近代大学与地方社会之间的互动关系。

2. 从大学与地方社会关系的角度切入,有助于扩大研究视野

辛亥革命以后,中国整个社会在很长时间内处于动荡之中,割据混战局面产生了不同的利益群体,大部分权力与资源仍然分散于地方和民间,国家分裂,中央权力衰败。从1912年至1928年,中央内阁变更了47次,[①]致使地方主义盛行。这一状况对民国时期高等教育发展具有正负双重效应。一方面,中央政府在一定程度上丧失了对社会很多层面的约束力,从而使中国现代高等教育在一定时期和一定程度上能够自由地、自发地生长和发展。这也使得在民国成立后的相当长时间内,中国很多新型大学的创建,主要是由地方政权和民间推动。另一方面,"这一切又是在无序化的状态下自发形成的,而现代文明各因子之间缺乏有组织的相互联系和呼应,很难产生整体效应"[②]。在这种状况下,关于高等教育

[①] 陈旭麓:《近代中国社会的新陈代谢》,上海人民出版社1992年版,第362页。
[②] 陈达凯等主编:《中国现代化史》,学林出版社2006年版,第10页。

的发展规划，虽然中央政府出台了很多制度和政策，一些著名的教育家也提出了自己的理念和思想。但这些制度和思想在具体实施过程中，可能会由于大学所处地域的不同而发生"变异"。

在上述背景下，有关现代大学的创建和发展，即使是处于同一区域的大学在特色上也各不相同。而由于地域特色各异，在不同地方社会各种因素的影响下，不同区域的大学在创建和发展过程中则更是互为"单体"，即便有的看似形似，也有千差万别之神异。因此，从大学与地方区域社会互动发展的角度切入探讨地方大学与地方社会之间的关系，有助于透过现代高等教育发展的历史表象，更加准确地把握现代不同地域高等教育发展的步伐和节奏，从而扩大中国近代高等教育史的研究视野。

3. 有助于为当代大学和所在区域社会良性互动提供有益借鉴

虽然中国现代大学与地方社会之间的发展关系已经成为过往的历史，然而，历史不仅仅关系着已经逝去的制度、政策、人物和事件，亦可用来诠释和理解当下发生的事件。诚如马克·布洛赫所言："各个时代的统一性是如此紧密，古今之间的关系是双向的。对现实的曲解必定源于对历史的无知。"[①] 中国近代高等教育史研究的重要目的之一，就是希望能够为中国当代高等教育的发展提供经验和教训。"对过去我们看的愈清晰，未来发展的可能性就愈多"。[②] 从这个角度看，对中国近代高等教育史的研究，不仅要对中国现代高等教育自身的发展历程进行研究，更要从影响中国现代高等教育发展的众多芜杂、纷乱的社会状况中寻找影响现代中国高等教育发展的诸多社会元素，以帮助我们进一步了解甚至改善当代高等教育发展的环境。从大学与区域地方社会互动发展的角度出发，能够促使我们的研究更加细微，以便从宏大叙事的结构内打捞出以往被忽略的碎片，把它们复原成生动的图像，不仅能够更加清晰地了解近代中国大学发展过程中的曲折历程，还能够更加深入地了解中国现代高等教育的发展状况以及影响中国现代高等教育发展的不同地方性社会

[①] [法] 马克·布洛赫：《历史学家的技艺》，张和声、程郁译，上海社会科学院出版社1997年版，第36页。

[②] [德] 雅斯贝尔斯：《什么是教育》，邹进译，生活·读书·新知三联书店1991年版，第38页。

因素，以为当代不同大学和所在区域地方社会良性互动提供有益的借鉴。

二 相关研究的学术史回顾

目前为止，关于近代内陆大学与地方社会互动发展的研究成果尚不多见，但关于现代中国大学研究的成果，近年来则十分丰富。

（一）1949年以前

1949年以前，关于中国现代大学的研究，大多是以章节或者片段的形式在一些断代教育史或者教育专题史著作中出现，很少有高等教育专题研究的著作出版。对高等教育发展的论述，多是以对高等教育的整体性研究为主。具有代表性的有周予同的《中国现代教育史》①、陈翊林的《最近三十年中国教育史》②、商务印书馆主编的《最近三十五年之中国之教育》③等。这些论著中，对现代中国高等教育的发展状况多有研究。然而，对大学与社会互动发展则关注较少。

当然，有些学者已经注意到了教育发展和社会发展相辅相成的联系。周予同就认为："社会是整个的，教育制度不过是社会的上层建筑，教育工作不过是社会的部分功能，离开全社会的观点，是无法了解教育，讲述教育的。"④舒新城则认为："教育活动是与人类共悠久的，论范围也是'无边弗界'的，然而它绝不能离开他⑤种社会活动而独立自存。而且因为它历史悠久与范围广大，对于其他各种社会活动的影响也特别的大：第一，它与现实政治的关系太密切；第二，社会风俗对于它的拘束力太大；第三，它不能反抗时代思潮。"⑥陈翊林的理解更为明确："我们必须明了一个国家的历史本是整个的，教育在整个的历史中，不但与本身上具有继续性，而与政治、经济、社会文化彼此关联，互相影响，万万不可忽略。从一方面说来，教育可以改造政治、经济、社会和文化，成了政治经济社会和文化的工具；从另一方面说来，政治、经济、社会和文

---

① 周予同：《中国现代教育史》，上海：良友图书出版公司1934年版。
② 陈翊林：《最近三十年中国教育史》，上海：太平洋书店1932年版。
③ 商务印书馆编：《最近三十五年之中国教育》，上海：商务印书馆1931年版。
④ 周予同：《中国现代教育史》，上海：良友图书出版公司1934年版，第3页。
⑤ 舒新城的原著即为该"他"，笔者在此不做改动。
⑥ 舒新城：《近代中国教育思想史》，上海：中华书局1933年版，第17页。

化可以推进教育,成为教育的动因。政治经济社会和文化有了变化,教育便随着变化。这在任何国家的教育历史上,都可找出例证来,而在近代中国历史中,更可看出教育受政治经济社会和文化的重大影响。"①

遗憾的是,虽然他们意识到了教育和社会相互关系的重要性,但在其相关著作中,关于高等教育和所处区域社会发展关系却没有进行系统的研究。周予同对中国现代大学的研究,主要集中在大学内部的组织行政、宗旨、课程、教学法以及管理等高等教育内部发展的研究上。在舒新城的著作中,则以专题的形式,论述了方言教育思想、军备教育思想、西学教育思想、西政教育思想、西艺教育思想、军国民教育思想与军事教育思想、实利教育思想与实用教育思想、美感教育思想、大同教育思想、职业教育思想、民治教育思想、独立教育思想、科学教育思想、非宗教教育思想、国家教育思想、公民教育思想、党化教育思想以及近代女子教育思想变迁等。② 和周予同一样,陈翊林虽然把中国近代高等教育分为"建立期"和"改造期",同时分别论述了近代教育在"建立期"和"改造期"所产生的社会背景,但具体研究的展开,也是只从高等教育的组织行政、宗旨、课程、教法与管理以及数字统计的角度来进行的,而对高等教育和社会的相互关系,则关注甚少。

可以看出,这一时期由于高等教育还没有形成本土化的、专门的研究领域,所以对中国高等教育发展的研究本身仍处于直观的经验探索阶段。大多关于中国高等教育发展的论述,都是分散在中国教育史的教科书和一般的著述中,侧重于从宏观性的制度和政策的角度对中国高等教育进行经验性的诠释,向人们展示中国高等教育发展过程中的历史图景,而很少把高等教育发展和社会发展之间的相互影响和相互关系作为研究视角,更不用说从一所大学与其所在地域社会相互关系的角度来进行专门性微观研究了。

(二) 1949 年以后

1949 年以后,有关中国现代高等教育史的研究,走过了从非系统研究向系统研究的发展路程,从而逐步形成了一个相对独立的研究领域。

---

① 陈翊林:《最近三十年中国教育史》,上海:太平洋书店 1932 年版,第 1—2 页。
② 舒新城:《近代中国教育思想史》,上海:中华书局 1933 年版。

在研究方法上，从最初对现代高等教育的划约化研究，逐渐深入到对相当数量的不同大学进行解构化研究。在汲取以往研究成果以及问题意识逐渐增强的基础上，一批针对不同区域现代大学的研究成果更是弥补了以往研究中平面化倾向的缺憾，其中，有些论著已经开始涉及社会变迁和大学互动发展的研究，同时，关于河南大学历史研究的一些论著也相继问世，但遗憾的是，有关河南大学与民国时期河南社会发展关系的研究成果还相当薄弱。

1983年，熊明安所著的《中国高等教育史》由重庆出版社出版，这是"中国第一本中国高等教育史的专题研究专著，开中国高等教育史系统研究之先河"①。此后，随着学术界对中国现代高等教育发展的日益关注以及学术氛围的日益宽松，出现了一大批有关中国现代高等教育史的学术研究成果，而且随着两岸三地以及中外学术交流的加强，台港澳和海外学者关于中国现代高等教育发展的一部分研究成果也被引介到大陆，使中国现代高等教育史研究呈现百花齐放局面，逐步形成了一个专门的研究领域。

在研究路径上，有关中国现代高等教育史的研究，则走过了从宏观研究向宏观与微观研究相结合、整体研究与专题研究互相汇通的发展路程。从最初对现代高等教育的整体研究，逐渐深入到对大学进行个案研究。随着研究视野的扩大以及中国教育史学界对社会学、社会史、人类学等学科研究成果的吸纳和内化，也出现了一批有关现代大学发展的区域性研究成果，其中，有些研究成果开始涉及大学和区域社会互动发展的问题。

从总体上考察中国近代高等教育史的研究路径，基本上可以归为四类：近代高等教育史的宏观研究、中国现代高等教育发展中有关大学的个案研究、中国高等教育发展进程中区域高等教育史研究以及不同地方大学与区域社会互动发展研究。这四类相关研究对本书均有着极大的借鉴意义。

---

① 杜成宪、邓小泉：《二十世纪中国教育学主干学科的发展与主要成就——中国教育史》，载叶澜《二十世纪中国社会科学：教育学卷》，上海人民出版社2005年版，第149页。

1. 相关研究著述

(1) 宏观研究中大学与地方社会关系的边缘化

关于中国近代高等教育史宏观研究的论著，除了熊明安的成果外，比较著名的还有高奇的《中国高等教育思想史》（人民教育出版社 1992 年版）、曲士培的《中国大学教育发展史》（山西教育出版社 1993 年版）、郑登云、余立主编的《中国高等教育史》（上册）（华东师范大学出版社 1994 年版）、朱国仁的《西学东渐与中国高等教育近代化》（厦门大学出版社 1996 年版）、霍益萍的《近代中国的高等教育》（华东师范大学出版社 1999 年版）、金以林的《近代中国大学研究：1895—1949》（中央文献出版社 2000 年版）、潘懋元主编的《中国高等教育百年》（广东教育出版社 2003 年版）、田正平、商丽浩的《中国高等教育百年史论：制度变迁、财政运作与教师流动》（人民教育出版社 2006 年版）、加拿大学者许美德（Ruth Hayhoe）的《中国大学 1895—1995：一个文化冲突的世纪》（许洁英等译，教育科学出版社 2000 年版）等。随着对教会大学在现代中国文化教育发展过程中作用的辩证性反思，一批对现代教会大学进行宏观研究的论著也相继问世。①

另外，在一些教育通史、教育断代史著作中，对现代中国高等教育的发展，也多是从宏观的视角进行的研究。如毛礼锐、沈灌群主编的《中国教育通史》（第五卷）（山东教育出版社 1988 年版）、黄新宪的《基督教教育与中国社会变迁》（福建教育出版社 1996 年版）、李华兴主编的《民国教育史》（上海教育出版社 1997 年版）、熊明安的《中华民国教育史》（重庆出版社 1997 年版）、王炳照、阎国华主编的《中国教育思想通史》（第五、六卷）（湖南教育出版社 1994 年版）、孙培青、李国钧

---

① 这些著作主要有：美国学者杰西·卢茨（Jessie G. Lutz）的《中国教会大学史（1850年—1950年）》（曾钜生译，浙江教育出版社 1987 年版）、章开沅的《中西文化与教会大学》（湖北教育出版社 1991 年版）、林治平的《中国基督教大学论文集》（台北宇宙光传播中心出版社 1992 年版）、谭双泉的《教会大学在近现代中国》（湖南教育出版社 1995 年版）、章开沅与马敏的《社会转型与教会大学》（湖北教育出版社 1998 年版）、陶飞亚与吴梓明的《基督教大学与国学研究》（福建教育出版社 1998 年版）、宋秋蓉的《近代中国私立大学研究》（天津人民出版社 2003 年版）、王玮的博士学位论文《中国教会大学科学教育研究（1901—1936）》、美国学者芳卫廉的《基督教高等教育在变革中的中国（1880—1950）》（刘家峰译，珠海出版社 2005 年版）等。

主编的《中国教育思想史》(华东师范大学出版社 1995 年版)、涂又光的《中国高等教育史论》(湖北教育出版社 1997 年版)、田正平主编的《中国教育史研究——近代分卷》(华东师范大学出版社 2001 年版)等。

统观这些研究成果可以看出,大多侧重从教育制度、政策、政治家、教育家的思想和实践等角度对现代中国大学(包括教会大学和私立大学)的产生和发展进行整体研究。比如,熊明安的《中国高等教育史》其时限上自商周,下迄新民主主义革命时期。在对现代高等教育发展状况研究中,作者侧重从高等教育的管理与教学、高等教育政策的演变、不同时期新学制对高等教育发展的影响、不同时代教育家的高等教育思想和实践进行论述。① 由于作者在时空叙事上从商周一直下延到新民主主义革命,时间跨度上长时段的布局在一定程度上决定了不可能面面俱到地把每个时期高等教育的发展状况一览无余地表述出来,因此,作者对现代大学与区域社会互动发展的关注较少。郑登云对中国现代高等教育的研究,则是从现代高等教育的发轫、现代高等教育的拓展、现代高等教育的定型化等视角进行了宏观研究。②

金以林的《近代中国大学研究:1895—1949》,对现代中国高等教育发展状况进行了系统的研究,整个研究中论及了社会环境、政局变动等因素对大学发展的影响。但通览该论著发现,由于作者的关注点在于现代中国大学本身的发展,因此对大学与区域社会的互动也没有给予太多的关注。③

在其他相关的中国高等教育通史或者中国近代高等教育史著作中,也大多是从宏观视角进行的研究。

除了有关现代高等教育的专题性研究成果外,在一些教育通史、教育断代史中,对现代中国高等教育的发展,也大多是从宏观的视角进行的研究。如毛礼锐、沈灌群主编的《中国教育通史》(第五卷)就是从现代中国大学数量的变化、课程的变革、教师和学生的待遇与来源变化等

---

① 熊明安:《中国高等教育史》,重庆出版社 1983 年版,第 358—593 页。
② 郑登云:《中国高等教育史》(上卷),华东师范大学出版社 1994 年版。
③ 金以林:《近代中国大学研究:1895—1949》,中央文献出版社 2000 年版。

四个方面着手，对现代中国的高等教育的走向做了论述。① 李华兴等则把研究的重心放在新式高等教育机构的建立与发展上。在对整个民国时期高等教育变革所做的研究中，作者按照清末民初高等教育的奠基、北大改制与高等教育革新、抗战前高等教育的定型、抗战时期的艰难发展和战后发展的困窘这样的逻辑，向我们展示了民国时期高等教育的发展过程。② 但因为作者主要是对整个民国时期各级各类教育的一个宏观研究，且主要关注的是各级各类教育在民国时期不同阶段制度影响下自身的发展历程，因此，对大学和社会之间的互动关系，亦着墨甚少。

整体上看，对于高等教育和社会变迁互动发展的关系，尤其是不同区域大学和不同区域地方社会互为发展的关系，以上这些著作因为研究特点的关系，都关注不多。其他的一些具有代表性的研究论著，可能是由于题材所限，涉及现代高等教育的研究也止于宏观层面。

从发生学的角度来说，中国具有现代意义大学的发展，虽然不能完全称为是"欧洲大学的凯旋"③，但的确是逐步向西方大学制度学习并不断完善的过程。中国现代大学发展的历史，在实质上也是一部现代大学理念和制度不断改革和完善的历史。因此，从整体上对中国现代大学的理念、学制、专业设置、教育经费以及一些教育家的教育思想和办学实践进行研究，可以帮助我们在宏观上把握现代中国大学发展中的基本问题，有益于厘清中国现代高等教育发展的宏观历史图景和基本线索。

然而，中国现代高等教育的演进，本身又是一个复杂的扬弃和改造过程。在这一过程中，教育家的思想、国家制订的法规和制度在不同区域的传播和执行不可能是均衡的。这种宏观性的研究，往往容易忽视大学发展过程中国家各种法规和政策由于受到不同区域地方社会因素影响而发生的变化，从而导致把不同地方大学发展的特色湮没在整体性的研究之中。中国地域广阔，民国时期军阀割据，混战不已，不同省区经济文化发展水平各异，在这种客观条件下，从宏观上对现代中国高等教育

---

① 毛礼锐、沈灌群主编：《中国教育通史》（第五卷），山东教育出版社1988年版。
② 李华兴等：《民国教育史》，上海教育出版社1997年版。
③ [加拿大] 许美德：《中国大学1895—1995：一个文化冲突的世纪》，许洁英等译，教育科学出版社2000年版，第32页。

发展进行研究,可能会拔高了国家层面对不同地方大学发展的实际影响,而忽略对不同地方大学创建和发展过程中更有直接作用的地方性政策、人物以及社会环境的影响。同样,在宏观性研究中,如前所言,也可能由于研究者对中国现代高等教育发展主要是从国家和政策的层面给予了更多的关注,因此,对大学与地方区域社会的互动关系都着力不多。在这种思路下,很多对现代中国大学创建和发展有直接影响的区域性社会因素,以及大学对不同区域地方社会所做的一些有形或无形的贡献,在宏大叙事下就可能被概念化或者边缘化了。

(2) 个案研究中大学与地方社会发展关系的配角化

改革开放以来,很多大学都出版了自己的校史,形成了有关大学个案研究的一个重要领域。其中影响较大的有《北京大学校史》《清华大学校史稿》《复旦大学志》《南开大学校史》《南京大学史》《南京大学百年史》《厦门大学史（1921—1949）》《中山大学校史（1924—1949）》《浙江大学校史》等。此外,交通大学、同济大学、北京师范大学、天津大学、东北大学、四川大学、武汉大学、西北大学、南京师范大学、东南大学、西北大学、西北农业大学、西北师范大学、河海大学、华中师范大学、山西大学、河南大学等均公开出版了各自的校史。

除了各大学出版的校史外,一批具有学术研究性质的、以中国现代大学为对象的个案研究著作也大量问世。代表性的著作如王文田的《张伯苓与南开》(台北:传记文学出版社1968年版)、陶英惠的《蔡元培与北京大学（1917—1923）》(台北:"中研院"近代史研究所1976年版)、黄福庆的《近代中国高等教育研究:国立中山大学（1924—1937）》(台北:"中研院"近代史所1988年版)、美国学者魏定熙（Timothy B. Weston）的《北京大学与中国政治文化（1898—1920）》(金安平、张毅译,北京大学出版社1998年版)、苏云峰的《从清华学堂到清华大学:中国高等教育研究（1911—1929）》(生活·读书·新知三联书店2001年版)和《从清华学堂到清华大学（1928—1937）》(生活·读书·新知三联书店2001年版)、王立诚的《美国文化渗透与近代中国教育——沪江大学的历史》(复旦大学出版社2001年版)、罗义贤的《司徒雷登与燕京大学》(贵州人民出版社2005年版)等。此外,一些出版社先后出版了以现代中国大学为个案的系列研究丛书。台湾南京图书出版公司在20世纪80年代初出版了"学府纪闻"丛书，包括《学府纪闻·国立西南联合大学》《学府纪闻·国立交通大学》《学府纪闻·国立武汉大学》《学府纪闻·国立北平师范大学》《学府纪闻·私立燕京大学》《学府纪闻·私立辅仁大学》《学府纪闻·私立大夏大学》《学府纪闻·国立河南大学》等。另外，对教会大学进行的个案研究，近年来也日渐丰富。珠海出版社从1999年开始，相继翻译出版了由美国学者对现代中国教会大学进行个案研究的丛书，①继珠海出版社之后，河北教育出版社于2003年也出版了一套以现代教会大学为研究个案的丛书。②

梳理这些研究可以发现，对大学的个案研究主要涵盖两个方面，一方面是很多大学出版的自己的校史；另一方面则是一些对现代大学进行个案研究的学术性论著，这两者都是有关中国现代大学发展中个案研究的一个重要领域。

校史的研究者往往站在大学自身的立场上，从大学沿革的角度，对各个大学的制度沿革、院系设置、重要教职员工的人事变迁、学科建设以及杰出的师生代表做出详细的描述。由于撰写校史本身就具有宣传的意向，侧重讲述大学发展的"光辉历程"，材料的处理难免有人为取舍的倾向。比如，在《清华大学校史稿》中，作者以时间为线索，对不同时期的教育概况、经费设备与教职工学生概况、各院系的教学与科学研究状况以及不同时期的学生运动进行了详细论述，对大学与区域社会的互动发展的论述则较为简略。③在《北京大学校史（1898—1949）》这部著作中，在论述了北京大学的前身——京师大学堂和民国初年的北京大学

---

① 主要有德本康夫人、蔡路得著，杨天宏译：《金陵女子大学》（1999）；队克勋著，刘家峰译：《之江大学》（1999）；郭查理著，陶飞亚译：《齐鲁大学》（1999）；黄思礼著，秦和平、何启浩译：《华西协和大学》（1999）；柯约翰著，马敏、叶桦译：《华中大学》（1999）；罗德里克·斯科特著，陈建明、姜源译：《福建协和大学》（1999）；文乃史著，王国平译：《东吴大学》（1999）；艾德敷著，刘天路译：《燕京大学》（2005）；海波士著，王立诚译：《沪江大学》（2005）；华惠德著，朱峰、王爱菊译：《华南女子大学》（2005）；费玛丽著，王东波译：《圣约翰大学》（2005）等。

② 该丛书包括：王国平等《博习天赐庄——东吴大学》，谢必震等《香飘魏岐村——福建协和大学》，徐以骅、韩信昌等《海上梵王渡——圣约翰大学》，张安明、刘祖芬等《江汉县华林——华中大学》等。

③ 清华大学校史编写组：《清华大学校史稿》，中华书局1981年版。

以后,分别介绍了北京大学在五四运动、第一次国内革命战争时期、第二次国内革命战争时期、抗日战争时期和全面内战前夕、第三次国内革命战争时期的革命活动。[①] 而对大学内外主政者对大学发展方向的争议,大学所处地区社会因素对大学发展所造成的实际影响等重要因素多隐而不彰。虽然有时候也会把一个地方的社会环境作为背景进行叙述,但只是为了衬托大学发展过程中的"传统",并没有就大学和地方社会的互动发展关系进行深入分析。现有很多大学的校史中,大都存在着这种倾向。在与本书研究有着密切关系的《河南大学校史》中,基本上也是沿袭了这样的写作模式。

对于大学校史的这种研究范式,有学者认为:"诸多校史编撰形式比较单调,大同小异,更鲜见富有'学术含量'的'研究型'校史。……由于高校集合了一批知识精英,研究高校校史,可以从对学者个体的研究跳到知识群体的研究。学者的师承、流派,学者间的往来、交流,学术制度的形成、沿革,学术理念的塑造、坚守,政治社会环境对大学的影响、教育思想的嬗替,在校史中皆可窥见。"[②] 这虽然是对校史研究的一种评价和期待,但这一见解对于从大学与地方社会互动的角度研究中国现代高等教育的发展,无疑有着巨大的启发作用。

相对于各大学出版的校史而言,一批具有学术研究性质的、以中国现代大学为对象的个案研究著作的问世在部分程度上弥补了大学校史的缺憾。这些个案研究论著,在一定程度上跳出了相关校史中一般性论述大学变革历程的局限,而是将考察目光投向校内外的学术活动、人际交游、地缘流派、教师流动等,对大学发展过程中的困顿也多有提及。很多论著也涉及了大学发展过程中由周围各种社会环境所带来的影响。代表性的如苏云峰对清华大学的研究。作者通过梳理、分析各种原始资料,从教授之间的利益冲突,出身于不同大学的学派在清华的纠葛,董事会、教授会、评议会以及学生会之间权力的消长,不同政治力量介入对学校各个方面的影响,不同身份教职员工对政府有关政策和校长制定学校规

---

① 萧超然等:《北京大学校史(1898—1949)》(增订本),北京大学出版社1988年版。
② 王学典:《大学校史与学术史的关联——读〈青岛海洋大学大事记〉》,《中国海洋大学学报》2004年第6期。

章制度的抵制，影响清华大学隶属关系的内外部因素等方面，相当生动地描述了清华大学的曲折发展历程。① 由于作者主要关注的是清华大学的发展状况，因此，除了关注清华大学自身的发展外，周围各种社会因素对清华大学发展的影响也是作者关注的一个重要方面，而对于清华大学对外部社会发展的影响则顾及甚少。在其他一些关于大学个案的研究成果中，大多也都存在着把有关社会变迁的论述只是作为大学发展这一"画面"的"底色"或者陪衬这一思路，从大学与区域社会互动发展的角度进行的论述也不是很多。在某种程度上，大学与区域社会的互动发展无形中成了大学个案研究中的"配角"。

高等教育发展的基本规律主要包括高等教育自身发展规律和高等教育与外部社会发展关系的规律两个方面。高等教育通过为社会培养合格的高级人才显示自身内在的发展规律，同时，高等教育也要通过适应和促进社会发展显示其外部规律。而以大学与区域社会互动发展的角度对中国现代不同区域大学进行研究，则通过对高等教育发展基本规律的会通，能够使现代中国高等教育的发展规律更加全面地体现出来。

中国现代高等教育的变迁，一定程度上是近代中国社会变迁的一个缩影。一方面，大学本身就是由校长、教职员工以及学生组成的"小社会"，他们之间的交往，不仅是校园内部社会互动的具体表现，更是外部社会的政治、经济、文化等影响因素在校园内部的延续；另一方面，在受到外部社会影响的同时，大学也要通过自身的发展对影响大学发展的外部社会产生反作用。因此，现代大学校园内部发生的很多事件和大学自身的变迁的很多深层次原因，也应当到校园以外的社会环境中去寻找影响的元素。一定意义上，"教育史研究必须全面深入地把握各种社会因素，从不同层面、不同角度进行全方位的分析综合，才能真正揭示出教育演变、发展的客观规律"②。

（3）区域研究中大学与地方社会发展关系的简约化

20世纪70年代以来，我国台湾学者开始组织编写"中国现代化的区域

---

① 苏云峰：《从清华学堂到清华大学（1928—1937）：近代中国高等教育研究》，生活·读书·新知三联书店2001年版。

② 田正平、肖朗：《教育史学科建设的回顾与前瞻》，《教育研究》2003年第1期。

研究"丛书,该计划将全国分成17个区域,在17个区域中分两个阶段对相关区域的现代化进程进行考察。第一阶段包括沿海沿江的河北和北京(旧直隶)、山东、闽浙台、上海、湖北、湖南、四川、广东以及江苏等10个地区,第二阶段研究中西部地区的山西、江西、安徽、河南、云贵、陕西和广西7个地区。至目前已有李国祁的《中国现代化的区域研究:闽浙台地区,1860—1916》(1982年)、张朋园的《中国现代化的区域研究:湖南省,1860—1916》(1983年)、王树槐的《中国现代化的区域研究:江苏省,1860—1916》(1984年)、苏云峰的《中国现代化的区域研究:湖北省,1860—1916》(1987年)、张玉法的《中国现代化的区域研究:山东省,1860—1916》(1987年)、谢国兴的《中国现代化的区域研究:安徽省,1860—1916》(1991年)6部专著问世。内容包括江苏、山东、安徽、福建、浙江、台湾、湖南、湖北等省现代化进程中各个方面的情况,其中部分涉及了这些地区现代高等教育机构的发展状况。

20世纪90年代初期开始,许多以省区为单位的地方教育史著作相继出版。代表性的有齐红深主编的《东北地方教育史》(辽宁大学出版社1991年版)、王鸿宾主编的《东北教育通史》(辽宁教育出版社1992年版)、张大民主编的《天津近代教育史》(天津人民出版社1993年版)、熊明安的《四川教育史稿》(四川教育出版社1993年版)、吕型伟主编的《上海普通教育史》(上海教育出版社1994年版)、刘海峰、庄明水《福建教育史》(福建教育出版社1996年版)、熊贤君的《湖北教育史》(湖北教育出版社1999年版)、赵宝琪、张凤民主编的《天津教育史》(天津人民出版社2002年版)、姜树卿、单雪丽的《黑龙江教育史》(黑龙江人民出版社2002年版)、冯象钦编著的《湖南教育史》(岳麓书社2002年版)、陈利美、金林祥主编的《上海近代教育史》(上海教育出版社2003年版)、阎国华、安效珍主编的《河北教育史》(河北教育出版社2003年版)、王豫生主编的《福建教育史》(福建教育出版社2004年版)、王日新、蒋笃运主编的《河南教育通史》(大象出版社2004年版)、孔令中的《贵州教育史》(贵阳教育出版社2004年版)、张彬主编的《浙江教育史》(浙江教育出版社2006年版)、陈乃林、周新国主编的《江苏教育史》(江苏人民出版社2007年版)、刘仲华主编的《北京教育史》(人民出版社2008年版)、郑金贵的《台湾高等教育》(厦门大学出版社2008

年版)等。这些著作对本地区高等教育发展都有详细的论述。但论述高等教育发展的时候，多采用单向度的线索，重点强调本地区高等院校对本地区社会发展所做的贡献，对位于本地区的高等院校发展中所遇到的外部社会环境变革中各种因素的影响，则论述甚少。

田正平先后主编的"中国教育近代化"丛书（1996年）和"近代教育与社会变迁"丛书（2001年）中，《从湖北看中国教育近代化》《从浙江看中国教育近代化》以及《督抚与士绅：江苏教育近代化研究》三部著作，虽是现代区域教育发展研究的力作，但该三部论著对中国现代高等教育早期发展的研究，主要集中在中西文化碰撞、交流的东南沿海和长江沿岸一带，因此，其高等教育部分虽然较为集中地反映出近代中国发达地区现代高等教育早期的发展状况，但对于高等院校与所在区域社会之间互动发展关系的探讨也相当简略。

申国昌的《抗战时期区域教育研究：以山西为个案》是以抗战时期山西省区域教育发展为个案的一个专题研究。作者在深入梳理抗日战争时期中国共产党领导下的革命根据地教育、国民党主持下的国统区教育以及日伪统治下的奴化教育这三种形态教育的交锋的基础上，较为全面地对抗日战争时期这一特殊阶段内陆省份区域教育复杂局面形成的深层次动因进行了分析和探究，并对抗战时期区域教育复杂化的主要特征进行了归因分析。[①] 在这篇较为详细、浩大的论著中，不乏对这一时期山西高等教育发展的研究。但是，由于作者着力对抗战时期区域教育的全貌进行较为全面的探讨，因此，有关高等教育与地方社会互动发展的研究，因研究主题关系，并没有详细展开。

当我们试图在更深层次上了解中国现代高等教育发展的进程时，不同地域社会因素对处于不同区域大学发展的影响就愈加凸显。大学发展的区域差异凸显了现代大学发展的非均衡性，也从客观上显示出当今从整体上研究中国现代大学发展的缺憾："以简单化的基于政治一统基础上的统一性，替代了教育实际存在状态的差异性。"[②] 在整个民国时期，由于不同区域经济发展极不平衡，加上政治混乱、兵戈扰攘、军阀割据和

---

① 申国昌：《抗战时期区域教育研究：以山西为个案》，社会科学文献出版社2014年版。
② 吴宣德：《中国区域教育发展概论》，湖北教育出版社2003年版，第19页。

内忧外患,不同区域暗潮汹涌的社会环境对不同地方大学的发展造成直接影响。从这个角度看,在对大学进行个案研究时候,实现研究视角的下移,把现代大学的发展放在特定地域的特定环境中进行考察,可以更加深入了解现代大学发展过程中的困惑与迷茫、执着与抗争以及困顿和发展等。

虽然目前从大学与地方社会互动角度对现代大学进行的研究较少,但强调以区域为范围来对中国教育史进行研究,在中国教育史学界已得到了关注。

比如,在熊明安等对四川近代教育的研究中,作者论述了四川地方士绅对成都大学创办的贡献,四川不同军阀办学的主观喜好程度对成都大学发展的影响,办学经费的来源等。[①]作者通过对这些社会环境和人为因素的描述,在一定程度上也突出了民国时期内地省份办学的复杂性和艰巨性。其翔实的资料对进一步研究四川现代教育乃至中国现代高等教育的发展,都有巨大的基础性作用。但对四川教育、社会文化、风俗、经济乃至政权建设的贡献,则论述较为约略。整个来说,在其他有关区域教育史研究中,在论述高等教育发展的时候,提及了社会环境对大学创办和发展中的影响,对高等教育在发展过程中对本地区社会发展所做的贡献,也有所关涉,但相对都比较简化。可以说,由于关注的重点是一个区域内高等教育自身的发展,大学与区域社会互动发展的研究则被"简约化"了。

从方法论的角度看,2003年由湖北教育出版社出版,李国钧主持编写的"区域教育的历史研究丛书"中的研究方法,对从大学与区域社会互动发展关系的视角对中国现代大学进行研究无疑具有巨大的借鉴意义。该丛书吸收了区域史、文化人类学和文化史等的研究成果,把特定的区域教育作为研究对象,选取了经济、政治、社会结构、文化传统、外力冲击和教育政策六个要素,探讨它们在区域教育发展中各自的影响力。虽然这套丛书对于近代中国高等教育发展的关注较少,但在研究思路上突破了传统中国教育史研究过多关注制度和思想的研究模式,把教育发展和地方社会发展的研究结合起来,对不同地域进行了微观的探索,在

---

① 熊明安等:《四川教育史稿》,四川教育出版社1993年版。

一定程度上弥补了传统区域教育研究方法的不足。例如，吴宣德的《中国区域教育发展概论》一书第三章，选取了中国南北共九个朝代的重点城市作为样本，来寻找中国区域教育发展是否存在着"核心—边缘"结构。作者通过对大量的材料分析，发现中国各个地区的一些重要社会因素，诸如经济发展水平的差异、地区人口数量的改变、大家族分布的转移、地区政治地位的升降等，都是影响区域教育布局和发展的重要因素。[1] 该丛书的研究思路和研究方法，无论是对中国近代区域高等教育史的研究，还是对中国现代大学与区域社会发展关系之间的研究，在思路和方法上都有它山之石的功效。

（4）个案研究中大学与地方社会发展关系研究的薄弱化

长期以来，受中国近代史宏观研究模式影响，中国近代高等教育史研究领域在一定程度上也成了偏好宏观叙事体系的竞技场，即使是对大学的个案研究和不同区域高等教育的研究，在一定程度上也只是宏观叙事的"微型化"而已。而从大学和区域社会互动角度所进行的研究，在相当长时间内却一直被作为边缘而存在。

正因如此，关于某所大学和地方社会互动发展的研究，成果似不多见。就笔者目力所见，这方面的成果仅有王东杰的《国家与学术的地方互动——四川大学国立化过程（1925—1939）》（生活·读书·新知三联书店 2005 年版）、王李金的《中国近代大学创立和发展的路径——从山西大学堂到山西大学（1902—1937）的考察》（人民出版社 2007 年版）、许小青的《政局与学府：从东南大学到中央大学（1919—1937）》（中国社会科学出版社 2009 年版）、章博的《近代中国社会变迁与基督教大学的发展——以华中大学为研究中心》（华中师范大学 2006 年博士学位论文）、曾海洋的《厦门大学与闽南区域社会文化变迁研究——以私立时期（1921—1937）为中心》（厦门大学 2007 年博士学位论文）、赵清明的《山西大学与山西近代教育》（高等教育出版社 2011 年版）等。这些为数不多的论著从不同角度阐释了大学与地方社会之间的关系。

比如，在王东杰的著作中，作者以政治、社会、文化三个方面为切入点，把四川大学国立化进程与不同人物的关系作为基本线索，对四川

---

[1] 吴宣德：《中国区域教育发展概论》，湖北教育出版社 2003 年版，第 128—178 页。

大学国立化进程进行了多方位地探索。在政治上，作者根据四川主政军阀与中央的关系以及军阀之间势力此起彼伏的消长，对四川大学的国立化进程中所受的政治影响进行了探讨。在社会层面，主要从四川大学主持者的省籍认同以及由此引起的身份冲突等层面，论述了社会反响对四川大学校长更易的影响。在文化层面，则主要从新旧思想、教育体制以及学术典范位移等角度阐释了四川大学国立化进程中各个层面冲突对国立化进程的掣肘和推动等。①

许小青的论著主要以1919—1937年这18年国家、政党与社会之间的相互关系为视角，试图通过社会变迁中政治与文化之间的相互博弈，来探讨东南大学从一所地方性大学发展为在全国具有较大影响力的中央大学这一历史轨迹。②

曾海洋和赵清明则分别从不同角度对地方大学和地方社会互动发展进行了探究。曾海洋的博士学位论文从私立厦门大学与区域社会教育、私立厦门大学与区域文化发展以及私立厦门大学与区域社会风俗变迁三个方面探讨了私立厦门大学与闽南社会之间的互动发展。③ 对于大学与地方社会互动发展的进一步探究具有一定的启发性，但在史料的使用方面似乎有待进一步发掘。赵清明的论著集中对山西大学留学生与山西近代教育、山西大学与山西近代高等教育、山西大学与山西中小学教育和山西大学与山西近代教育机构等几个方面对山西大学与山西近代教育的关系进行分析和研究。④ 统观全文，全书搜集了很多以往研究没有注意的有关山西大学和山西教育的史料。作者在实质上是从教育角度对山西大学与山西社会发展互动发展所进行的集中探究，但因为研究主旨集中在教育方面，因此，有关大学的其他社会职能，特别是社会服务方面的探讨比较简略。

---

① 王东杰：《国家与学术的地方互动——四川大学国立化进程（1925—1939）》，生活·读书·新知三联书店2005年版。

② 许小青：《政局与学府：从东南大学到中央大学（1919—1937）》，中国社会科学出版社2009年版。

③ 曾海洋：《厦门大学与闽南区域社会文化变迁研究——以私立时期（1921—1937）为中心》，博士学位论文，厦门大学，2007年。

④ 赵清明：《山西大学与山西近代教育》，高等教育出版社2011年版。

以上这些论著通过各自特色的研究视角、方法及思路，对于本研究的展开，提供了有益的启示：无论是为了达到对民国时期不同区域高等教育发展多重面相深入了解的目的，还是期望通过对中国近代高等教育史的研究以观照当代高等教育发展，从大学与区域社会互动的角度出发对中国近代高等教育史进行研究，都是极具意义的。因为它不但能够给中国近代高等教育史的宏观研究路径赋予活力，而且能够促使中国近代高等教育史的理论研究和当代中国高等教育发展的现实之间保持必要的张力。同时，从这一角度出发对中国现代高等教育发展进行探究，不仅可以更加清晰地探究中国现代高等教育在不同区域发展进程中的经验和教训，还可以为当今中国高等教育健康发展提供有益借鉴。

如果单从宏观视野对现代高等教育发展状况进行探析，就可能忽略了对影响现代中国高等教育发展的许多更为直接的人物、事件、地域性经济和文化的深层次了解，只能看到中国现代高等教育发展过程中大洋表面的层层波澜，却不能寻找出形成这种波澜的洋面深处的种种动因。然而，"恰恰像大海深处那样，沉默而无边无际的历史内部的背后，才是进步的本质"[①]。尽管我们总是力图把现代中国高等教育发展中的很多事件概括到已有的宏观叙事框架中去，但当时真正出现的事物却总是不同，我们总是会遇到一些用宏观叙事体系无法涵盖的历史现象和性质。

中国现代大学与不同区域之间互动发展已经成为逐渐逝去的历史，不过，从大学与区域社会互动的角度对中国近代高等教育史进行研究，就犹如一根探针，可以透过宏观叙事研究模式的表层而抵达被其覆盖的深部，从而可以更加深入地了解现代不同区域大学与当地社会之间相互发展和制约的状况，帮助我们从许多偶发事件中发现中国现代高等教育发展中的一些不为人知的规则，从不同区域高等教育的独特发展中发现典型案例，从一些短暂的区域性事件和人际活动中发现中国现代高等教育发展的具有本质意义的代表性事件，从而能够更加逼真地去还原中国现代高等教育发展的真相，使中国现代高等教育发展历程中的经验教训以一种更加细微和积极的态势再现，给当代中国高等教育发展以创造性

---

① 张广智、张广勇：《史学，文化中的文化——文化视野中的西方史学》，浙江人民出版社1990年版，第408页。

的启示。对于当代中国发展而言,中国现代高等教育与区域社会互动发展的状况已经成为历史,然而,它们"不仅是关于过去的,也是关于我们所处的时代的和我们正在执行的生活方案。当传统积极地出场,并历史性地进入现在,再通过现在迈向将来"[①],便能够帮助我们从传统中获得创造性启示。从这些方面看,也凸显了对中国现代大学与区域社会发展关系研究的必要性。

(5) 河南大学专题研究中河南大学与河南社会发展关系的缺失化

由于本书是针对河南大学和河南社会相互发展关系而进行的个案研究,因此,以往学术界关于河南大学以及近代河南社会发展的研究成果对于本研究将有巨大的帮助。这些成果可以按照类别分为不同的几种。

第一,与河南教育和河南大学相关的资料性著作。1983年,河南教育志编辑室编辑出版了《河南教育资料汇编》(清代部分与民国部分两册),该书通过辑录《河南教育官报》《河南官报》《教育杂志》《东方杂志》《中国近代史资料丛刊》等有关资料,对近代河南的教育状况进行了详细的统计和汇总,同时还依据河南各地方志和《河南省志》收录了书院、社学、义学、儒学、近代河南高等教育发展等各类学校的相关资料,为研究近代河南教育的发展情况提供了很大方便,其中有相当一部分河南大学发展的材料。1993年,徐玉坤主编的《河南教育大事记》由河南教育出版社出版,里面与河南大学有关的材料也颇为丰富。

第二,有关河南近代教育的通史性著作和断代史著作。1990年,河南大学出版社出版了由申志诚、孙增福等编著的《河南近现代教育史稿》;1993年,河南人民出版社出版了由河南省地方志史料编纂委员会编写的《河南省志·教育志》;1995年,中州古籍出版社出版了李春祥、侯福禄主编的《河南考试史》;2004年,王日新、蒋笃运主编的《河南教育通史》由郑州大象出版社出版。在这类著作中对民国时期河南大学的发展情况多有提及。

第三,有关河南大学的相关研究专著和论文。除了河南大学校史组编写的《河南大学校史》(河南大学出版社2002年版)外,还有陈明章

---

① [美]乔治·麦克林:《传统与超越》,干春松、杨风岗译,华夏出版社2000年版,第30页。

主编的《国立河南大学》（台北南京图书出版公司1981年版）、张放涛主编的《群星灿烂——河南大学名人传》（河南大学出版社1992年版）和《潭头岁月：抗日战争中的河南大学》（河南大学出版社1996年版）、郭胜强的《河南大学与甲骨学》（河南大学出版社2003年版）、陈宁宁主编的《河南大学近代建筑群》（河南大学出版社2006年版）等。

其中，《国立河南大学》是河南大学部分赴台师生对当年在河南大学工作和学习的回忆录，包括河南大学简史及沿革、河大见闻、师长传略、母校忆旧等部分。[①] 由于书中叙述的很多事件都是当年众多河南大学教师和学子亲身经历，因此，该书堪为研究河南大学与民国时期河南社会发展关系相当珍贵的第一手材料，其中不乏对河南大学与民国河南社会发展互动关系的回忆。虽然这些互为发展关系极其分散地分布于各个章节中，但为系统研究河南大学与民国时期河南社会发展关系提供了重要的线索。

虽然与河南大学相关的研究论著较为丰富，但整体上考量当今与河南大学相关的研究成果，可以看出，无论是在资料性著作中，还是在一些论著中，直到目前为止，有关河南大学相关的学术性研究成果都显得相当稀缺。在这些为数不多的研究成果中，有关河南大学与民国时期河南社会发展关系的一些论述则只是支离破碎地分布其中。因此，可以说，直到目前为止，对河南大学与民国时期河南社会互动发展的专题性学术研究尚处于空白状态。一定程度上，这一研究的缺失不仅使我们无法系统性地了解民国时期河南大学在发展过程中所发挥出的各种社会服务职能，而且也限制了我们对民国时期河南社会状况对河南大学发展的影响进行全面和深入的了解。此外，也对近代大学与地方社会互动发展的关系不能做一全面了解。

2. 本书的努力方向

具体而言，本书在研究中努力做到以下两个方面：

一方面，既要关注河南大学与河南社会的关系，又要考虑到当时中国社会大环境对河南大学与河南社会互为发展过程中所产生的影响。虽

---

① 陈明章主编：《国立河南大学》，台北：南京图书出版公司1981年版。

然民国时期特别是北洋政府时期军阀割据,很多省区各自为政,但是,当时中央政府政策和中国社会整个大环境势必也会在有形或无形中对任何省区高等教育的发展走向产生影响。探讨民国时期河南大学与区域社会发展之间的关系,如果离开了当时整个中国社会宏观层面的影响,也会使对一所大学和地方社会之间关系的研究变成了无源之水。同样,离开了民国时期社会大环境来谈论河南大学与民国时期河南社会发展中的关系,就像一个人要离开自己的影子,是一件永远无法实现的幻想。因此,在本书中,力争把河南大学与民国时期河南社会的发展关系放到中国社会这一大背景下进行考察。

另一方面,在以往相关论著中提供的史料基础上,更加广泛和深入地发掘史料。如前所述,本书并不仅仅是针对民国时期河南大学本身,而是要力图贯通河南大学与民国时期河南社会之间的关系。除了与河南大学相关的史料以外,有关民国时期河南政治、经济、文化、军事、财政、灾害方面的档案和史料,也是笔者必须挖掘和利用的宝贵资料。另外,民国时期在河南主政的一些军阀或政要的相关日记、通电和回忆录等,乃至当代关于民国时期河南社会状况的代表性研究论著,都是保证本研究得以顺利进行的不可或缺的资料。

三 几个需要说明的问题

(一) 河南大学之称谓

民国时期,河南大学共经历了5个发展阶段,在不同发展阶段有着不同的名称。1912年,在河南开明知识分子发起下、由河南省政府支持,河南留学欧美预备学校(1912—1923)在当时的省城开封创建。1923年,河南留学欧美预备学校升格为河南省立中州大学(1923—1927)。1927年,河南省立中州大学、河南法政专科学校、河南农业专科学校三校合并为河南省立中山大学(1927—1930)。1930年,河南省立中山大学更名为省立河南大学(1930—1942)。1942年,省立河南大学在抗战烽火中升格为国立河南大学(1942—1949)。基于上述原因,在本书的行文中,尽可能根据河南大学不同发展阶段的名称而采用相应的名称。但在对河南大学进行一般性概括时候,统一采用"河南大学"这一名称。

另外，也正因河南大学这种在发展中的特殊性，行文中在提及河南大学所培养的人才时，如果不是在特定场合，把河南法政专科学校与河南农业专科学校所培养的人才统一划归到河南大学人才培养这一体系中。

（二）关于河南大学堂与河南大学

河南大学堂①与河南大学不仅是两个不同的概念，也是不同时期两个人才培养方向不同的教育机构，现做简要说明如下。

一方面，关于河南大学堂的形成和变迁。1901年1月，清王朝迫于国内外双重压力，宣布实行"新政"，而教育改革是清末新政时期重要的组成部分。同年9月14日，清政府下兴学诏，要求"各省所有书院，于省城均改设大学堂，各府厅直隶州均设中学堂，各州县均改设小学堂，并多设蒙学堂"。②

1902年3月7日，河南巡抚锡良、学政林开謩上奏清廷，准备设立河南大学堂，择定游击衙署改建，额定学生200名，是年，河南大学堂在当时河南省会开封成立。1903年，应清王朝规定，河南大学堂改名为河南高等学堂。③ 1913年，河南高等学堂改制为河南省立第一高级中学。1927年，河南省立第一高级中学与河南省立第二中学、河南省第一商业学校、河南省第二商业学校以及河南中州大学附中合并为第一中学。④ 这也就是20世纪二三十年代在河南省比较著名的"大一中"。是为河南大学堂之演变历史。

另一方面，有关河南大学的形成。河南大学是由河南部分先进知识分子在河南地方政府支持下于1912年创办的河南留学欧美预备学校发展而来。正如前面所述，河南大学在民国时期主要经历了河南留学欧美预备学校、河南省立中州大学、河南省立中山大学、河南省立河南大学以及国立河南大学五个阶段。值得注意的是，河南留学欧美预备学校创建的时候，河南高等学堂依然存在，而后于1913年改制为河南省立第一高级中学。

---

① 杨涛：《河南大学堂创建考》，《郑州大学学报》（哲学社会科学版）2011年第2期。
② 陈学恂主编：《中国近代教育大事记》，上海人民出版社1981年版，第111页。
③ 陈学恂主编：《中国近代教育大事记》，上海人民出版社1981年版，第116页。
④ 国民政府教育部教育年鉴编纂委员会：《第一次中国教育年鉴（丙编·教育概况·上）》（影印版），台北：传记文学出版社1971年版，第254页。

通过以上概述可知，河南大学堂是在清末新政时期河南所创办的一所学堂，而后经过分分合合被改制为一所高级中学，而河南大学则是由河南留学欧美预备学校为源头逐步发展而来，两者并不存在着什么联系。因此，河南大学与河南大学堂并没有任何前后相继的关系。

（三）关于"河南文化"

文化堪称是一个无所不包的大系统。从宏观上看，一个特定社会所有成员所共同拥有的风俗习惯、价值取向、习惯行为模式以及社会成员代际和同代间所传递和交流的各种知识都可以称为文化。从微观上考察，文化又可以细分为建筑文化、饮食文化、服装文化、语言文化、戏剧文化等。总而言之，在人类历史进程中，所有影响人类活动的、自发性的和自觉性的、理性的和非理性的、显性的和隐性的一切东西，都可以称之为文化。可以说，文化又是一个无处不在的存在，即使人们忽略它的存在，它也在时时刻刻对身处其中的人们产生着重要的影响。正因为如此，文化在很多时候甚至是一个智仁各见的概念。因此，文化在不同的著作和场合都应该有着特定的指向。

本书所提及的"河南文化"，则主要以实质性的有形案例展开进行针对性论述，主要包含四个方面。第一，河南大学师生面对军阀混战和民族危亡关头，利用传播爱国主义刊物来传播爱国主义思想；第二，河南大学毕业生通过在河南省立民众教育馆的工作，从各个方面努力改变河南民众的生活陋习和旧有的风俗习惯等；第三，河南大学毕业生对河南传统豫剧的改良；第四，通过考察河南大学师生积极参与当时中央研究院历史所对安阳殷墟的发掘工作，展现河南大学师生在这方面的贡献。

（四）关于"河南经济"

经济是一个国家和社会发展的重要根基，是推动社会进步和整个社会系统正常运转的物质基础。从经济的层级上看，既可以指世界经济状况和一个国家的国民经济状态，也可以指一个家庭的收支状态。从经济的分类上看，则涵盖了农业、工业及其他产业。可以说，经济的具体含义随着语言环境的变化而相应发生改变。

河南处于中国的腹地，民国时期工商业并不发达，财政收入主要依靠农业，农业堪称河南当时的支柱性产业。因此，在本研究中关于河南经济的有关部分，主要指的是河南大学农学院对河南农村经济发展所做出的贡献。详细地说，主要包括河南大学在农作物和林业推广方面的作为以及在治理蝗虫灾害方面的贡献。

四 研究方法和论文框架

（一）本书主要研究方法

1. 文献分析法

在一定意义上，文献的搜集、梳理与分析，是从事教育史研究的重要前提。基于这种考虑，本文对河南省民国时期的各类档案、省志、县志以及报纸杂志等文献史料尽可能地进行搜集和利用。由于档案具有原始性、记录性和真实性的特点，它是一个政府、一个单位或者个人各方面活动的较为原始的和真实的记录。因此，与民国时期河南地方社会和河南大学相关的各类档案资料，将是笔者采用的第一手珍贵资料。除了档案资料以外，有关民国时期河南通志、河南各地地方志以及民国河南的报纸和杂志，不仅对民国时期河南社会的发展状况做了详细记录，还对河南大学在不同时期的发展状况及影响河南大学发展的人或事多有记载，这些也都是本课题研究所不可或缺的资料。另外，大量的人物日记、文牍和书信等也是笔者研究过程中不可缺失的材料。

从1979年10月《河南文史资料选辑》第1辑出版发行起，到2006年为止，已出版整整100辑，登载有较高价值、极具河南地方特色的文史稿件2200余篇，约1468万字。[①] 这些文稿从不同方面涵盖了近代河南政治、经济、文化、教育、社会风俗等状况，对近代河南发生的各类重大事件和地方主政者的活动也多有记载。很多内容也涉及河南大学和河南社会发展关系的方方面面。此外，目前河南的各个城市也都编纂了自己的文史资料，这些资料对民国时期河南社会发展以及河南大学师生在河南的活动情况记录颇多。这些文史资料亦为本研究提供相当大的帮助。

对民国时期河南档案、河南省志、河南地方志、河南的报纸杂志以及当代编纂的河南文史资料的对比、分析、解读和采用，可以使笔者跳

---

① 《努力开创政协文史资料新局面》，《河南日报》2006年12月27日第3版。

出就教育论教育的束缚，真正做到从河南大学与河南社会互动发展的角度对本课题进行研究。

2. 历史分析法

除文献资料的搜集和分析利用外，历史分析法也是促使本研究得以顺利开展的一项重要方法。历史分析法的意义不仅在于要把河南大学与河南社会的互动发展放在动荡转型的当时社会环境中去，使一些不为人知的东西在底色的衬托下能够得到揭示和澄清，而且可通过分析与史料互证。民国去时未远，在许多官方文献或者档案上，对民国河南社会变迁以及河南大学的发展状况的记载，可能只是记载了事件的过程，对隐藏其下的缘由可能由于各种原因而记录甚少。而通过对各种历史史料的分析，可以对文献的搜集形成一个有益的补充，更加生动全面地研究河南大学发展和河南社会变迁之间的互动关系。

3. 个案研究法

在本研究中，笔者将通过一定数量的个案剖析，对民国时期河南大学和河南社会的关系以及影响二者互动发展的因素做进一步的分析。一方面，在河南大学发展的某一个转变时期，受到哪些关键人物的影响；在中央政府制定的宏观政策之下，河南地方法规又有哪些方面与之不同，这些地方性政策是什么样的人物通过什么样的方式所制定的，它们又如何影响了河南大学的发展。另一方面，探讨河南大学对河南地方社会发展的贡献，把研究视角下移到具体某一个县、一个村庄甚至是一所学校，脉络可能会更加清晰，分析也会相应更加透彻。因此，在本研究中，笔者拟把影响河南大学和河南社会发展关系的某些具体人物和具体事件作为研究对象，进行一定的个案研究，努力再现影响互动场景的当事人的观点，揭示互动过程中当事人的活动状况，探寻中央政策和地方法规之间的张力所在，从而深入地探讨影响河南社会变迁和河南大学互动发展的各种因素。此外，在河南大学与河南文化发展的研究中，以对豫剧改良做出巨大贡献的河南大学毕业生樊粹庭为个案进行研究，一定程度上，能更加突出地折射出河南大学对河南社会文化发展方面的贡献。

（二）本书基本框架

本书以1912年到1949年间河南大学和河南社会发展之间的相互关系

作为研究的主线。在探讨民国时期河南大学创建和不同阶段发展的基础上，以河南大学与河南社会教育、文化与经济的关系为个案展开研究。

本研究共分三部分，基本框架如下：

第一部分：导论。

主要阐明选题的缘由和意义，梳理目前国内外相关研究成果，分析其研究成就与存在的不足之处，对本课题所涉及的相关问题做出说明，并介绍本课题的研究方法、研究思路与研究内容。

第二部分，主体部分。共包括第一章到第四章共四章内容。

第一章，学校与地方政府互动：从留学预备学校到综合性大学。本章主要对1912年到1949年间河南大学的发展情况进行梳理和探究。自1912年河南留学欧美预备学校创立始，在38年的发展历程中，河南大学由一所留学专门学校发展为一所综合性大学。其间可谓千头万绪，各种影响因素更是纷繁芜杂。本章拟以河南大学的前身——河南留学欧美预备学校创建的缘起为研究起点，把1912年到1949年间河南知识精英与河南地方政府、主政河南的主要官员的互动和博弈作为探究河南大学建立和发展的主线，对河南大学的创建和发展进行探究。

第二章，地方教育的引领者：全方位推动全省教育发展。本章主要选取1912年到1949年间河南大学与河南政府在地方教育发展方面若干关键事件的互动来探究河南大学对河南教育发展做出的贡献。在本章中，主要从以下几个方面对河南大学对河南教育的贡献做出探究。第一，考察河南大学对河南教育经费独立的影响。民国时期，河南省是全国最早实施教育独立的省份，而在争取河南教育经费独立的过程中，河南大学对河南教育经费独立制度的形成有着举足轻重的影响。因此，有关河南大学对河南教育经费独立的贡献也是本书对1912年至1949年间河南大学对河南教育所做出突出贡献的一个重要论述内容。第二，探究以教育家李廉方为代表的河南大学教育家对当时新式教学法在河南省的普及与发展所做出的贡献。第三，河南大学对河南中等教育发展所做出的贡献。第四，河南大学毕业生适应河南乡村教育发展需要，在创办和主持河南百泉乡村师范过程中对河南乡村教育所做出的贡献。

第三章，地方文化的改良者：传播和传承先进文化。该章主要从四个方面阐述河南大学对民国时期河南社会文化所做的贡献。第一，在动荡的社会环境中,河南大学如何通过创办一系列进步刊物来弘扬和普及爱国主义思想。第二,作为民国时期河南省最高学府,河南大学培养的大批毕业生利用自身优势,投入改进河南社会风俗中,为民国时期河南民风的改进做出了重要贡献。第三,河南大学毕业生樊粹庭发挥自己的聪明才智,在河南省地方社会的支持下为豫剧改良做出的巨大贡献。第四,河南大学积极支持并参与中央研究院所组织的殷墟发掘工作中,通过对河南优秀传统文化的发掘,从而对中华文明的传承贡献甚巨。

  第四章,地方经济的建设者:立足现实促进社会经济发展。大学不仅仅是学术传承的场所,也肩负着为区域社会的全面发展服务、参与区域社会经济建设的重任。民国时期,农作物推广一直是河南历届政府竭力支持的一项工作。作为一个农业大省,河南大学在河南农作物的推广方面做出了自己的贡献。同时,由于河南当时灾害频繁,河南大学也积极投入自然灾害的应对工作中。因此,本章重点探讨河南大学对河南农业经济发展和自然灾害应对所做出的贡献。

  第三部分为结语。在总结民国时期河南大学和河南社会发展关系的基础上,对全书进行总结性思考。

第 一 章

学校与地方政府互动:从留学预备学校到国立大学

　　自1912年至1949年,河南大学在发展过程中主要经历了5个阶段。1912年至1923年河南留学欧美预备学校时期为第一阶段,1923年至1927年河南省立中州大学时期为第二阶段,1927年至1930年河南中山大学时期为第三阶段,1930年至1942年河南省立河南大学为第四阶段,1942年至1949年国立河南大学为第五阶段。从1912年到1949年这38年的时间,是中国社会的一个巨大转型时期,在这38年中数次动荡转型的关键时候,处于交通要冲的河南社会都被深深卷入其中,从而在各方面对河南大学在不同时期的发展也产生了深远影响。本章从国家政治变迁、教育制度和政策演变、河南地方政府不同时期主政者对教育发展的喜好以及不同时期河南先进知识分子的活动的视角,考察河南大学从一所以培养赴欧美留学学生为目的的专门学校发展到国立大学的演变轨迹,力图从宏观和微观两个角度来探究河南大学在这一时期的曲折发展历程。

　　需要强调的是,在河南大学发展过程中,中国社会的大环境固然对其发展有着重要的影响,而河南社会不同时期的政治生态对河南大学的影响似乎更为显著。因此,在本章中,笔者拟以这一时期河南区域社会不同阶段的形势变动、不同阶段河南的主政者的教育观念以及先进知识分子的教育理念等对河南大学发展的影响为主要线索,来探讨这一时期河南大学的发展历程。

第一节　政权更替下新型学校的创建

一　时代的机遇

1840年的鸦片战争，在中国历史进程中无疑具有分水岭的作用。"这次战争引出中国与近世西方资本主义势力的全面冲突。这些冲突打开了中国长期封闭性发展的格局，是中国通向现代世界的纪元。此后这一个半世纪中国的沧桑巨变，也就是中国走向现代化的举世罕见的漫长而崎岖的历程。"① 现代化"不仅仅是生产方式的转变或工艺技术的进步，它还是一个民族在其历史变迁过程中文明结构的重新塑造，更是包括经济、社会、政治、文化诸层面的全方位转型"② 等。这个漫长的过程也包括了中国教育逐步由传统向现代的转化，即中国教育现代化的起步和发展过程。然而，直到1862年京师同文馆创办，中国教育早期现代化才真正蹒跚启动。作为现代化进程中典型的"后发型"现代化国家，沿海、沿江地区不仅成为自发接受"欧风美雨"浸润的前沿，也成为近代中国政府和开明之士自觉进行早期现代化努力的先行区域。所有这些都为现代教育在这些地区的发轫和发展提供了便利和可能。因此，沿海、沿江地区首先成为中国早期教育的"发达区"和"中心"。而传统文化占主导地位的广大中西部内陆地区，现代教育发展则较为缓慢。中国现代教育体系在初步形成阶段就已显现出非均衡发展的形态，正因为如此，在教育现代化的起步和发展过程中，由于河南深居内陆，中国早期现代化进程中在教育领域出现的诸多新元素，对河南省的影响相当有限。

虽然河南早在1902年清末新政时期就创办了河南大学堂，从教学内容上看，河南大学堂仍然以四书五经以及纲常人义为主体。③ 由于民风未开，传统文化影响深厚，加上当时科举制并未废除，河南广大士子仍然以科举入仕为旨归。因此，从学科设置上看，虽然河南大学堂具有新式

---

① 罗荣渠：《现代化新论——世界与中国的现代化进程》，北京大学出版社1993年版，第235页。

② 陈达凯等主编：《中国现代化史》，学林出版社2006年版，第2页。

③ 朱有瓛主编：《中国近代学制史料（第一辑，下册）》，华东师范大学出版社1986版，第812页。

学堂的表象，但传统痕迹却相当浓厚。即使科举制废除后，河南教育落后的状况也改变不大。比如，科举制废除后，截至辛亥革命前，河南完成改良的私塾仅为3247所，占河南全省私塾总数的10%。① 新式教育仅仅是推开河南传统教育大厦的一丝门缝而已。清末新政时期，清王朝虽然大力推行新式教育，但除了其他条件的局限外，现代人才这一实施新式教育的最关键因素在河南极为稀缺。创建新式学校，为河南社会发展培养新型人才一定程度上成为当时河南先进知识分子的强烈诉求。

随着清王朝的灭亡和中华民国的创建，政体的变更从制度层面给教育革新带来了机遇。河南大学的前身——河南留学欧美预备学校，就是在这政体变更情况下，由河南一些先进知识分子创办的。

虽然1912年中华民国临时政府宣告成立，但由于中央权力式微，各个省区几乎各自为政，而且很多省区都动乱不止。然而，在辛亥革命后这一关键年份，除了小股匪患外，河南的政治局势却显得平静，这也在一定程度上为河南留学欧美预备学校的创办提供了条件。

毋庸讳言的是，河南局势之所以相对平静，主要是因为河南是袁世凯的故乡，袁氏在河南有着极其深厚的人脉根基。由于袁在清末位极人臣，因此辛亥革命时期，在时局多变的情况下，出于巩固袁世凯的地位考虑，与袁世凯交好的一批河南士绅提议河南宣布共和，反对独立。作为袁世凯的桑梓之乡，河南地方政府宣布反对独立的举措，使河南省没有出现像其他宣布独立省份那样的混乱局势，增加了袁世凯在南北议和中的砝码。因此，河南地方士绅的这种表现让袁世凯非常感激。② 袁世凯掌握政权后，任命自己的表弟张镇芳③督豫，④ 使河南政权相对牢固地掌握在自己的手中，同时也在一定程度上保持了河南政局的相对稳定。

---

① 河南省地方史志编纂委员会编：《河南省志·教育志》，河南人民出版社1993年版，第28页。
② 王锡彤：《抑斋自述》，河南大学出版社2001年版，第178页。
③ 张震芳（1863—1933），字馨庵，号芝圃，河南项城县阎楼村人，1912年被袁世凯任命为河南督军，在位期间支持河南留学欧美预备学校的创建。1913年被袁世凯调入北京任文职官员。
④ 佚名：《民国大事记：任命张镇芳为河南都督》，《民誓杂志》1912年第1期。

一般而言，一所学校的创办和发展，不仅会受到国家政治、经济等因素的影响，而且与本地社会局势有着相当密切的关系。而民国刚刚建立的1912年，一方面，整个中国动荡的社会状况使刚刚成立的民国政府没有更多的精力来关注地方教育的建设情况；另一方面，河南相对稳定的局面又给处于内陆地区、传统文化深厚而近代教育发展相对迟缓的河南带来了发展教育的一个相对良好的机会。袁世凯是否直接帮助和支持河南留学欧美预备学校的建立现在已经无从可考，但袁世凯的表弟、时任河南都督张镇芳对河南留学欧美预备学校创建的支持则是河南留学欧美预备学校得以创建的重要因素。[1] 而当时河南教育总会会长、河南教育司司长李时灿和河南名士王锡彤均是袁世凯和张镇芳的故交。地方士绅、政府官员之间的密切关系及其后台的强大是河南留学欧美预备学校得以创办的不可缺少的政治动因。曾经在河南留学欧美预备学校德文班求学、后来留学德国学医、回国后曾担任河南大学医学院院长的张静吾在回忆自己最初入学时候情况的时候曾经说："此类学校之设立，有人说这与袁世凯是河南人有关。"[2]

二 地方先进知识分子的努力

在外部社会环境相对有利的条件下，一所与传统类型学校性质完全不同的新型学校的创建，一般离不开当时一些先进知识分子的眼界和见识。河南留学欧美预备学校的创建，即与当时河南先进知识分子的努力有着直接关系。

1912年4月29日，河南省的众多地方官员和知识分子在当时河南的报纸《大中民报》上刊登了开办留学欧美预备学校的倡议书。强调在河南举办留学预备欧美学校的必要性："河南之不若人甚矣。……莫岩图根本之救治法。根本之救治法若何？是非多遣留学欧美，以造就真才不可。夫文明先进国之政治、学术、技艺足以师我而益我者多矣。出而乞诸邻邦，归而飨诸祖国，其有裨于民智、民德、民力、民权、民生者必多，东南各省已先我着办，成效亦最显著，及今而仿行之，已落人后，然尚

---

[1]　河南大学校史编写组：《河南大学校史》，河南大学出版社2002年版，第3页。
[2]　张静吾：《九十沧桑》，香港泰德时代出版有限公司2008年版，第16页。

可为也。……此预备学校不能不专设也。"①

河南地方先进知识分子的倡议在《大中民报》上发出后不久,就得到了河南省临时议会的积极响应。经河南省临时议会议定,决定设立一座培养留学生的专门学校。把位于河南开封的"河南贡院"旧址的东半部作为建校场所,任命林伯襄为河南留学欧美学校校长。② 1912年8月25日,在当时河南开封的《自由报》上刊发了《河南提学司招考留学欧美预备科学生广告》,对河南留学欧美预备学校的诸多情况做了详细说明:

一、校名：该校定名为河南留学欧美预科学校。

二、校址：河南贡院东半部。

三、班次：暂开英文班两班,每班以六十名为限。

四、毕业年限：四年毕业,毕业后择优公费资遣欧美留学,次者给予毕业文凭,择其所长,派充各学校教员。

五、投考资格：甲、身体健全,乙、年龄在十三岁以上十六岁以下,丙、国文通顺,丁、算学会习加减乘除命分者。

六、收费：学费每学期洋三元,膳费每月四元,操衣临时酌定,均于入校前一律交齐,书籍自备。

七、报名日期：自阳历九月四日,即阴历七月二十三日起,至阳历九月二十日,即阴历八月初十日截止,并于报名时呈缴本身四寸照片一张,无论考取与否,概不退还。

八、报名处：学务公所专门科。③

从河南留学欧美预备学校招生广告上可以看出,从开始创立起,其着眼点就不仅仅是一所单一的语言学校,而是把培养留学生和为河南社会培养新型新式人才结合在一起的。1912年9月下旬,首届140名新生入学,

---

① 林维镐、林伯襄、刘鸣晟：《筹备留学欧美预备学校公启》,《大中民报》1912年4月2日第9版。
② 张邃青：《国立河南校史前记》,《豫教通讯》1947年第4期。
③ 《河南大学校史》编写组：《河南大学校史》,河南大学出版社2002年版,第3—4页。

中国近代河南教育教育史上一所全新的学校在古城开封诞生。河南留学欧美预备学校从1912年9月创办，到1923年改为中州大学，河南留学欧美预备学校历时将近12年，学校设有英文班、法文班、德文班。在学校创办的时候，由于当时国内几乎没有同类院校，因此，河南省政府和地方知识分子商议后，曾自行规定为学制4年，后来，参照清华留学欧美预备学校的规定，把学制改为5年。可以说，民国前期，河南的大多数现代高级人才都是首先在该所学校求学，然后留学国外，回来以后再报效祖国。

但是，在最初创办的时候，为了满足河南对现代新型人才的需求，在初期的学业年限中，学校也采用了一些非常之举。比如，在创建不及一年，河南留学欧美预备学校破例推荐一批学生参加留学生考试。1913年，随着凌冰、凌涛、李鹤（即后来担任过河南大学校长和河南省教育厅厅长的李敬斋——作者注）、李克如、杜俊、姬肇启、黄琳、李豫、张鸿烈、杨可立等自河南留学欧美预备学校肄业的学生经过考选，分赴英美两国留学，① 真正拉开了河南大学为河南社会培养新型现代人才的序幕。这些早期河南留学欧美预备学校的学生，其后都成为推动河南大学发展、乃至河南省近代教育发展的中坚力量。比如，凌冰、李鹤、杜俊和张鸿烈都先后担任过河南大学校长或河南省教育厅厅长，在河南教育早期现代化进程中贡献甚大。凌冰曾在冯玉祥的支持下，推动了河南中山大学的成立。杜俊则不仅担任过河南大学校长，还担任过河南教育款产处的主要负责人，河南教育经费独立后，教育经费能够得以顺利实施，杜俊功不可没。

河南留学欧美预备学校存在的12年间共招收7届10班学生，在校学生共计662人。由于对毕业生质量要求较高，毕业学生人数为286人，不及在校学生的一半。1912年9月下旬学校招收了第一届学生共计140名。第一届学生于1917年毕业，由河南省政府择优选拔20名留学美国深造。1913年夏季，学校拟招收第二届学生，其时"二次革命"爆发，故把招生工作推迟到1913年冬季进行，这次招收的学生以攻读德文科为主。1914年2月，第一届德文科学生共计120名入校，按照当时学校入学的

---

① 《欢送河南留学生》，《申报》1913年3月7日第7版。

格序分为丙、丁两班。1918年底，72名德文班毕业生毕业，按照当时河南省政府和预备学校的规定，本来要选拔20名优秀学生奔赴德国留学深造。然而，由于当时第一次世界大战刚刚结束，德国战败而导致国内局势比较混乱，因此，经过协商后，改选30名优秀学生到德国人在上海创办的同济医工专门学校学习。1917年学校招收第三届学生，这一届学生进入英文科学习，分为戊、己两个班。该届学生于1922年夏季毕业。1918年学校招收第四届第三期英文科学生，称为庚班，这也是河南留学欧美预备学校这一建制存在期间的最后一届正式毕业生，由于1923年河南留学欧美预备学校升格为中州大学，该届大部分学生毕业后都进入中州大学继续深造。在河南留学欧美预备学校创办之初，就曾经规定招收的科目有英文科、德文科和法文科。然而，由于法文科师资力量严重不足，直至1919年招收的第五届学生才为法文科。后来，这些学生于1922年冬季转入上海震旦大学、中法工商通汇学校、北京中法大学以及北京大学借读。1920年和1921年的两届英文科学生则不久以后转入中州大学预科班学习。

1923年，经河南教育界精英人士的多方努力，在冯玉祥的大力支持下，河南留学欧美预备学校升格为中州大学，这不仅标志着河南留学欧美预备学校在办学性质上发生根本性变化，也掀开了河南省近代高等教育的重要一页。

第二节 综合性大学的肇基与确立

一 综合性大学的肇基

（一）冯玉祥第一次督豫与河南中州大学的创建

由于当时的河南省省会开封居于北京、天津、武汉和上海之间，距离上述四地几乎都在千里之外，学生在预备学校毕业之后，还需要到北京、上海等城市的大学去考试和升学，不仅路途遥远，还耗资巨大。同时，学生外出求学或者出国留学学成之后，很多都寻找借口不愿意再回到河南服务，与河南留学欧美预备学校创办时候"为河南培养新式人才"的初衷相去甚远。另外，由于河南留学欧美预备学校毕竟是一所以培养留学生为主的学校，加上理工科方面师资匮乏，在功课设置上，过于重视文科，对理科、工科等实科性质科目的预备程度严重不足。① 因此，学生在赴北京、上海等大学进行考试和求学时候，在学业水平上和沿海、沿江那些地区的学生相比，整体上还是有一定差距，也在一定程度上受到了外地学生的歧视。

  基于这些事实，1921年河南省议会第三届会议上通过议案，决定河南依靠自己力量筹办一所省立大学，不仅可以为本省培养高级专业人才，也在一定程度上可以解决河南学生求学的困难。② 在该年10月12日开幕的河南省第三届议会上，通过了在河南筹办大学的决议。拟定合并河南留学欧美预备学校、河南法政专科学校、河南农业专门学校三校作为基础，改建成河南大学。③ 然而，这一决议在当时并没有得以实现。至于没有实现的原因，至今还没有发现官方档案的明确记载，但据民国时期河南大学的当事人回忆，主要是因为河南省的很多学校存在着护校之举，当时法政专门学校和农业专门学校拒绝合并。④ 因此，当时河南进步知识分子期望河南拥有一所大学的愿望也暂时成了泡影。

  然而，自1862年中国教育早期现代化起步开始，60多年间经过洋务教育、维新教育、清末新政教育、科举制的废除以及五四新文化运动等具有现代意义的教育思潮和教育实践的洗礼，中国教育早期现代化在20世纪20年代已经进入了不可逆转的发展时期。作为现代化的重要组成部分，中国教育早期现代化和现代化一样，是中国近代社会进程中一个影响深远的、必然发生的过程和事件。虽然中国的区域广大，各个地方的经济、文化以及社会风俗有着很大的差异，但是，随着近代中国早期现代化的逐步发展，教育现代化的影响一定会冲破"港口—腹地"的桎梏，波及近代中国的所有省区，只不过是时间的早晚而已。而20世纪20年代中国新式教育发展的初步成熟则为新式教育在内陆地区的发展在客观上提供了可能。

---

  ① ISK：《汴梁旅游记：开封的学校教育》，《晨报》1920年5月6日第6版。
  ② 周恒：《河南大学概述》，载陈明章《国立河南大学》，台北：南京图书出版公司1981年版，第6页。
  ③ 河南大学校史编写组：《河南大学校史》，河南大学出版社2002年版，第16—17页。
  ④ 张邃青：《河南大学片段的回忆》，《开封文史资料》，1985年第1期。

第一章　学校与地方政府互动:从留学预备学校到国立大学　/　41

从地理位置上看,河南地处中国的中部,传统文化一直较为浓厚,但是,从地缘关系上看,河南又处于沿海和内地的过渡地带,在教育早期现代化浪潮的裹挟下,河南具有现代意义的高等教育的发展也势必踟蹰地向前发展着。而在恰当时机一些群体或者个人的推动则势必会成为河南高等教育向前发展的强大助推力量。

从民国时期很多省级大学创建和发展的历程来考察,在潮起潮落的社会大环境下,除了地方先进知识分子的努力外,地方主政军阀对省级大学的创建和发展无疑起着重要的作用。1922年第一次直奉战争爆发,冯玉祥击败了河南督军赵倜而开始了其生涯中第一次短暂的主豫时期。冯玉祥第一次对河南进行统治的时间仅仅有五个半月,但是,在这次主豫期间他对河南高等教育发展走向的影响,可能是他自己也没有预料到的。同时,一些著名学者的具有针对性的言论则又起了催化剂的作用。河南留学欧美预备学校升格为中州大学就是这种状况的真实写照。

直到1922年,河南还没有一所具有现代意义的大学,在河南建立一所大学是当时河南众多先进知识分子的梦想。正当河南留学欧美预备学校、河南法政专科学校、河南农业专科学校三校合并未果而致使河南省议会决议落空的时候,著名学者梁启超莅临河南省会开封。梁启超于1922年9月12日抵达开封,并在开封逗留了一周左右时间。此时,正是冯玉祥第一次督豫期间,冯玉祥在各个方面对梁进行了周到的款待并与梁晤面。①

在一周的时间里,梁启超分别于9月16日和9月17日为河南政界和知识界做了两场演讲。梁启超在开封的演讲为河南大学的建立在舆论上起到了关键性的推动作用。其中,在9月17日的演讲中,针对河南封建文化浓厚,新式教育薄弱,具有现代意义的高等教育处于空白境地的状况,对河南教育提出了三点希望:办大学,建博物馆,用新教育、新思想做模范。

一方面,梁氏从教育普及和提高之间的关系上阐述了河南发展现代教育、提高办学程度的重要性和必要性。他说:

---

① 《梁启超已到开封》,《晨报》1922年9月12日第6版。

自海禁大开，沿海各地，逐渐发展，河南以僻居腹地，交通不便之故，文明程度，一落千丈。自有河南以来，文化之衰歇，未有甚于此时者也。此不仅河南之不幸，实为全国之不幸。现在道路交通，文明中心又渐移归内地，京汉陇海两路，交贯河南中心，此宜输入文化之利器。陇海路完全修成后，不独为中国东西大干路，实为欧亚沟通之大干路。届时河南必将加大发展，为我中国文化放一异彩。以上所述，多系理论。兹就河南现状切实言之。现在教育界之论调，大致约有两派：甲说主张先求普及，乙说主张提高程度，皆持之有故，言之成理。我以为一方面当力谋教育之普及，一方面又要提高程度，如专谋普及而不谋提高，结果必甚平常。如现在山西教育，确已普及，为各省冠。然据中外人士之评论，多谓山西教育之效果很小，文明程度，并未有显著之进步。云南为普及教育计，学校林立，然师资不足，充教师者多系老秀才及测字算卦者流。虚糜巨款，成绩了无。教育专言普及而不知提高，其弊甚多。我以为每省应将中等以上学校设法提高，注重人才教育，如果经费困难，当设法将每种办学程度较高的，用新教育新思潮去做模范，此是我对于河南教育之第一希望。①

另一方面，在强调提高河南办学程度的同时，梁启超明确提出河南应当拥有自己的大学，对举办河南留学欧美预备学校是否经济也提出了自己的想法：

河南现在要紧筹备一个最高学府。瑞士一国，全境不及开封、归德两府之大，然有一个最有名的大学，各国派往留学者极多。我当希望我国各省均要办一个大学。唯他省须尚可缓，可代表我国五千年文化之河南，则万不可缓。以文明最古之地，连一个大学都没有，宁不令人失望？我很希望于各专门之外，赶紧办一个大学。如无经费，即将现在之专门学校合起来。组织一完备大学校，聘请有

---

① 《梁启超在汴讲演纪要：对于河南教育前途之希望》，《时报》1922年9月19日第2版。

名教授，造成人才。又外国留学生，如在美国，每人最少年需两千元，若四五年毕业，最少须耗在万余元，我国在外留学生约去万人，年费不赀，极不合算。假使以全国所耗之留学经费（年约 5 千万元），在中国办大学，延聘中外名人为教授，养成的人必然很多。日本人外出留学必大学毕业后，再研究几年，继续派出去考察若干年，办法尚好。我国派出留学生，循例补送，无目的，无限制，不讲需要，随便求学。回国后或干县知事，或谋一阔差，即是结果。河南偏又郑重其事，特设一留学欧美预备学校，试问留学欧美，必要如此预备吗？我以为最好将这不经济的教育费合在一起，办成一个大学。①

当时社会上把蔡元培称为"具体的大学校长"，而由于梁启超的学术地位和对高等教育发展的影响力，则把梁启超称为"不具体的大学校长"。②虽然梁启超在河南逗留的时间不长，但以他在学术界的地位和身份，其言论的分量自然是影响极大。梁启超关于河南教育发展的演讲使一直渴望本省创办大学的河南部分知识分子受到了极大鼓舞，不仅在客观上推动了当时主豫的冯玉祥及河南政界其他人士很快把创办大学这一事件提上了日程，而且也为河南留学欧美预备学校升格为大学提供了一个思路。

众所周知，创办大学除了必要的师资外，基本办学经费是建设大学的基础条件。在当时社会动荡的情况下，由于前河南督军赵倜大肆搜刮民脂民膏，河南省财政极其困窘。赵倜于 1914—1922 年把持着河南的军政大权，该人以善于通过各种手段搜刮钱财和卖官著称。在赵倜统治时期，赵倜为了盘剥财富，想出了种种别出心裁的搜刮钱财办法。当时有童谣云："山西有锡山，闻阎户户安。河南有周人，黎民户户贫。"③虽然河南知识分子想创办大学，但因财政困窘，无法在财政上获得支持。

---

① 《梁启超在汴讲演纪要：对于河南教育前途之希望》，《时报》1922 年 9 月 19 日第 2 版。
② 《各政团欢迎梁蔡二公记》《时报》，1917 年 1 月 14 日第 3 版。
③ 《河南之新大地主——"买田使"强买民田》，《晨报》1920 年 1 月 9 日第 3 版。

出于对赵倜横征暴敛的义愤，1922年冯玉祥第一次督豫时候，首先查抄了赵倜在河南的全部巨额财产。根据当事人的回忆，冯玉祥首先派人对赵倜的财产进行了清算，发现其所敛钱财数额极为庞大。除了在豫南的很多地产外，赵倜通过私扣军饷、私铸铜元、包售鸦片、包卖白丸金丹、私征丁漕、私发公债和持币、卖官等手段，共计敛财达到了四千八百万元。冯玉祥下令把赵倜的财产全部充公，拨出开封城外属于赵倜的耕地若干顷以及城内外赵倜的一些房产作为河南创办大学之用。

关于冯玉祥对中州大学建立的帮助，冯在1922年10月2日的日记中也略有记述："下午三点半，张省长来，言拟筹巨款一笔，办公益事。余云：可将赵倜逆产，在开封办一大学，河南人民脂膏，仍以还之河南人民，且可为百年树人之计，固善举也。"① 嗣后不久，根据冯玉祥的建议，河南省政府把赵倜的产业"灵宝县房产21处，枣园53亩，田地9顷21亩7分9厘，开封县房产23处，田地37顷27亩8分7厘9毫又地16亩2分9厘8毫，信阳田产88担，房产1处，汝南房产9处，地25顷55亩1分，确山地58亩1分3厘，许昌房产3处，天津奥界房产1处，共计田产88担，地67顷32亩2分1厘5毫，房产58处，经先后分别查存在案。除将汝南县属地53顷零4亩拨充河南女中学校经费，北京汪芝麻胡同一处拨归豫籍国会议员招待所外，所有查存田地房屋等产"②悉数拨归河南大学，"留作固定基金以为根本之计"。③

也正是这个月，冯玉祥所倚重的亲信、接替李廉方出任河南省教育厅厅长的凌冰把创办河南大学作为重要事件列入他的工作计划："现冯督军准将赵督遗产之一部拨为大学基金，俟省议会通过后，河南大学即日开办。"④ 而后，河南省议会议决把河南留学欧美预备学校校址作为预科校址，把该校的经费作为预科经费，筹办河南大学。作为河南大学筹备

---

① 《冯玉祥日记》，江苏古籍出版社1992年版，第231页。
② 河南省教育厅：《咨第384号：中州大学校长奉督、省令发赵氏地契约及清册请查由》，《河南教育公报》1922年第2卷第3期。
③ 河南省教育厅：《咨第384号：中州大学校长奉督、省令发赵氏地契约及清册请查由》，《河南教育公报》1922年第2卷第3期。
④ 凌冰：《凌厅长教育计划》，《河南教育公报》1922年第1卷第1期。

专员，河南留学欧美预备学校校长张鸿烈向河南省教育厅上报了筹办大学的计划书，对升格为大学后的预科、正科、招生及其他办理事宜提出了详细的建议。

张鸿烈认为，可以把预科分为甲乙两部。甲部主要以文科为主，通过招考省内中学毕业生为大学文科的预科生，预备年限为二年半；乙部以理科为主，把英文科五年级改为乙部，学生在预科就读一年半后进入大学本科学习。以后每年连续招考一班直至高级中学成立、学生毕业程度与大学衔接为止。针对当时河南省议会立刻创办大学本科文理两科的提案，张鸿烈提出，由于建筑、设备、师资聘用等不是在短时间内就能做到的，而且学生学业程度比较低，除了预科利用原来留学欧美预备学校的办学经费外，正科经费还不太明确，仓促创办大学本科可能只是图务虚名而不求实际。因此，可以在开办大学预科的同时筹备本科办理事宜。这样一来，因为甲乙两部计划招生的预科学生在1923年秋季入学，1925年预科期满后都可以升格为大学正科学生，加上以后新生的连续招收，就能保持大学本科生源的持续性。同时，为了保证生源的连续性，张鸿烈在报告中建议开办附属中学。另外，张鸿烈认为，随着学校各种机构和师资的不断完善，农科、工科、法科等学科也可以次第举办。[1]

张鸿烈的这一计划得到了河南省教育厅厅长凌冰的认可。凌冰于1922年11月1日以河南省教育厅的名义向河南省政府呈请"以河南大学筹办专员、留学欧美预备学校校长张鸿烈为河南大学校长在案，并恳即于查核实行"[2]，当时河南省政府立即回复批准。北京政府教育部认为，河南省创办的大学如果用了赵倜的这笔资金，必须在大学前面冠以"中州"二字方为合法。经河南省议会合议，决定将学校定名为"河南中州大学"。[3]

---

[1] 河南省教育厅：《呈第410号：呈省长大学筹办员张鸿烈呈计划说明书请鉴核并恳速委校长》，《河南教育公报》1922年第2卷第2期。
[2] 河南省教育厅：《呈第410号：呈省长大学筹办员张鸿烈呈计划说明书请鉴核并恳速委校长》，《河南教育公报》1922年第2卷第2期。
[3] 周恒：《河南大学概述》，载陈明章主编《国立河南大学》，台北：南京图书出版公司1981年版，第4页。

1922年11月，河南省议会正式任命张鸿烈为中州大学校长，以河南留学欧美预备学校的校址和原来的师资力量为基础，创办河南中州大学。同时，为了加强管理和保障学校的顺利运转，学校仿照京沪等公私立大学的成例，成立了由李时灿担任董事会会长，王敬芳、李敬斋、张嘉谋、张藻、黄炎培、蔡元培、张伯苓、郭秉文、河南教育厅厅长、河南实业厅厅长以及河南教育会会长[①]等担任董事的中州大学董事会。[②] 1923年3月3日，中州大学举行了开学典礼。1923年8月，中州大学进行了第一次招生，[③] 1924年进行了第二次招生。[④]

　　中州大学创建的时候，正值《壬戌学制》（1922年学制）初步实施之际，中州大学的创办，与《壬戌学制》中所规定的大学设置条件并无扞格之处。

　　《壬戌学制》的形成源于对民国初期《壬子癸丑学制》的扬弃。中国近代学制产生后，虽然在民国初期经过以蔡元培为代表的著名教育家的改革，形成了《壬子癸丑学制》，该学制较之清末的《癸卯学制》更加适应中国社会需要，但仍然存在着不少问题。据蒋维乔回忆："当时教育部之重要工作，即在草拟新学制。招集（原文为'招集'——引者注）东西留学生，各就所长，分别撰拟小学、中学、大学规程，每日办公六小时，绝似书局之编辑所。初时志愿甚弘，拟遍采欧美各国之长，衡以本国情形，成一最完全之学制。然当时由欧美回国之人，专习教育者绝少，不能窥见欧美立法精神，译出文件，泰半不适用……结果仍是采取日本制，而就本国实际经验，参酌定之。"[⑤]具体到高等教育而言，则因为"对于专门大学规程缺乏经验，不过将日本学制整个抄袭，草草了事"。[⑥]

　　在这种情况下，教育界认为《壬子癸丑学制》不能从中国的实际出

---

① 关于河南省教育厅厅长、河南省实业厅厅长、河南省教育会会长这三个职务后边的具体姓名，在原材料上没有出现。笔者认为，可能当时考虑到这些职务的更替因素，只要谁担任这三个职务谁就自动成为董事会成员。

② 河南省教育厅：《呈第420号：呈省长拟组织中州大学董事会缮具章程并拟聘董事名单请鉴核聘定》，《河南教育公报》1922年第2卷第2期。

③ 佚名：《河南教育现况》，《教育杂志》1923年第15卷第10期。

④ 《河南大学校史》编写组：《河南大学校史》，河南大学出版社2002年版，第17页。

⑤ 蒋维乔：《清末民初教育史料》，《现代读物》1936年第8卷第18期。

⑥ 蒋维乔：《清末民初教育史料》，《现代读物》1936年第8卷第18期。

发,已经不适应日益发展的社会政治经济生活和生产的需要,因此学制改革的呼声日益强烈,其中,由于《壬子癸丑学制》中有关高等教育的学制体系本来就是仓促而成,故而成了学制改革呼声中的焦点所在。1920年在上海召开的全国教育联合会第六次年会上,福建提交的《学制改革案》中要求"取消专门学校,改为分科大学"和云南提交的《改革学校系统案》中要求"以专门学校归入分科大学"的提案,[1]把专门学校与大学的关系问题推到了学制改革的前台。随后,经过两年多的激烈争论,最终在《壬戌学制》中把大学的设置条件规定为如下几个方面:大学校设数科或一科,均可;其单设一科者称某科大学校,如医科大学校,法科大学校之类;大学修业年限四至六年,医科大学及法科大学修业年限至少五年,师范大学修业年限四年;大学校用选科制;等等。在《壬戌学制》中,虽然专门学校仍然作为高等教育体系中的一个重要组成部分存在,确立了专门学校在学制系统中的地位。但第二十四条规定:"因学科及地方特别情形,得设专门学校,高级中学毕业生入之,修业年限三年以上。年限与大学校同者,待遇亦同。"[2] 这一规定在实质上已经把年限与大学相同的专门学校和大学同等对待。而该条目中附注五的"依旧制设立之专门学校,应于相当时间内提高程度,收受高中毕业生"[3],可以看出,《壬戌学制》中关于高等教育的一个最为重要的特点,就是大学设置的条件较为宽松,仅有一个学科就可以称为单科大学,大学与专科学校的区别形同虚设。这一较为宽松的设置条件虽然为以后"滥设大学"埋下了伏笔,但从另一方面看,在当时中国高等教育起步未久、大学极为稀少的情况下,《壬戌学制》中有关大学设置条件的规定,推动了当时中国现代大学的快速发展,无疑为中国现代意义高等教育体系的形成奠定了基础。

中州大学不仅符合《壬戌学制》中有关大学办理的要求,同时,在大学开办之初,中州大学在课程设置等诸多方面就深深地受到了《壬戌

---

[1] 佚名:《全国教育会联合会开会纪》,《教育杂志》1920年第12卷第11期。
[2] 中国第二历史档案馆编:《中华民国档案史资料汇编·第三辑·教育》,江苏古籍出版社1991年版,第105页。
[3] 中国第二历史档案馆编:《中华民国档案史资料汇编·第三辑·教育》,江苏古籍出版社1991年版,第105页。

学制》的影响。

中州大学在学科设置上分为文理两科，就学科设置而言，符合当时《壬戌学制》的对于大学设置的要求。同时，在建校伊始，对于学生的学习成绩管理，就采用了当时比较先进的学分制。在中州的大学的《学生通则》中，明确规定了学分制的要求：学生的成绩分为甲乙丙丁戊己六级，甲乙丙丁四级为及格，给予相应的学分；戊等允许假期补考，及格者升入丁等，授予学分；不及格者列入戊等，不给以学分；己等者不予补考。大学本科生须修足160学分的课程且体育成绩合格者，方能根据规定被授予学位。①

学校在毕业条件上明确规定，每学期学业学分有十二分以上在丁等或戊等的学生不能毕业。② 另外，在升格为大学之初，对学生管理工作就做了相对严格的规定。如，违抗记过及停学处分者、曾经记大过三次者、未经允许在外住宿者、无故旷课两星期或开学后两星期未到校报到且不请假者，等等，必须按照退学处理。③ 这些严格的规定保证了河南省立中州大学对学生进行有效的管理。

中州大学成立之初，师资严重匮乏，延揽师资成为学校的一个重要任务。有鉴于此，在河南地方政府的支持下，中州大学采用吸引留学生的办法来提高师资层次。如曾经在河南省立中州大学执教过的冯友兰，在美国毕业但还未归国之前，就接到了中州大学的聘书，被内定为文科主任（相当于后来的文学院院长）。④ 中州大学这种不拘一格聘用人才的方式，对于学校以后的发展乃至河南高等教育的发展，具有长远的积极影响。

众所周知，自1917年《修正大学令》颁布后，大学的设置条件就开始趋于宽松，而1922年《壬戌学制》颁布后较为宽松的大学设置条件，则为大学数量上快速发展进一步创造了制度条件。同时由于中央权力式

---

① 《河南大学校史》编写组：《河南大学校史》，河南大学出版社2002年版，第20页。
② 河南省立中州大学编：《中州大学一览（内部资料）》，河南省立中州大学，1923年，第14页。
③ 河南省立中州大学编：《中州大学一览（内部资料）》，河南省立中州大学，1923年，第14页。
④ 冯友兰：《三松堂自序》，人民出版社1998年版，第58页。

微,在实际上也基本无力对大学发展进行严格管理和约束,所有这一切因素汇聚在一起,使自1922年《壬戌学制》颁布后到1929年《大学组织法》颁布前这一时期出现了专门学校升格为大学或者各省创办大学的一个"小高潮"时期。翻检当时的材料可以发现,在这股创办大学的浪潮中,河南中州大学在创办时间上处于前列。也正如河南大学校友后来回忆所言:"河南大学之创立,又为各省之先驱。"[①]虽然出于校友情结把河南大学称为各省大学创立的"先驱"未免有些夸大,但从创办时间上看,也基本属实。1923年河南中州大学创建以前,全国所有公私立大学共计仅有36所,中国人自己办理的大学仅有21所,而省立大学则仅仅3所。因此,从创办时间上看,河南大学的确走在了中国很多省区的前列(见表1-1)。

表1-1 1923年3月河南中州大学成立前中国公私立及教会大学一览

大学类别	大学名称	所在城市	序号
国立大学	北京大学	北京	1
	交通大学	北京、上海、唐山	2
	北洋大学	天津	3
	东南大学	南京	4
	上海商科大学	上海	5
省立大学	山西大学	太原	6
	鄂州大学预科	武昌	7
	云南东陆大学	昆明	8
私立大学	民国大学	北京	9
	中国大学	北京	10
	朝阳大学	北京	11
	平民大学	北京	12
	南开学校大学部	天津	13
	河北大学	清苑	14

---

① 周恒:《河南大学概述》,载陈明章主编《国立河南大学》,台北:南京图书出版公司1981年版,第1页。

续表

大学类别	大学名称	所在城市	序号
私立大学	复旦大学	上海	15
	大同学院	上海	16
	南通大学农科	南通	17
	仓圣明智大学	上海	18
	厦门大学	厦门	19
	中华大学	武昌	20
	明德大学	汉口	21
教会大学	燕京大学	北京	22
	齐鲁大学	济南	23
	圣约翰大学	上海	24
	东吴大学	上海	25
	金陵大学	南京	26
	震旦大学院	上海	27
	沪江大学	上海	28
	三育大学	上海	29
	协和大学	福州	30
	之江大学	杭州	31
	文华大学	武昌	32
	雅礼大学	长沙	33
	华西协和大学	成都	34
	岭南大学	广州	35
	夏葛医科大学	广州	36

资料来源：国民政府教育部教育年鉴编纂委员会编：《第一次中国教育年鉴（丙编：教育概况·上）》（影印版），台北：传记文学出版社1971年版，第9—23页；何炳松：《二十五年中国之大学教育》，载商务印书馆主编《最近三十五年之中国教育》，上海：商务印书馆1931年版，第99—100页。

从河南留学欧美预备学校升格为河南中州大学的过程可以看出，冯玉祥第一次督豫期间，对河南中州大学创办起到了至关重要的作用。对于任何一所大学而言，如果在发展过程中没有政府的支持，即使是再好的设想与规划也许只能是美好的想象而已。而在社会动荡不安、中央政府权力式微的北洋军阀统治时期,似乎地方主政的实力派在地方大学发展过程中所起的作用尤其重要。可以说,冯玉祥在各方面对河南中州大学创办的有力支持是河南中州大学得以创建的有力保障。而从冯的经历看,他的这一举动并非偶然。

冯玉祥祖籍安徽巢县(今巢湖市)竹柯村,1882年出生于直隶青县兴集镇,儿时在保定长大,出身贫寒。父亲冯有茂本来是个泥瓦匠,曾一度作雇工,后来为生活所迫投军行伍。① 在这样贫穷的家庭里面,能够读书在冯玉祥看来是"一个大外飞来的福音"。② 冯1892年年底顶替哥哥进入私塾念书,由于买不起纸笔,只有用一根绑着一束麻的细竹竿蘸着稀黄泥在砖头上练字。因为家庭贫寒,1894年,年仅12岁的冯在父亲军营一个苗姓管带的关照下借补充兵员缺额的机会而进入军营,从此结束了共计只有一年零三个月的受教育生涯。③ 冯玉祥对自己这段极为短暂的教育经历终生难忘。④ 正是因为这些辛酸经历,使冯在长期的戎马生涯里,每到一地,一贯地关注当地的教育事业。1921年冯玉祥担任陕西督军时候,就曾经将陕西督署办公经费的一半拨发给各个学校充作教育经费,从而使陕西很多学校的必要设备在一定程度上得到了保证。⑤ 他主政陕西的时候曾经恢复西北大学,并改建为西安中山大学;主政甘肃时候亦曾经筹建兰州中山大学。⑥ 因此,冯对河南中州大学创办的支持也不是偶然而为之的事情。

冯玉祥1922年5月15日正式担任河南督军,1922年10月31日担任陆军检阅使,这是他第一次督豫,时间不足半年。⑦ 但在这不足半年的短暂时间里,冯玉祥对河南高等教育走向所产生的影响,估计连他自己也是没有想到的。

一方面,对河南高等教育发展而言,河南中州大学的成立堪称河南

---

① 冯玉祥:《我的生活》,岳麓书社1999年版,第1页。
② 冯玉祥:《我的生活》,岳麓书社1999年版,第19页。
③ 冯玉祥:《我的生活》,岳麓书社1999年版,第20—22页。
④ 冯玉祥:《我的生活》,岳麓书社1999年版,第22页。
⑤ 冯玉祥:《我的生活》,岳麓书社1999年版,第325页。
⑥ [美]薛立敦:《冯玉祥的一生》,丘权政、陈昌光等译,浙江教育出版社1988年版,第300页。
⑦ 蒋铁生:《冯玉祥年谱》,齐鲁书社2003年版,第57—58页。

高等教育史上的一个创举。它不仅改写了中国现代教育起步后河南省一直没有中国人自己创办的现代高等院校这种尴尬局面，使民国时期河南高等教育开始在全国高等教育体系中初步占有一席之地，而且对于以后河南高等教育的继续发展乃至中西部内陆地区高等教育的发展，起到了奠基性的作用。

另一方面，从促进高等教育体系均衡发展和内陆地区高等教育发展的角度看，河南中州大学的成立亦不无意义。由于中国现代新型大学创办的时空布局一直与"近代以来西方资本主义列强入侵和西方文化教育冲击浸润的总态势是大致相合的"[①]，即大部分集中在沿海沿江的口岸城市和内陆的中外交通枢纽城市。而这种分布态势，也造成了中国现代新式教育和高等教育在地域分布上极不均衡的布局。在冯玉祥的大力支持下，由河南留学欧美预备学校升格而成的河南中州大学，虽然在当时中国高等教育体系中似乎还不会占据太重要的地位，但却是继山西大学和云南东陆大学之后，进一步打破了大学主要分布在沿海、沿江和北京等城市的格局，从客观上推动了具有现代意义的高等教育向内陆地区的延伸，在促进河南高等教育起步和发展的同时，也初步促进了中国现代高等教育在地域分布上相对均衡地发展。

从1923年3月中州大学创办到1927年7月与河南省立农业专科学校、河南公立法政专科学校合并改组为河南省立中山大学，河南中州大学共存在了4年多的时间。虽然在以往的基础上中州大学获得了发展，但是，当时河南恶劣的政治环境则在一定程度上阻碍了中州大学乃至整个民国时期河南大学的发展。1926—1927年，吴佩孚的军队由湖北北上，张作霖的奉军由河北南下，河南再次成为军阀的混战场所。各路军阀盘踞河南后，对河南都疯狂地进行盘剥，导致包括中州大学在内的河南很多学校由于办学经费困难而被迫停课。更有甚者，借逮捕当时中州大学理科主任曹理卿之名，军阀随意对学校进行搜查，使中州大学受到很大破坏，1927年5月被迫宣布暂时停办。[②] 直到1927年7月冯玉祥第二次占领河南之后，在冯玉祥的再次支持下，该校与河南法政专科学校、河

---

① 田正平：《中国教育史研究——近代分卷》，华东师范大学出版社2001年版，第85页。
② 《河南大学校史》编写组：《河南大学校史》，河南大学出版社2002年版，第18页。

南农业专科学校两校合并为河南中山大学。

可以说，冯玉祥第一次督豫给河南中州大学创办提供了良好的政治环境，正如当时在河南的一位外国人所言："学校比我到这个城市以来的任何时候都办得好。"① 除了冯玉祥的支持外，河南地方先进知识分子在其中所起的作用也功不可没。如冯玉祥提出办一所大学以后，河南留学欧美预备学校校长张鸿烈立即拟订了完善的办理大学计划。正是河南先进知识分子在办理大学上的主动性和积极性与冯玉祥的支持结合在一起，才催生了河南中州大学的创建。

(二) 冯玉祥第二次督豫促成综合性大学的形成

1927年南京国民政府成立，河南中州大学已经走过了4年的岁月。虽然军阀混战对中州大学发展造成了极大的破坏，但中州大学却一直在障碍重重中蹒跚地向前。从现在眼光看，在河南大学发展史上，1927年可以说是相当关键的一年。因为正是在这一年的7月，以中州大学为主体，中州大学与河南法政专科学校、河南农业专科学校合并，成立了河南中山大学。

据《第一次教育年鉴》记载，"1927年6月，中央政治会议开封分会议决，合并前中州大学及农业、法政两专门学校为国立开封中山大学，嗣经河南省政府重行决议改称河南省立中山大学，设置文、理、法、农各本科预科及农业推广部，十一月正式成立开学"②。由于中州大学本已存在着文、理两科，加上与法专、农专合并后对法专和农专的学科专业又进行了整合，从而已经拥有了文、理、法、农四个学科。③ 河南中山大学的成立无疑为民国时期河南大学成为一所学科门类相对齐全的综合性大学奠定了必要的基础。当时有人在《河南教育周报》上对1927年上半年和下半年河南政治环境变化给河南教育发展带来的影响做如下描述：

---

① [美]薛立敦：《冯玉祥的一生》，丘权政、陈昌光等译，浙江教育出版社1988年版，第150页。

② 国民政府教育部教育年鉴编纂委员会：《第一次教育年鉴（丙编·教育概况·上）》（影印版），台北：传记文学出版社1971年版，第17—19页。

③ 国民政府教育部教育年鉴编纂委员会：《第一次教育年鉴（丙编·教育概况·上）》（影印版），台北：传记文学出版社1971年版，第17—19页。

河南地处腹心,文化闭塞,教育事业尤为落后,而十六年一年之内,时局变迁,最为急剧,其影响于教育者,尤为显著。当夫春季河南先后为直鲁军阀所盘踞,教育成绩,固无可言;迨国民革命军第二集团军于六月间到豫,始厉行党化教育,惟因军事倥偬,未能立时实现。厥后河南残余军阀渐次肃清,地方秩序亦日渐恢复,于是省政府得以全力注意于政治之改进,而教育为政治之首要,尤当积极进行,数月之间改革扩充,颇有长足之进步,综此一年中观之,六月以前为河南教育界最纷乱之时期,六月以后,为最进步之时期,盖经此次改革后,而河南以前教育界因循之气象,为之焕然一新,实为河南教育改革之大纪元也。①

时人的评述反映了1927年河南政治环境变化对河南教育发展影响的部分事实。其实,国民革命军第二集团军正是由冯玉祥部队改编而来,而冯玉祥本人则担任着国民革命军第二集团军总司令一职。

1927年是中国政治形势比较微妙和关键的一年。宁汉分流后,1927年4月18日,蒋介石在南京另立国民政府,至此,宁汉国民政府正式彻底分裂。是年,在中国的政治舞台上,出现了以蒋介石为首的南京国民政府、以汪精卫为首的武汉国民政府和以张作霖为首的北京奉系军阀政府所形成的"三足鼎立"的格局。而当时河南主要被武汉国民政府的部队和冯玉祥的部队所分别占据。其中,冯玉祥占据着河南大部分区域并担任河南省政府主席,控制着平汉铁路和陇海铁路,地处军事要塞,加之当时他的军事力量相对雄厚,因此也成了宁汉双方拉拢的重要对象。武汉国民政府为了拉拢冯玉祥,向他开出了三个优惠条件:第一,成立开封政治分会,以冯玉祥为主席,指导陕、甘、豫等省党务;第二,武汉国民政府任命冯玉祥为河南省政府主席,并以冯部将刘郁芬为甘肃省政府主席,与冯玉祥关系密切的于右任为陕西省政府主席;第三,冯玉祥的第二集团军扩编为七个方面军。武汉国民政府将河南地盘让与冯军,命令唐生智、张发奎各部退回武汉,以此交换冯的合作。② 与此同时,南

---

① 王绍宣:《十六年的河南教育之回顾》,《河南教育周报》1928年第16期。
② 李泰棻:《国民军史稿》,台北:文海出版有限公司1971年版,第415—425页。

京国民政府也向冯玉祥"频送秋波"。作为从底层一步步走上来的军阀，冯玉祥深谙平衡之道。他不像其他军阀那样倒向一方而毫不妥协地反对另一方，而是呼吁双方和解，强调分裂对革命、对国家都不利，[1] 并且和双方都保持着频繁的接触。而南京国民政府为了安抚各派军阀来达到实现形式上统一的目的，其后也就暂时维持了此前武汉国民政府所实施的"中央政治委员会某某政治分会"这一既成格局。1927年7月，在召开的第120次中央政治会议上，就任命李济深为广州政治分会主席。[2] 其后，于1928年3月召开的中央政治会议第131次会议上，通过决议形式明确了"中央政治委员会"和"某某政治分会"这一暂时的政治架构，各个政治分会均具有节制数省军政事务的大权。在此次会议上，推蒋介石为中央政治会议主席、李济深为广州政治分会主席、李宗仁为武汉政治分会主席、冯玉祥为开封政治分会主席。[3] 各个政治分会以主席所在城市命名，但管辖一省或数省区域。

因此，在冯玉祥二次督豫间的1927—1928年，当时南京国民政府的势力在实质上并没有延伸到这里，冯玉祥在形式上具有节制河南、陕西、甘肃三省军政事务的大权。加上冯玉祥本人有一段时间还兼任着河南省政府主席一职，河南省大部分政策都是在冯玉祥的直接干预下制定的，冯第二次督豫期间对河南采取的部分措施无疑又一次推动了民国时期河南大学的发展。"他在河南扩大中州大学，增设科系，改为开封中山大学，并召回教育家凌冰长校"[4]。而当时参与筹办河南中山大学的一些重要人员，大多是冯玉祥所倚重的精通教育和财政的亲信。

据《河南大学校史》记载：1927年6月，冯玉祥为河南省主席，河南省政府在开封成立。在国民党中央政治委员会开封政治分会委员的提议下，开始筹设"国立开封中山大学"，并委任徐谦、顾孟余、薛笃弼、凌冰、李静禅5人为筹委会筹备委员。经过多次磋商，决定以中州大学为基础，将河南公立法政专门学校、河南省立农业专门学校合并于内成

---

[1] 李泰棻：《国民军史稿》，台北：文海出版有限公司1971年版，第408—415页。
[2] 《中央政治会议要闻》，《民国日报》1927年7月9日第5版。
[3] 《政治会议纪》，《中央日报》1928年3月8日第2版。
[4] ［美］薛立敦：《冯玉祥的一生》，丘权政、陈昌光等译，浙江教育出版社1988年版，第300页。

立"国立第五中山大学"①。1927年7月,"国立第五中山大学"宣告成立。虽然在成立之初存在着把大学办为国立的初衷,而且,最初也是以"国立开封中山大学"来命名的,②然而,在成立的当月,就立即改名为"省立中山大学"。

在《河南大学校史》中提到的这5个筹备委员会的委员,除了李静禅外,其余都和冯玉祥交情甚笃,而且大部分本人就是教育专家和理财高手。

徐谦(1871—1940),近代著名法学家、政治活动家,字季龙,晚年自署黄山樵客,安徽歙县徐村人,出生于江西南昌。徐谦是清末最后一届科举考试的进士,后进入翰林院仕学馆攻读法律。1907年毕业以后,先后任翰林院编修和法部参事职务,主持制订全国的新式法律。中华民国成立后,1912年3月,任内阁司法部次长。1917年南下广州,任孙中山广州军政府秘书长。1919年被聘为天津《益世报》主编。1920年9月,冯玉祥在汉口期间,孙中山派徐谦和钮永建到汉口慰问冯部,这是两人的初次见面,徐谦与冯"握手言欢,相见恨晚"。③1921年任孙中山政府最高法院院长。1922年任北京政府王宠惠"好人内阁"司法总长。1923年任岭南大学文学系主任,并创办了《评议日报》。同年,应冯玉祥之聘进京,任中俄庚款委员会主席,同李大钊成为好友。1926年,徐谦和后来执掌国民政府教育部的朱家骅一道在中山大学担任大学委员会委员,④而后在该年陪同冯玉祥夫妇出访苏联。访问苏联使徐谦和冯玉祥之间的关系进一步升温,是两人关系进入新阶段的标志。⑤1927年3月武昌中山大学成立时,徐谦与李汉俊、章伯钧、顾孟余和周佛海一起被委任为武

---

① 从笔者查阅到的关于民国时期河南大学的史料中,均称为"国立开封中山大学",未见有"国立第五中山大学"这一名称。笔者认为,或许是笔者查阅资料有限之故,或许是《河南大学校史》编纂者编写过程中的笔误。关于该说法,虽然引用了《河南大学校史》中内容,但似有商榷之处。

② 丁致聘:《中国七十年来教育纪事》,南京:国立编译馆1935年版,第105页。

③ 阎团结、梁星亮:《冯玉祥幕府与幕僚》,浙江文艺出版社2010年版,第211—212页。

④ 国民政府教育部教育年鉴编纂委员会:《第一次中国教育年鉴(丙编·教育概况·上)》(影印版),台北:传记文学出版社1971年版,第27页。

⑤ 阎团结、梁星亮:《冯玉祥幕府与幕僚》,浙江文艺出版社2010年版,第211—212页。

昌中山大学委员会委员。① 1927年6月，郑州会议召开，在会议上决定成立开封政治分会，以冯玉祥为主席，徐谦为分会政治委员之一。② 1926—1927年是徐谦政治生涯上的辉煌期，"煊赫之势，一时无两"。③ 冯玉祥在1927年所实施的很多政策，几乎都源于徐谦的意见。④ 也正是在徐政治生涯的顶峰期，被他的老朋友冯玉祥任命为"国立开封中山大学"筹备委员会委员。可以看出，徐谦和冯玉祥交情甚笃，并不是一般的泛泛之交，"两人过从甚密，交情颇深，乃至互相影响，共进共退。在大革命时期冯玉祥经历了几次大的转变，……都能找到徐谦的影子"⑤。徐谦虽然不能称为是专攻教育的教育专家，但从其经历看，对教育还是相当内行的。

凌冰（1892—1986）字济东，少年时号庆藻，河南省固始县郭陆滩乡太平村人。曾在河南留学欧美预备学校学习，以优异的成绩与李敬斋、张鸿烈等同一批被选拔赴美留学。1919年在美国克拉克大学获教育心理学博士学位。该年受聘回国，任南开中学大学部第一任主任，还动员一大批留学人员回国到南开中学大学部任教。从事教育之余，凌冰通过很多渠道筹集款项，为南开大学发展做出了巨大贡献。北京政府时期担任天津市教育局局长。从凌冰的经历看，凌冰本人就是一个教育专家。凌冰与冯玉祥有着极其深厚的交往，其兄长凌钫是冯玉祥滦州起义的战友。虽然凌冰比冯玉祥年轻很多，但冯在很多场合提及凌冰，必以"先生"相称，冯玉祥对凌冰的尊重和信任当时在冯的部队中几乎也是人所共知的。⑥ 早在1922年冯玉祥第一次督豫时候，冯玉祥任命凌冰担任河南省教育厅厅长，⑦ 凌对河南留学欧美预备学校升格为河南中州大学做了许多

---

① 《国立武昌中山大学成立，徐谦等五人被委任为委员》，《益世报》（天津）1927年3月24日第5版。
② 阎团结、梁星亮：《冯玉祥幕府与幕僚》，浙江文艺出版社2010年版，第211—212页。
③ 上海书店主编：《民国世说》，上海书店出版社1997年版，第105页。
④ 《冯玉祥信任徐谦，激起冯部反感》，《益世报》（天津）1927年9月29日第9版。
⑤ 阎团结、梁星亮：《冯玉祥幕府与幕僚》，浙江文艺出版社2010年版，第211—212页。
⑥ 从冯玉祥的自传《我的生活》以及冯玉祥的日记《冯玉祥日记》中，可以看到冯玉祥和这些人之间的交情。
⑦ 《豫人驱逐教厅长之风波——张凤台为李步青维持，冯玉祥交名单令觅继任》，《晨报》1922年8月29日第6版。

卓有成效的工作，有效地促成了河南中州大学的建立。凌冰1928年任国民政府外交部条约委员会委员。1929年11月，任驻古巴全权公使。后去台，曾任"立法院"第四届"立法委员""行政院"驻美全权代表、纽约商爱罗公司董事长等。1986年逝于纽约，享年94岁。①

凌冰应冯玉祥邀请担任河南中山大学校长后，除了延揽教师、研求教法和增添必要的设备外，为了对河南中山大学进行有效整合，做了大量工作。第一，保留学科而废除学系建制，同时废除了选科制，以避免学生盲目学习。同时，对于大学一年级的学生，则要求文理科互相选习，以达到各项专业人才都先具有普通的常识知识之目的。第二，变更组织，裁汰冗员。凌冰把学校原有的总务部、教务部和训育部三个部门归并为教务处和事务处两个部门，教务处设主任一人，该机构的主要职责是处理学校学生的注册、图书管理和体育等事情。事务处也设置主任一人，主要管理学校文书、庶务、会计等事宜。同时，保留秘书二人，每学科则设科主任一人。第三，设置学习评议会。评议会由校长、校务主任、各科主任、图书馆主任（即图书馆馆长——引者注）、教职员代表和各科学生代表若干人组成，对学校的各种事务进行公开评议。第四，设置校款监察委员会。校款委员会对学校每个教职员工所花费学校的款项，上至校长，下至一般员工，均要考察，并公开公布。②凌冰对河南中山大学建设初期内部架构的重组，可以说是成效极大。比如，单单是冗员一项，就近乎裁撤一半，每个月教师的薪金开支节省达五千余元。在河南大学早期向多学科大学发展过程中，凌冰无疑起了巨大作用。

在顾孟余丰富多彩的一生中，从其早年经历看，也和中国近代高等教育的发展有着密切的联系。顾孟余原籍浙江，于1888年生于河北宛平（现属于北京市）。后留学德国，毕业于柏林大学。1917年31岁回国，任北京大学教授兼经济学系主任，为北大著名教授之一。③1925年遭北京政府通缉乃南下广州，④该年11月，被广东国民政府任命为广东大学（国

---

① 凌培学：《著名教育家凌冰先生传略》，《固始文史资料》1987年第2期。
② 《凌冰接充河南中山大学后》，《益世报》（天津）1928年3月5日第16版。
③ 贾逸君：《民国名人传》，岳麓书社1992年版，第198页。
④ 贾逸君：《民国名人传》，岳麓书社1992年版，第198页。

立中山大学前身）大学委员会主席，后来改为校长制后，又被任命为该校校长。1926年2月，为了纪念孙中山，广东国民政府决定把广东大学改组为中山大学。该年10月任命顾孟余为中山大学委员会副委员长。①1927年任武汉国民政府委员兼教育部部长。②

薛笃弼，字子良，山西解县人，早年毕业于山西省立法政学校，1912年，被任命为山西河津县地方审判厅审判官，同年调任临汾县地方审判厅厅长。1914年，被冯玉祥聘为秘书长兼任军法处长。1918年，冯玉祥部队移驻常德，被冯玉祥委任为军警联合督察处处长。1919年又被冯委任为常德县县长。1921年冯玉祥任陕西督军，委任薛为延长县县长，该年冬季升任陕西财政厅厅长。1922年冯玉祥第一次督豫，薛被冯委任为河南财政厅长。1924年，冯玉祥推倒直系后，委任薛为京兆尹，旋即担任黄郛（膺白）内阁中的司法次长。1925年秋，薛被冯玉祥委任为甘肃省省长。1927年，冯玉祥担任河南省政府主席时候，薛担任河南省政府委员兼民政厅长。薛笃弼赋性勤俭，遇事负责，且有计划、有条理，尤其擅长理财……故冯玉祥对他极为赏识。③

就冯玉祥个人当时在河南的地位而言，已经远远超过了第一次主政河南时候的地位。在第一次督豫期间，冯玉祥只在河南短暂逗留了五个半月，因此，虽然当时他也拟订了很多推动河南发展的计划，但因时间过短，导致很多措施没有来得及实施。这次督豫，正值宁汉纷争，而冯玉祥雄居中原，居于关键性的地位，具有左右大局的实力，以至于当时国民党政要胡汉民等给他发电时候甚至恭维他在河南是"一柱擎天"④。可以说，冯玉祥的支持以及冯所延揽的"国立开封中山大学"筹备委员的角色构成在客观上是"河南中山大学"成立的重要保证。

民国的大部分时间里，由军阀割据而造成了军阀对所统治区域各项事物的干涉，也就是史家通常所说的"军阀干政"。实际上，在南京国民

---

① 国民政府教育部教育年鉴编纂委员会编：《第一次教育年鉴（丙编·教育概况·上）》（影印版），台北：传记文学出版社1971年版，第27页。
② 贾逸君：《民国名人传》，岳麓书社1992年版，第198页。
③ 贾逸君：《民国名人传》，岳麓书社1992年版，第193页。
④ 王禹廷：《中原大战，斫丧国脉（一）》，载季啸风、李文博主编《台港及海外中文报刊专辑》，书目文献出版社1987年版，第185页。

政府建立以前，由于不同省区军阀林立，除了实力雄厚的大军阀具有掌控中央政府的能力而对当时国家的事务进行干涉外，占据不同省区的军阀为了生存和保存实力，则会对所在地方的事务进行干涉，即形成军阀干政的另外一种形式——地方军阀干涉地方政事，所在区域的地方官员在一定程度上成了摆设。当时占据着很多省份的地方军阀，无论是后人对其评价是正面的还是反面的，都存在着干涉地方政事的一面，其对地方各种建设的决策权力远远大于地方政府官员。军阀对地方政事干涉的一个最大特点是几乎无所不包，这种干涉势必会对地方社会文化教育事业能否发展以及发展的方向产生极大影响。

军阀干政对一个地方高等教育事业的发展影响具有两面性。一般而言，如果军阀不重视教育，就会在文化教育上投入甚少，把钱用来扩军和扩大地盘。较为典型的反面例子就是我们比较熟悉的军阀张宗昌，他在主政山东时候，曾有一次对部属演讲说："他们说带兵的要大学毕业，什么鸟大学？我老子是绿林大学毕业的！他们又说打仗要看什么军事学，什么鸟军事学？我老子全不懂！"[①] 相对而言，冯玉祥虽然在20世纪20年代也为一介军阀，但对教育的重要性还是有着比较清醒的认识。在他四十岁的时候，曾经自我反省："曾文正公云：'百种弊病皆由懒生。'又云：'天下古今之庸人，皆以一惰字致败。'嗣后定当自己考问，不假他人。原予以不纯不诚不静不详，皆读书太少之故。"[②] 在戎马倥偬之中，甚至还习字和学习英文。[③] 从这个角度考察，冯玉祥第二次督豫支持"河南开封中山大学"筹备委员会也在情理之中了。

正是在冯玉祥的大力支持以及冯玉祥所倚重的诸多精通教育和财政的亲信的积极工作下，1927年7月，河南中州大学与河南省立农业专门学校以及河南公立法政专科学校合并成立为河南省立中山大学。

从1927年7月到1930年8月，以"省立中山大学"命名的河南大学共存在了4年零1个月的时间。由河南中州大学、河南法政专科学校以及河南省立农业专门学校合并而成立的省立中山大学，使河南中山大学成

---

① 上海书店主编：《民国世说》，上海书店1997年版，第24页。
② 《冯玉祥日记》（第一册），江苏古籍出版社1992年版，第5页。
③ 《冯玉祥日记》（第一册），江苏古籍出版社1992年版，第17页。

为拥有文、理、法、农四个主干学科的综合性大学。不仅使民国时期的河南首次拥有了第一所真正意义上的综合性大学，也在一定程度上增加了当时中国高等教育、特别是沿海沿江之外内陆地区高等教育的力量，为河南大学成为当时全国学科门类比较齐全的大学奠定了基础。

从学科和专业设置的角度看，如果说1923年河南中州大学的成立是民国时期河南大学发展史乃至河南高等教育发展史上一个转折点的话，那么，河南中山大学的成立对于民国时期河南大学和河南高等教育的发展而言，则是一次质的飞跃。

从学科设置的角度看，在任何一所高等院校中，"主宰学者工作生活的力量是学科"[1]。高等院校本身是以一个学术系统而存在的，"学术系统中的核心成员单位是以学科为中心的……院校中的每一个学科单位都拥有不证自明的和公开承认的首要地位"[2]。正是因为学科在高等院校发展中的重要性，使得学科设置被看作是衡量高校能否持续发展的"核心竞争力"因素。

作为民国时期河南省的最高学府，河南大学自河南中山大学开始所形成的多学科局面，提升了民国时期河南大学在全国高等教育体系中的核心竞争力，从而不仅适应了1929年南京国民政府颁布的相对严格的《大学组织法》的要求，为河南高等教育在民国时期的持续发展提供了坚实的平台，也使河南高等教育在学科设置上位于民国时期全国所有高等院校的前列。

如前所述，河南中州大学在建立的时候，主要分为文理两科。当时，由于中央政府更迭频仍，对大学的设立没有严格标准，同时，在1922年颁布的《壬戌学制》规定："大学设数科或一科均可。其单设一科者称某科大学校，如医科大学校，法科大学校之类。"[3] 因此，大学在数量上得以迅速发展。据统计，"民七至民十六，公立大学增加十倍，私立大学经政府认可者亦增加二倍。北京一处在十三四年间，全城大学由十二增至

---

[1] ［美］伯顿·R.克拉克：《高等教育系统：学术组织的跨国研究》，王承绪等译，杭州大学出版社1994年版，第35页。

[2] ［美］伯顿·R.克拉克：《高等教育系统：学术组织的跨国研究》，王承绪等译，杭州大学出版社1994年版，第38页。

[3] 钱曼倩、金林祥：《中国近代学制比较研究》，广东教育出版社1996年版，第281页。

二十九，为世界各城冠。推原其故，当由新学制对大学设立之规定极宽。故前之专门学校，纷纷升为大学。且私人鉴于开办大学之易，均纷纷设立。"① 可以看出，《壬戌学制》发布后，大学设置的条件较为宽松，这无疑为河南中州大学的成立在制度合法性方面也提供了依据。

河南留学欧美预备学校升格为河南中州大学之后，虽然其只有文理两科，但与北京政府所颁布的任何规定并无抵触之处。在相对宽松的制度下，和其他一批大学一样，河南中州大学得到了一定程度的发展。

然而，南京国民政府建立以后，随着国家的形式统一和中央政府权威的增强，南京国民政府以及教育部的权力也能相对有效地贯彻到各个省份。在这种情况下，1929年7月26日，南京国民政府颁布了《大学组织法》，从学科设置的角度对大学资格做出了相对严格的规定："大学分文、理、法、教育、农、工、商、医各学院。凡具备三学院以上者，始得称为大学。不合上项条件者为独立学院，得分两科。"② 在这一相对严格的规定下，很多此前创办的大学要么被停办，要么被降格。

以甘肃中山大学为例，1927年甘肃省政府准备设立大学，其后，针对以前甘肃公立法政专门学校进行了改组，于1928年4月组建并成立了甘肃中山大学。1930年改名为甘肃大学。1931年12月，根据南京国民政府1929年颁布的《大学组织法》的有关规定，南京国民政府教育部发布"咨第308号"公牍，认为该校仅设有中国文学、法律和教育3个系，学生仅有200余人，设备简陋，校舍也极为狭小，这种事实与该校呈报教育部所要设立的8个学院这一情况根本不符合，也在短时间无法达到。同时，根据甘肃省地方需要、经济状况和学生升学状况，也似乎没有设置8个学院的必要。因此，要力求充实学校内容，提高学生专业水平，应当在质量提高方面下功夫，而不应当追求数量上的扩充。基于这种精神，命令将该校教育系隶属文科，同时，在理学院成立以前，改称甘肃学院。嗣后，理学院真正成立且经教育部核定后，方可

---

① 国民政府教育部教育年鉴编纂委员会：《第一次中国教育年鉴（丙编·教育概况·上）》（影印版），台北：传记文学出版社1971年版，第17页。

② 宋恩荣、章咸主编：《中华民国教育法规汇编（1912—1949）》，江苏古籍出版社1990年版，第416页。

再改称为大学。①

西安中山大学则因为办学极为不良，陕西省政府无奈自请将该校改为高级中学。从西安中山大学的情况看，到1931年，西安中山大学只有高级中学5个班以及专门部法律科、政治经济科2个班，学生数量也很少。从师资上看，教员总共有六七人，师资极为匮乏，各种学科看似设立，但因缺乏师资而常有无法开课之事。因为办学条件极差导致声誉不佳，几乎没有合格生源，无奈只有招收其他学校落第者以充数。同时，从办学经费上看，主要以卷烟吸户捐为来源，每月不足万元，这也导致仪器设备根本没有，图书馆藏书不足千册。陕西省政府在调查后自己就认为"其成立之目的，无不过挂以大学之招牌，以粉饰太平，其内容之腐败概可相见。故学校虽有七年之历史，曾毫无成绩之表现"②。在这种情况下，因为不符合《大学组织法》的要求，陕西省政府主动向国民政府教育部申请降格为陕西省立高级中学。在这种现实下，虽然南京国民政府教育部原本想将西安中山大学改为文理学院，但依据该校实际情况，决定改为陕西省立高级中学。1931年4月15日，南京国民政府教育部发布第1199号指令指出："查陕省文化低落，毗邻各省，尚无比较完善之大学，本部原拟将西安中山大学，加以切实整理，改办文理学院，以法治该省高等教育之基础。兹据呈报该大学现办情形，自营改为高级中学，以符实际。"③

从这些史料中可以发现，在《大学组织法》这一严格的制度下，如果当时河南大学仍然固守着原来的文理两科的格局，势必难以逃脱如其他一些大学相似的命运，果真如此，即使河南省教育发展的格局不会又回到原点，但也可能因河南大学面临着被降格为学院的风险而蒙受巨大损失。

---

① 国民政府教育部：《咨：教育部第三八〇号（二十年四月二日）：为甘肃大学改称甘肃学院暂设文法两科俟理学院完成再恢复大学名称希查照饬遵由》，《教育部公报》1931年第3卷第13期。

② 谢镇东：《最近陕西之教育：西安中山大学成立即改组经过纪实：五，改组省立高级中学之提议》，《新陕西月刊》1931年第1卷第1期。

③ 国民政府教育部：《指令第1199号．令陕西省教育厅呈报改组西安中山大学为陕西省立高级中学校情形请备案由》，《教育部公报》1931第3卷第15期。

可以看出,《大学组织法》颁布后,河南中山大学在学科设置标准更加严格的情况下能够发展成为民国时期学科门类比较齐全的综合性大学,与1927年冯玉祥第二次督豫时候所促成的三校合并,从而使河南大学形成多样化的学科和专业设置的格局有着至为密切的关系。

二　综合性大学的确立

1928年夏,在河南省政府的支持下,河南大学开始开办医科,先招收一班预科,规定德语为主要学习的外语语种,英语和日语为兼习的外国语种。1929年夏,预科又招收第二班学员。1930年春季,在河南地方政府的支持下,将属于河南省民政厅管辖的河南民政厅产科学校划归河南大学医科管理,并在该校附设妇产科医院,供医科学生学习之用。①

1930年4月,南京国民政府教育部发出指令,要求河南中山大学更名为"省立河南大学"。当时"中央社"专门就"河南中山大学"更名进行报道:"教育部以大学应如何冠名,在大学组织法中本无规定,但省立大学,大率以省为名,且前第一、第二、第三、第四中山大学,除第一中山大学因在广州,特删去'第一'二字,以资永远纪念总理外,其第二、第三、第四中山大学,俱经前大学院令准改易他名。该部据上述条例,特令河南中山大学改为省立河南大学,以免混淆。"② 其后不久,河南省政府发出第289号指令,命令河南中山大学更改为省立河南大学,一些学科的名称,也同意相应更改。③ 从1930年改名为河南省立河南大学到1938年日寇侵占河南,在河南大学被迫迁徙前的七年左右时间里,河南大学得到了相对稳定的发展,同时,由于当时教育经费和师资的关系,也使学科建设在一定程度上经历了"分化组合"。

1930年8月,南京政府教育部发布的《教部整理省立大学办法》规定:"一、将现有省立各大学依《大学组织法》及规程切实办理,已合规

---

① 阎彝铭:《医学院一览》,《河南大学医学院季刊》1931年第1卷第3期。
② 《部令河南中山大学改名:改为省立河南大学》,《新闻报》1930年4月19日第3版。
③ 佚名:《教育消息:本省:河南大学:本市中山大学前以修改校名及科名》,《河南教育月刊》1930年第2期。

程者依地方特殊需要设法扩充；二、以后各地设立大学由部决定；三、初设时称学院分文理两科，至三院以上始称大学；四、境内或邻近有国立大学者不再设省立大学。"① 对照《教部整理省立大学办法》条款，河南大学无疑在进行必要扩充之列。在这种情况下，河南大学于1930年9月呈准把"河南大学医科"扩充为"河南大学医学院"，原有的生物学、解剖学、组织学及细菌学各个实验室，也陆续加以扩充。② 1930年医学院的设立无疑又为其学科门类的进一步发展增添了力量。

随着医学院的正式设立，河南大学在1930年正式发展为拥有文、理、法、农、医五个学院的综合性大学。可以说，自1930年开始，河南大学又向着多学科综合性大学迈出了坚实的一步。由河南中山大学时期所形成的五个学院的格局，几乎一直持续到抗战胜利复员以后。此后，根据当时国民政府的指示，黄河水利专科学校加入河南大学改组为河南大学工学院，则又使河南大学形成了文、理、法、农、医、工六个学院的格局。

一般而言，一个社会统一且稳定的政治和经济环境以及稳定的教育经费是教育发展的重要保证。从当时教育经费上看，虽然河南省早在1922年已经开始实行了教育经费独立政策，但是，由于河南政局一直处于不稳定状态，在一定程度上，教育经费独立政策的落实程度是相当有限的。虽然1930年南京国民政府的统治势力延伸到了河南，但当时省级行政单位亦未能把自己的行政触角真正延伸到河南的各个地方。最为典型的例子是河南西南部的宛西四县（镇平、内乡、邓县、淅川），由于这一地区大部分处于伏牛山的腹地，土匪猖獗，政府力量非常薄弱。在这种情况下，当地一些地方精英就利用自己的威信，在宛西四县实行了在当地非常著名的"地方自治"，通过保甲连坐的办法对地方人口重新进行了清查。③ 从此，宛西四县俨然成为"国中之国"，比如，为了实现有力和严格的控制，地方自治政府对地方居民和过往人群颁发了出门证、通

---

① 佚名：《法规章则：1.中央：教部整理省立大学办法》，《中华教育界》1930年第18卷第9期。
② 阎彝铭：《医学院一览》，《河南大学医学院季刊》1931年第1卷第3期。
③ 赵庆杰、金英武：《淅川县三自办法提要》，《淅川文史资料》1989年第4期。

行证、小贩营业证、迁移证以及乞丐证"五证"。基于这些因素,该地区也就被地方精英利用权力人为地封闭了起来。甚至在河南省政府的一些机构为了躲避日本人的进攻而迁移到这一地区的时候,当地很多人都没有听说过还有省政府这样的机构。①像宛西四县的这种情况在民国时期的河南并不是个例。在这种情况下,其地方财政能否被有效地征解到省级行政机构自然可想而知了。因此,即使是在南京国民政府真正控制了河南的情况下,河南大学在经费上也一直不能得到充裕的保证,而这则直接影响到了学科和专业的发展。正是由于经费的问题,造成了医学院险些被裁撤。②

时任河南大学校长张仲鲁在新中国成立后回忆河南中山大学改为河南大学时候的办学经费状况时谈道:

> 每年经费二十余万元,一时无望增加,办理文、理、法、农四科,已感十分拮据,图仪设备不能大量增购,科学研究即无凭适行,教授待遇不能提高,名师亦请不来,于是有停办医科之议(新医科系新成立没有经费,教师、设备均有问题)。省府和各厅一致赞成,做其决议令校执行。当时军事倥偬人心浮动,医科立时取消,教师学生如何安插,实成问题,遂无形搁浅。现在回忆,今日河南医学人才大多出自河大医学院。当时以二十万的经费办理文、理、法、农四科,确已捉襟见肘,平白添一医科,而经费照旧,还须占用他科原已不足的经费,自必遭到他科的反对,但为了适应社会需要,医科确有设立必要,经费不足,应促政府筹拨,不应划圈自限,削足适履。③

可以说,在当时的情况下,医学院得以保存是由于考虑到"教师学生安插"这一令人唏嘘的戏剧性问题,但医学院以这样有点戏剧性的机缘巧合能得以保存下来则确实令人庆幸。这就使得河南大学在抗战爆发以前

---

① 赵庆杰、金英武:《淅川县三自办法提要》,《淅川文史资料》1989 年第 4 期。
② 关于河南大学与河南教育经费关系的情况,后边将有专门章节述评,在此不再赘述。
③ 张仲鲁:《忆我三进河大当校长》,《开封文史资料》1983 年第 12 期。

保持着5个学院的格局。而当时全国所有综合性大学中，拥有5个学院以上的公私立综合性大学只有7所。

到抗战以前的1934年，全国共有本科以上院校（含公私立大学及学院）76所。其中，综合性公私立大学共计38所。在这38所综合性大学中，据国民政府教育部统计，当时国立大学设学院最多者为北平大学（7院），次为中央大学（6院），复次为中山大学和交通大学（各5院）；省立大学设学院最多者为河南大学（5院），次为东北大学、安徽大学、湖南大学、山西大学、广西大学和东陆大学（各3院）；私立大学中设学院最多者为厦门大学和大夏大学（各5院），次为复旦大学、沪江大学、岭南大学、中法大学、震旦大学和中国公学（各4院）。而在当时全国38所公私立综合性大学中，拥有五所学院以上者只有7所，即，北平大学、中央大学、中山大学、交通大学、河南大学、厦门大学和大夏大学。[①] 从这些数字可以看出，虽然抗战以前河南无论在经济、文化，还是社会安定的程度上不及很多东部省区，但河南大学在学科设置上却居于当时中国高等教育的前列。而从区域布局的角度看，除了河南大学以外，其他6所拥有5个学院以上的大学均分布在沿海和北平。从更广阔的范围考察，在抗战前16所拥有4个学院以上的综合性大学中，位于沿海、沿江和北平以外的内陆地区的大学，仅有河南大学一所。从表1-2中可以看到河南大学在抗战以前学院设置的情况以及学院数目的排名。

表1-2　1934年中国拥有4个以上学院综合性大学排名（以学院多寡为序）

序号	校　名	所设学院名称	学院数目	所在地
1	国立北平大学	法、农、工、医、女子文理、商、艺术	7	北平
2	国立中央大学	文、理、法、教育、农、工	6	南京
3	国立中山大学	文、理工、法、农、医	5	广州

[①] 国民政府教育部教育年鉴编纂委员会编：《第一次教育年鉴（丙编·教育概况·上）》（影印版），台北：传记文学出版社1971年版，第20页。

续表

序号	校名	所设学院名称	学院数目	所在地
4	国立交通大学	铁道管理、土木工程、机械工程、电机工程、自然科学	5	北平、上海、唐山
5	省立河南大学	文、理、法、农、医	5	开封
6	私立厦门大学	文、理、法、教育、商	5	厦门
7	私立大夏大学	文、理、法、教育、商	5	上海
8	国立清华大学	文、理、法、工	4	北平
9	国立浙江大学	文、理、农、工	4	杭州
10	国立武汉大学	文、理、法、工	4	汉口
11	复旦大学	文、理、法、商	4	上海
12	沪江大学	文、理、教育、商	4	上海
13	岭南大学	文、理、农工、商	4	广州
14	中法大学	文、理、医、社会科学	4	北平
15	震旦大学	理、法、工、医	4	上海
16	中国公学	文、理、法、商	4	上海

资料来源：国民政府教育部教育年鉴编纂委员会：《第一次中国教育年鉴（丙编·教育概况·上）》（影印版），台北：传记文学出版社1971年版，第17—19页。

然而，一个不能回避的事实是，当时河南大学依然存在着优秀师资严重不足的情况。就高等教育发展的经验看，一所大学的发展首先得益于优质的师资。就此而言，虽然河南大学当时在学科设置上居于全国高校的前列，但由于当时优秀师资力量的缺乏，从而在相当程度上影响到了抗战前河南大学的继续发展壮大。

关于河南大学人才缺乏的程度，张仲鲁曾经回忆道："河大学生最盼望于他们校长的是，多聘请一些外地教授，改革校内行政，增置图书设备，迅速摘掉'土大学'的帽子。在这三方面我自信，如果假以时日，尚有一定把握满足学生期望。于是我就首先在京沪物色教授，但开封的学术气氛和生活条件都远逊于平、沪等地，慢说一等名流，就是二等角色，除非有特殊原因，也无人惠然肯来。……外地学者更是裹足不前，虽亦请得几位外地教授（嵇文甫就是这次从北京请回），但在当时都还不大出名。"① 应该说，师资问题是困扰民国时期河南大学发展的一个重要因素。

河南中山大学更名为河南省立河南大学后，在最初发展过程中之所以难以吸引优秀师资，一方面是因为河南社会环境对很多优秀知识分子没有太大的吸引力。由于地处腹地，河南主要以农耕经济为主，经济条件远远不如沿海和沿江地区，民国时期的河南在抗战以前又几乎一直处于兵患和匪乱困扰的环境下，生活条件和文化氛围远远落后于沿江沿海地区。比如，1930年河南中山大学改建为河南省立河南大学之时，正是中原大战结束不久。当时的河南，"死者未葬，生者不安，家室流离，田园荒芜"②。这一恶劣的状况对学者当然不会有什么吸引力了。在这种情况下，东部沿海沿江地带和北平几乎是当时很多优秀人才的首选，而河南的社会环境对很多优秀知识分子而言则没有太大的吸引力。以致当时的河南地方官员和河南大学主政者即使费尽心机延揽人才而效果无多。如河南中山大学改为河南大学之后，最初本想聘请当时比较有名望的河南南阳唐河人冯友兰担任河南大学校长，并且派出了河南知名绅士张嘉谋、李子中以及河南大学学生代表罗宝册和董广川到北平敦请。冯友兰当时坚决拒绝的原因，除了考虑到自己在北平的学术地位外，另外的一个重要原因就是考虑到回河南要冒"军事风险"。无奈之下，才聘请当时清华大学秘书长张仲鲁执掌河南大学。③ 可以说，社会环境成为制约河南大学吸引优秀师资的一个要因。

另一方面，沿海沿江口岸城市相对优越的现代物质和文化氛围也使河南大学在优秀师资引进上不占优势。众所周知，鸦片战争以后，沿海沿江地区成为"中西文化教育的交汇之地，并逐渐发展出一种不同于中国传统文化的新的文化氛围。……沿海沿江地区所形成的新的文化氛围，为身临其境的传统人士提供了认识世界、转变观念、孕育革新思想的机遇和土壤。"④也正是在这种状况下，沿海沿江等地区成了中西文化教育

---

① 张仲鲁：《忆我三进河大当校长》，《开封文史资料》1983年第12期。
② 刘峙：《我的回忆》，台北：文海出版有限公司1982年版，第118页。
③ 张仲鲁：《忆我三进河大当校长》，《开封文史资料》1983年第12期。
④ 田正平：《中国教育史研究——近代分卷》，华东师范大学出版社2001年版，第367页。

的交融中心，这些中西文化交汇的中心地带吸引着新型人才，不仅使他们的世界观和价值观发生了深刻的变化，同时，相对崭新的环境也为他们实现自己的价值观提供了更多的机会。另外，这种环境的存在使包括河南在内的广大内陆很多省区在一定程度上对新型人才的需求，特别是杰出新型人才的需求处于短缺的境地。

可以说，在当时天时、地利、人和都不占优势的情况下，河南大学在抗战以前能够发展成为一所学科门类比较齐全的综合性大学，实属不易和可贵。

政治环境稍微安定之后，学校的人事调整和学风整顿在一定程度上保证了抗战以前河南大学的发展。张仲鲁曾经三次担任河南大学校长，在他1934年第二次卸任后，一年多的时间里河大换了许逢熙（即许心武——作者注）、杜俊和杨震文三任校长。由于校长在较短的时间里更换频繁，导致学校人事紊乱，学风也有所松弛。比如，杨震文几乎是一位纯粹学者，学术造诣比较深厚，但管理经验相对不足，担任校长不足三个月就因学校发展出现困难而于1935年6月辞职。其后，由刘季洪接任。

刘季洪接任后，针对学校发展上的困难，首先和校内各院院长、系主任等相关部门负责人以及河南省教育界人士多方晤谈，广泛征询各方面的意见，了解到学校发展出现的困难主要原因在于两个方面："一为前任校长在短期内添任不少额外人员，下半年度发出超额聘书更多，如此将使学校经费支付人事经费外所余无几，势将严重影响校务工作的正常进行。二为前校长对学生完全采取放任政策，校规多已无法维持，也破坏了学校生活的正常秩序。"[①]

在充分了解到原因后，刘季洪当即在下学期开学前采取了相应的措施。

一方面，根据学校的需要裁撤冗员："首先商议各院系及各处课主管分别拟具最低需要的教职员人数及研究设备与一般行政经费，合并编为学校总预算。依此预算，发现前校长已聘及预聘人员须减少50余人，方能使学校经费收支相符。此时省府与校内同人及社会舆论对此问题都盼望从速彻底解决，同时各院系主任发起退还前校长已发下年度聘书，于

---

① 刘季洪：《教育生涯漫谈（十一）》，《东方杂志》（台湾复刊号）1985年第19卷第3期。

是就由新校长依照学校实际需要对教职员重新聘派。"① 经过裁撤多余的教职员,在很大程度上节省了学校不必要的开支,达到了学校收支相符的目的。

另一方面,为了整饬学风,在学校原有行政机构的基础上,添设了训育委员会。抗战以前,对于各个大学内部行政组织的设置,国民政府并没有统一的规定出台,很多学校都是根据自己实际情况来设立行政机构。当时,河南大学除了各个学院外,行政机构是教务处、秘书处和图书馆这"两处一馆"的格局。教务处下面分设了注册、训育和体育三课。主管训育的只有3个人,其中有2人还在农学院和医学院住。这么少的人数无法担负起对学生进行管理和辅导的职责。基于此,刘季洪添设了训育委员会,让学校老师基本上都投身到对学生训育的工作中来。整个训育委员会"由校长及教务长分别担任正副主任委员,训育课主任担任秘书,聘院长主任若干人担任委员。会中并分学衔、康乐、体育各部门,请教授担任导师,指导学生组织各种社团,从事正当活动。此外又在开学前将校内各规章制度一一检讨,分别修订。准备开学后认真施行"②。

各种规章制度制定后,刘季洪协同学校各部门严格落实。据当时担任训育课主任的张金鉴回忆:"校风未整顿前,学生为开夜车,在寝室中有通宵不关电灯者,甚而借此灯光有偷着打牌者。这于安全上、安静上、秩序上均属不该,学校决心加以禁止,乃规定自每晚十时起关闭电灯的总电门。……在校风松弛的情况下,学生外出有午夜以后始返者,殊属不宜,对此决心加以整顿,大门每晚十时落锁,钥匙则存在我手中。如有学生于十时后返校,必须由校工自我手中取钥匙,且要登记学生姓名。初犯者申戒,再犯者记过。因之,学生均能于学校大门落锁前返校,非有坚毅的魄力与决心,这种整顿亦不容易办到。"③

经过各方面的整顿,抗战以前的河南大学在原来的基础上得到了长

---

① 刘季洪:《教育生涯漫谈(十一)》,《东方杂志》(台湾复刊号)1985年第19卷第3期。
② 刘季洪:《教育生涯漫谈(十一)》,《东方杂志》(台湾复刊号)1985年第19卷第3期。
③ 张金鉴:《明诚七十自述》,载陈明章主编《国立河南大学》,台北:南京图书出版公司1981年版,第8—9页。

足的发展。刘季洪在很多年后回忆起自己主持河南大学情景时还骄傲地说："二十四年至二十六年是学校最安定的时期,一切都在顺利中进行。"① 当时在校求学的周恒后来也回忆道:"自民国二十四年六月起,刘季洪先生以英年掌校,处事气度宽宏,廉介自持,整治人事,修订预算,确立章则,端正校风,树立法纪,延聘名师,掌理学术,使河大形象为之一变,致学校益臻安定,更加速河南大学之进步。"② 另外,在此期间,由于河南政治局势相对稳定,加上河南教育经费独立政策已经实施了8年之久,河南省政府因此也有更大精力来支持河南大学发展。中原大战结束后,南京国民政府任命时年39岁的刘峙担任河南省主席。刘峙到任后不久,即专门筹措专款拨发给河南大学,建造了河南大学大礼堂。③

可以说,在1930年至1937年这7年左右的时间里面,在河南社会政治状况逐步好转的情况下,河南大学虽然面临着发展上的一些困顿,但还是取得了很大发展,如果不是日寇入侵,河南大学应当较以前得到更大的发展。

不幸的是,日寇的大举入侵阻碍了河南大学的进一步发展。不过,从另一方面看,随着日寇的大举入侵,当时的国民政府对高等教育发展政策也做了相应的调整,加上当时已经调到国民政府教育部的刘季洪的努力,从而使河南大学在抗战烽火中有机会由省立大学升格为国立。

第三节 抗战期间辗转迁移与国立化

一 迁川计划的流产

卢沟桥事变后,日寇兵锋迅速南下,于1937年12月入侵黄河流域。豫东、豫北相继失陷,河南省府开封危在旦夕。在这种情况下,河南大学也开始随着战局的发展而不断迁移。针对河南大学向什么地方迁移,

---

① 刘季洪:《教育生涯漫谈(十一)》,《东方杂志》(台湾复刊号)1985年第19卷第3期。
② 周恒:《河南大学概述》,载陈明章主编《国立河南大学》,台北:南京图书出版公司1981年版,第8—9页。
③ 刘峙:《我的回忆》,台北:文海出版有限公司1982年版,第123页。

第一战区司令长官兼河南省政府主席程潜、河南地方名流张钫等与国民政府教育部、河南大学校长刘季洪并没有达成共识。刘季洪当时力图把学校搬迁到四川万县且得到了国民政府教育部的支持，而张钫等地方名流直接反对，程潜则从间接上表示了对迁川的反对。在这种情况下，抗战期间大部分时间里，河南大学并没有像当时很多高校那样迁移到大后方，而是在河南省境内辗转播迁，由于河南处于抗战最前沿，河南大学也因此在抗战期间损失惨重。

关于河南大学最初迁移过程以及留在河南省境内辗转流落的原因，当时的校长刘季洪有着清晰的记忆：

> 冀鲁军事吃紧，省府决定令学校迁移，事前校中曾做准备，乃将文、理、法各院迁往豫南鸡公山，农、医两院迁往豫西镇平。鸡公山为避暑胜地，新式避暑房屋颇多，当时无人居住大部分由学校租用。镇平与内乡、淅川三县为联防自卫区，治安良好，经商借当地官舍庙宇，并租用一部分民房。两地物价低廉，战区学生每月有教育部所拨公费，所以学校迁移后，师生生活并无困难。
>
> 二十六年至二十七年前方战事虽然激烈，豫南豫西尚属安定，因而学校在两地仍能照常上课。二十七年夏战事逐渐接近武昌外围，中央决定迁都重庆，从事长期抗战，豫南岌岌可危，校中同人再三筹商，决定建议迁校四川万县，并先派人筹划校址。当时省政府对河大前途亦无他善策，对于迁校万县并不反对，遂将鸡公山文理法各院先移武汉，借住武昌省立女中。是时教育部与河南省政府同时改组，教育部长由陈立夫先生担任，省政府主席由战区司令官程潜担任。教育部表示如河大迁川，教育部在经费方面可予协助；程主席表示河大远迁后，省府将无法照顾。同时河南士绅张伯英先生（即张钫，张钫字伯英）建议河大以迁往豫西山区为宜。在此情形之下，我以为学校如留豫西山区，前面平原，后为高山，一旦有日寇来犯，将无退路可寻，学校前途必将危险万分。但如坚持迁川，又不得省府支持，个人不便负此重责。不得已向省府请辞，后经核准，并派王广庆先生接任。经于洽商，决定学校先迁镇平，于是又将留武汉的图书仪器由水道运往镇平邻县南阳，同人及眷属愿去者陆续

前往。我本人也于十月初亲至镇平移交。①

可以看出，在是否迁川问题上，河南地方官员和名流与刘季洪、教育部之间存在的分歧是比较大的。值得注意的是，除了河南主政官员和地方名流执意要河南大学留在河南这一因素外，就当时河南省政界而言，在抗战初期可能对于抗战形势估计不足，提出一些不利于河南省学校迁移的建议。这些建议虽然没有明确地对河南大学的去留做出决定，但对河南大学在河南省内辗转迁移这一决定势必也产生了一定的影响。

在1938年河南省临时参议会第二届第三次会议上，参议员张玉书就提议"函请省府饬令教育厅将镇（镇平）、内（内乡）、淅（淅川）三县之省立学校②择迁适中地点以俾学员易于就业"的提案。其理由是省立学校群聚在豫西南，从而导致学生距离家乡较远，每次探家不便。因此，建议学校迁移到"许昌、长葛、临汝、临颍、郾城、舞阳、叶县、襄城，以期适中（指地理位置适中）而资普及"。③ 从现在的眼光看，这一提议不仅不可理喻，甚至荒唐至极。在日寇兵锋即刻到达的情况下，安危尚且不保，还在考虑到探家方便与否，不得不说这一议案极其荒谬。但在提案提出后不久，以上各县就相继沦陷，如果真的很多省立学校再从豫西南搬迁到这些地方，其损失程度可想而知。而此提案竟然"照审查意见通过"！更有甚者，还有人提议把已经迁到豫南的百泉乡村师范学校再回迁到已经被日军占领的豫北，目的是让百泉乡师在豫北培养乡村师资防止儿童被奴化从而巩固抗战基础。这一提案虽然出发点是好的，但在日军铁蹄已经占领豫北的情况下，再把学校迁回敌占区，无疑是羊入狼口而与现实形势不符。这些言论虽然没有具体提及河南大学，但在河南政界主要官员云集的议会上所发的言论，势必会对河南大学的去留产生无形的影响。

就这样，河南大学开始了抗战时期大部分时间在河南省内辗转迁移

---

① 刘季洪：《教育生涯漫谈（十二）》，《东方杂志》（台湾复刊号）1985年第19卷第4期。
② 河南大学当时就是迁移到这些地方的众多省立学校中的一所。
③ 刘积学：《河南省临时参议会第二届第三次会议汇编》，河南省政府内部资料1938年版，第84页。

的日子。河南作为抗战最前沿的恶劣环境也决定了河南大学在以后的迁移过程中必定要历遭磨难。

二 抗战胜利前夕的浩劫

刘季洪校长辞职后①，接任校长王广庆为豫西新安人，和前面提及的河南士绅张钫（张伯英）是老乡和故交，曾经做过张钫的部下，由于王氏本人为豫西人，和豫西的很多地方军政要员也都保持着良好的关系，这也是河南大学能够在豫西嵩县潭头镇渡过相对平稳5年的重要条件。王广庆接任校长后，把逗留在信阳鸡公山的文、理、法三院迁至镇平与在镇平的农学院和医学院汇合，然后于1939年5月下旬率领河南大学师生经过十余天的长途跋涉抵达嵩县县城。其后，鉴于医学院的特殊性，把医学院留在嵩县县城，而河南大学的办公机关和其他几个学院则迁往伏牛山深处的潭头。河南大学自此开始了在豫西嵩县羁留5年的时光。鉴于当时河南大学的主体部分主要设置在嵩县潭头镇，因此，后人多把河南大学在潭头的这5年时光称为"潭头时期"。

潭头时期的大部分时间里，河南大学虽然不像迁移大后方的院校那样安定，但由于校长王广庆是当地人，又有张钫、宋天才（张钫部下，做过师长）、徐鹏云（刘茂恩部下，做过师长）等靠山，办事、催粮方便。另外，潭头四面环山，交通不太方便，日本人在短时间内不会到这一地方来。地方机关联保办公处对学校也格外看待，把大学看作本省的"最高阶级"②。当时潭头有一个天然温泉，被当地人称为"汤池"，人们经常利用这个温泉来洗澡。河南大学迁移到潭头后，地方政权机关就在浴室门口贴着这样的告示："查河南大学为本省最高阶级学府，洗澡应给以便利。兹规定每月单日为居民洗澡时间，双日为大学师生洗澡时间，不得混杂，违者受处分"，云云。嵩县政府为了大学的安全，特别指派县自卫团一个分队驻扎寨内。③ 因此，在艰苦的生活条件下，师生的教学

---

① 刘季洪辞职后，辗转迁往重庆，先在国民党中央政治学校任教，后于1939年至1940年担任国民政府教育部简任秘书，1942年至1944年担任国民政府教育部社教司司长。在其社教司司长任上，帮助河南大学由省立升格为国立。
② 姚惜鸣：《河南大学在潭头》，《河南文史资料》1993年第1期。
③ 姚惜鸣：《河南大学在潭头》，《河南文史资料》1993年第1期。

和学习环境则显得相对安逸。"由于山居宁静,别无牵挂,读书风尚,尤为高昂,每当朝日初升,山坡、林边、溪岸、田旁,或低头细读,或高声朗诵,坐、立、行走,声欬相闻,为乡村平添一番新气象"。①

然而,抗战胜利前夕,1944年发生的一件事则成了抗战时期河南大学的一场浩劫,使学校的元气大伤。

1944年1月,豫西临汝(今洛阳汝州市)、宜阳、伊川等相继失陷,洛阳、嵩县告急。5月10日日军进逼嵩县,医学院仓促撤退到河南大学校本部潭头镇。随后不久,日军占领了嵩县县城,潭头也危在旦夕。由于当时学校对潭头的形势变化认识不足,没有决定最终去向问题,而只是做出暂时躲避的决定。甚至有部分师生心存侥幸,仍然滞留潭头,从而为不久以后河大的浩劫亦埋下了伏笔。

1944年5月15日,日军数百人兵分两路袭击潭头,逗留在潭头的师生落荒而逃。仓促之中一部分人又跑错了方向,正好进入日军伏击圈,无处躲避,20余人被俘,6人饮弹身亡。② 其中,"医学院长张静吾、张静吾夫人、农学院长王金吾(直青)、助教吴鹏、商绍汤、学生刘祖望等人,或被俘,或被杀。幸张、王二院长较为机警,尚能逃出虎口,其余则多被杀害。王直青院长被俘后,隐藏身份,迫做挑夫,行经山沟边,趁机滚坠,头伤昏迷,入夜苏醒,始辗转翻山越岭,寻至归队。其他继续跋山涉水,经庙子、栾川、越摩天岭、过桑坪、达西坪,始至安全地带。西坪当豫陕公路(河南南阳至西安公路,今为312国道一部分——引者注)要冲,有驻军留守,政府也派人迎接,地方士绅纷纷解囊慰留,暂做安置,然后集结赴荆紫关。因事起仓促,学校设备及师生损失,均极惨重……学校经此浩劫,元气大伤,大不如前矣"③。当时刘季洪已经由教育部社教司长转任西北大学校长。当他听到这个消息,感觉非常沉痛和懊悔。曾想如果自己当初有魄力,不顾各方面反对,而将河南大学迁往四川万县,也许可以避免这样的浩劫。在40多年后回忆这件事情的

---

① 周恒:《河南大学概述》,载陈明章主编《国立河南大学》,台北:南京图书出版公司1981年版,第12页。
② 《河南大学校史》编写组:《河南大学校史》,河南大学出版社2002年版,第176页。
③ 周恒:《河南大学概述》,载陈明章主编《国立河南大学》,台北:南京图书出版公司1981年版,第16页。

时候，刘季洪依然追悔莫及。① 河南大学在潭头遭袭，使时任校长王广庆伤心欲绝，而后引咎辞职。

河南大学经历潭头磨难，到荆紫关后，学校士气低落，人心涣散。"以事先无所准备，各生散处民间，男生、女生、同乡、同学自由组合，各起炉灶，既乏管理，又无照顾，散漫无章，荒废岁月，为河大历史上最自由，亦最散漫之时日。……师生数千人，散居各村庄。且一时设备无法添置，教职员气氛低落，贫病交加"②。在这种情况下，教育部长陈立夫认为，要收拾河大残局，必须选择一位得力校长，这位校长第一须熟悉内部情况；第二须在地方有相当威望；第三须与当地省主席有友好关系。而符合此条件的非张仲鲁莫属。于是，陈立夫多次提请曾经在河南大学担任过两次校长的张仲鲁担任。张仲鲁推辞不过，勉强赴任。③

河南大学之所以遭此浩劫，从根本原因上看，是因为河南大学一直是省立大学，其各方面活动和发展规划，处处受到河南地方政府的制约。比如，刘季洪要求把河南大学迁往万县这个计划之所以没有得以实施，主要就是受到河南地方大员的影响。特别是在河南大学遭受巨大浩劫之后，实现国立化，不失为推动河南大学发展的一个重要途径。

三 抗战烽烟中国立化的实现

从河南大学国立化进程看，其国立化的实现可谓是一波三折。河南大学最初提出国立化，是在1927年改制为河南中山大学之时。在河南大学早期发展过程中，虽然1927年河南中山大学成立之时即有国立化之说，但如前所言，这一国立化在一定程度上是"中央政治委员会开封政治分会"自己"自作主张"的国立化，从实质上看，并未经当时的中央政府认可。因此，应该并不能算是中央政府层面真正的"国立化"动议。就笔者目力所及，从现存史料上看，在南京国民政府时期的中央政府层面首次讨论河南大学"国立化"，似乎应当是在1935年刘季洪掌校之时，

---

① 刘季洪：《教育生涯漫谈（十二）》，《东方杂志》（台湾复刊号）1985年第19卷第4期。
② 周恒：《河南大学概述》，载陈明章主编《国立河南大学》，台北：南京图书出版公司1981年版，第17页。
③ 张仲鲁：《忆我三进河大当校长》，《开封文史资料》1992年第12期。

而在1937年则已经得到中央政府层面的认可，但因抗战全面爆发而遭搁浅。其后，在河南大学辗转迁移中，方得以实现"国立"。

自1912年河南留学欧美预备学校成立后，到1927年6月河南中州大学时期，河南大学一直是省立学校。在1927年6月国民革命军抵达开封后，就曾经计划把改组后的河南中山大学改组为国立大学。如前所言，当时，中央政治委员会开封政治分会是由冯玉祥主持，由冯玉祥主持的开封政治分会最初计划是把改组后的大学改为国立，但当时局势极为混乱，组建河南中山大学无款可用。基于这种情况，当时河南省政府呈请开封政治分会认为，"开封中山大学大学经费二十七万元系中州大学、法政专门学校、农业专门三校合并而成，此项经费纯系省款，中央既无补助，不如仍归省立为宜"[1]。该提议上报开封政治分会后，经开封政治分会第五次会议通过后，报请冯玉祥获得批准。其后的《中央日报》《新闻报》等报刊在报道河南中山大学成立的过程中，也大致提及了因为建校款项问题而仍为省立这一原因。比如，在《新闻报》中就提道："中央政治委员会之开封政治分会，即委派徐谦、顾孟余等为改组中山大学之筹备委员。规定以本省原有之农业专门、法政专门二学校与中州大学合并为一，改为国立中山大学，并委徐谦为校长。嗣因中央无款接济……遂以国立改为省立。"[2]

其实，从当时的社会环境观察，1927年开封政治分会提出河南中山大学国立化之时，中央政权还不稳固，仍无暇顾及高等教育的发展状况。在这种情况下，提出河南中山大学"国立化"，在一定程度上基本上应是开封政治分会一种"想当然"的国立化。不过，反过来看，在当时社会局势仍然动荡的环境下，因为民国时期教育经费真正独立的省份很少，如果单单从教育经费供给及时与充裕的角度看，当时河南大学保持省立这一地位，也未必是坏事，的确在特定的时期推动了河南大学的快速发展。但随之而来的是，河南大学为省立大学这一弊端也日益暴露。由于当时省立大学的办学经费完全依赖省财政供给，在1927年以后，虽然河

---

[1] 佚名：《省政府训令教育厅准将河南中山大学改为省立文》，《河南行政月刊》1927年第3期。

[2] 《河南中山大学改组经过》，《新闻报》1928年2月10日第3版。

南教育经费独立这一政策对河南大学发展起到一定支撑作用，但河南是农业大省，财政来源渠道极为单调，随着河南大学的快速发展，单单依靠河南省财政，似乎已经无法成为河南大学快速发展的有力支撑。

到20世纪30年代中期，河南大学在全国的影响越来越大。比如，以往全国各地投考河南的也就是共计四五百人，但到1936年，投考的人数达到了一千四五百人。[1]也正是因为河南大学的影响越来越大，其发展情况也愈发被社会所关注，在这种情况下，影响其发展的各种问题则越来越多地引起全国教育界人士的注意。特别是一些河南省内外的学者，更是以较为客观的态度，较为全面地分析了影响河南大学发展的消极因素，为河南大学的发展提出建设性建议。

1936年10月，许志致就河南大学的发展状况撰文进行分析。指出作为一所快速发展的省立大学，经费短缺可能会成为限制河南大学发展为国内一流大学的瓶颈。许志致指出："即就全国来说，内地的高等教育机关是感非常缺乏，河大可算是内地稀有的高等教育机关，观察这种种情形河大之重要性是一天天的增加，河大的前途还有很大的发展。但依目前的情况而论却有很多的缺憾。如设备方面感到非常空虚，图书的设备不够使用，使研究和教学都感到很多困难。这自然和经费有关。因河大的经费较别的大学少。国立大学每年每学生所估经费平均为九百六十八元，省立大学为六百三十四元，河大则仅五百余元。今年以来之经费每月又减少三千元，因此经费极感困难。"[2]可以看出，虽然河南教育经费独立为河南大学的发展提供了相对稳固的财力支撑，但河南大学在办学经费上不仅远远低于国立大学，也无法与很多省立大学比肩。许志致认为，"倘若能得政府的帮助，减少经费上的困难，使得扩充和改进，河大是不难成为全国有名的第一等学校，事实上是可能的"[3]。

许志致只是提出要对河南大学进行"扩充和改进"来提升河南大学办学水平，并未明确提出河南大学要归于国立。就笔者目力所及，在南京国民政府时期，最早提出政府要对河南大学改制为"国立"的，当属

---

[1] 许志致：《河南大学论》，《中国学生》1937年第3卷第25期。
[2] 许志致：《河南大学论》，《中国学生》1937年第3卷第25期。
[3] 许志致：《河南大学论》，《中国学生》1937年第3卷第25期。

曾任南京国民政府中央宣传委员会设计委员兼文艺科科长的孙德中。孙德中在卸任政府职务后，受聘担任河南大学教务长兼文学院教授。1935年12月孙德中因事返回南京，在接受《中央日报》记者采访时，曾指出"上月中央决议改该校为国立，当地各界，甚感欣慰"①。《中央日报》是南京国民政府的重要机关报，在孙德中的讲话中提出是"中央决议"，应当是确有意向。其后，1936年1月7日，时任河南大学校长刘季洪和文学院院长萧一山赴南京途中，路过徐州和当地教育界座谈时，刘季洪也明确向教育界"官宣"，中央政府已经允许河南大学改为国立。刘季洪的这一言论也经《民报》②和《新闻报》③相继公开发布。但直到1937年，不知出于何种原因，河南大学"国立化"仍没有得以付诸实施。

其后，有冠名"漠"的学者则在1937年初对河南大学进行了实地考察后，撰写长文，专门从教育经费的角度直言河南大学只有实现国立化才是推动河南大学实现进一步发展的"上策"。该学者指出："河南大学虽然有五院之多，其经费每年尚不及四十万元，平均分配至各院，一院不到八万元。就支用经费部分言，大学本部占107989元；文学院适70000元；法学院占29260元。而用钱较多之理、农、医三院各占75000元、52000元与57000元。因此，建筑设备太差，自然在意料之中了。如科学馆、体育馆、游泳池等都付缺如。教室、实验室、教授及学生宿舍、浴室、食堂等不是建筑简陋狭小，便是内部设备量上质上都感不足，图书馆所藏书籍亦只七万多册。"④该学者认为，虽然当时河南大学不乏著名学者，如"文学院之罗廷光、邵次公、萧一山、范文澜，理学院之黄以仁，农学院之郝家吾、彭谦，医学院之李赋京，或以著作闻名，或为某种学科之专家，都不弱于别校的教授"⑤。但作者也敏锐地指出，河南大学教育经费不充裕，已经造成很多教授开始外流，"因为河大经费少，因之设备建筑不良，因之教授多不愿在河大久留，若有好机会便立即他去。若最近心理学教授蔡乐生去北平师大，英文教授林天兰去浙江大学，

---

① 《孙德中谈河南大学现在与未来》，《中央日报》1935年12月18日第4版。
② 《豫大校长刘季洪昨到徐，中央决定豫大改国立》，《民报》1936年1月8日第2版。
③ 《豫大校长刘季洪昨到徐，中央决定豫大改国立》，《新闻报》1936年1月9日第15版。
④ 漠：《谈河南大学》，《青年月刊（南京）》1937年第3卷第6期。
⑤ 漠：《谈河南大学》，《青年月刊（南京）》1937年第3卷第6期。

甚至医学院长张静吾亦被上海同济大学"借聘半年",任上海市立医院内科主任"。①在对河南大学进行详细考察的基础上,该学者认为,为了谋求河南大学积极发展,"舍增加经费外别无他法"。而在增加经费的办法上,"教育部将河大改为国立,确定新的常年经费,积极整理,此为上策"。②可以看出,在当时社会局面初步平稳的情况下,国立化不失为推动河南大学进一步发展的有效途径。

这些学者提出要对河南大学进行扩充改进或国立化之时,正值刘季洪执掌河南大学。其实,刘季洪担任河南大学校长不久,就把积极谋划河南大学国立化作为自己的重要工作。自1936年1月刘季洪向外宣称的河南大学已经获准"国立化"不了了之后,刘季洪并未放弃争取河南大学"国立化"的努力。1937年4月16日,刘季洪为河南大学国立化问题专门到南京进行游说。刘季洪到南京分别拜谒了教育次长段锡鹏和行政院代秘书长何廉,向他们详细叙述了河南大学收容东北大学学生经过及其后学校的扩充计划,并请求把河南大学改为国立。③刘季洪的南京之行还是起到了一定的成效。1937年7月,南京国民政府教育部决定,自下学期开学起,将河南大学以及隶属交通部管辖的交通大学、私立厦门大学以及"九一八事变"后迁居关内的东北大学一道改归国立。④但是,随着抗日战争全面爆发导致全国社会形势进一步恶化,战火纷飞中政府无暇过多关注教育,河南大学和其他大学改归国立也暂时不了了之。

河南大学这次错过改归国立的机会,对抗战全面爆发后河南大学的发展造成了很大的影响。除了前面所提及的当河南大学也想西迁他省之时,河南部分地方官员,比如张钫等以"河南大学是省立大学,应留河南省内"为由,使河南大学大部分时间在河南省省内迁移,也造成河南大学各方面损失惨重外;河南大学由于是省立大学,在迁移过程中教师无法享受"贷金制",也使河南大学在抗战全面爆发后的相当长时间里可谓是"步履维艰"。

---

① 漠:《谈河南大学》,《青年月刊(南京)》1937年第3卷第6期。
② 漠:《谈河南大学》,《青年月刊(南京)》1937年第3卷第6期。
③ 《河南大学校长刘季洪抵京》,《申报》1937年4月17日第12版。
④ 《交通、厦门、东北、河南四大学下学期改归国立》,《新闻报》1937年7月20日第15版。

"贷金制"最初是南京国民政府针对公立高等院校贫困学生所采用的一项扶持制度,在抗战全面爆发前就已经存在。抗战开始以后,在国民政府"战时须做平时看"的教育方针下,教育部针对公立专科以上学校学生生活困难这一事实,进一步扩大了学生享受"贷金制"的范围,这也成了当时大部分公立专科以上学生生活基本保障的重要组成部分。抗战期间的"贷金制"实质上成为一种不需要偿还的公费福利制度。"因为当初用'贷金'这个名词,是表示将来要还这笔钱的,其实并不要他还,用'贷'字表示要还款的,财政当局知道将来是要还的,才能支出这笔钱,其实谁也没办法去追查偿还的。"① 抗战时期担任国民政府教育部部长的陈立夫后来回忆:

> 战时对于救济青年一事,由于政府负担太重,教部所面临之困难最大,战区学生大量涌入后方,衣食住学样样迫不及待,当时救济费用用贷金名义,盖欲使财政当局易于同意,将来有收回之望耳。盖来自战区中中等以上学校学生,离井背乡,多系经济来源断绝,如不予以接济,非但不能继续学业,且不能继续生存。我当时感觉对于这班学生不但要教,还要养。因而负起责任,设置贷金制,使这些经济来源断绝的学生,可以贷金维持生活。贷金包括膳食及衣服各种费用。最初名曰贷金,原期受贷学生将来就业后偿还。后来因责偿不易办到,并且法币贬值,即令偿还,亦几乎等于不还,所以将贷金改为公费。……战时由中学以至大专毕业,全赖国家贷金或公费以完成学业者,共达十二万八千余人之多。②

贷金制的实行在一定程度上帮助奔波迁移的河南大学学生解决了生存问题,使河南大学的学生虽然不及大后方高校学生供给充足,但亦能够勉强维持。

同时,国民政府教育部在抗战时期针对教职员工的生活保障问题,也制定了相应的"贷金"政策,"贷金制"开始覆盖到老师。当时,

---

① 陈立夫:《成败之鉴——陈立夫回忆录》,台北:正中书局1994年版,第315页。
② 陈立夫:《成败之鉴——陈立夫回忆录》,台北:正中书局1994年版,第289页。

"教育部为使教职员安心服务计,特参照'非常时期改善公务人员生活办法',订定'非常时期改善教职员生活办法'。自三十年十月一日起,发给平价食粮贷金。凡教育部办之学校教职员,每人每月得报领食米二市斗一升之贷金。家属合于左列各款者,(一)配偶及母女必须由其抚养者;(二)父之年龄在六十岁以上必须由其抚养者;(三)子女之年岁在五岁以上十六岁以下者,减半计算。"每人每月亦得报领二市斗一升之贷金。① 从规定上看出,这个制度主要是针对教育部办学校,即国立院校而制定的,因此,属于教育部直属的国立院校教职员工才能享受这种待遇。但是,即使在"贷金制"实行情况下,随着抗战进入相持阶段,日军封锁日益加剧,自1940年始,处于大后方的很多国立大学的教职员工生活都极其困窘,当时教师"贷金制"的范围只是限于"教育部办之学校教职员",能享受到"贷金制"的部办学校教授的生活尚且如此,不能享受到"贷金制"的省立学校教职员的生活状况就不难想象了。

由于河南大学是省属大学,教职员也就相应地享受不到部办学校所能享受到的"贷金制",当时完全依靠河南省政府拨款维持。河南省处于抗战的最前沿,随着抗战局势的日益严重,河南大部分都被日军侵占,仅仅剩下河南西部和西南部为数不多的弹丸险要一隅。在这种情况下,河南省政府能够支配的财力非常有限,加上1942年前后河南省旱灾和蝗灾严重,民不聊生。在河南社会这种相对恶劣的环境下,河南大学教职员生活困苦,学校由于经费制约导致发展大受影响。正如潭头时期在河南大学求学的学生后来所忆:"河大在潭期间,虽云安定,然系属省立,全赖省府拨款维持,且抗战局势,益形严重,河南全省精华,几为敌人全部占领。三十年以后,仅剩豫西及西南各县,省库日绌,支应困难。同时河南各县灾情严重,旱灾、蝗灾相继而来,饿殍遍地,省府救灾,已属心余力绌,大学需要,又不能不勉力维持,困难重重,时感无法为

---

① 国民政府教育部教育年鉴编纂委员会:《第二次教育年鉴(第五编)》,上海:商务印书馆1948年版,第517页。

继。"① 在这种情况下，学校如果能升格为国立大学，虽然处境不能根本改善，但至少比以前要有所好转。因此，"河南大学国立的问题，牵动着全体师生的心"②。

河南大学在潭头期间，已经担任教育部社会教育司司长的刘季洪被派往陕西、河南两省以及安徽北部接近沦陷区的地方视察教育。刘季洪在河南目击所见，"赤地千里，全省陷入饥荒。当时豫省东、南、北三方均为敌人封锁，灾民纷纷向西逃生。而陇海路东端仅至洛阳，且至潼关附近黄河对岸敌人常有炮击……洛阳站周围数里经常集聚候车灾民不计其数，烈日之下，枯坐地上，鹄形鹑衣，惨不忍睹！……随即与教育厅交换意见，知全省各地因受战事及旱灾影响，教育颇难进行"③。因为曾经执掌过河南大学，刘季洪对河南大学有着深厚的感情。因此，在河南视察教育的时候，"盛夏之下，不顾道路险阻，特往潭头与河大师生见面，患难重逢，悲喜交际。此时河南遭受空前大旱灾，饿殍遍地，省府财政非常困难。回部立即向陈部长报告，遂将河大改为国立。学校经费问题得以解决"④。在刘季洪的积极斡旋下，1942年3月10日，在由各部、会长官均出席的行政院第554次会议上，教育部提交的"请将河南大学改为国立案"获得通过。⑤ 1942年3月19日，重庆国民政府发出了《国民政府指令》：

　　令行政院：三十一年三月十四日顺陆字第零四五六六号呈一件，为教育部呈，以准河南省政府电请河南大学改为国立一案，经院会决议照准，抄原件请鉴核备案由。呈件均悉。准予备案。附件存。此令。

　　国民政府主席：林森；行政院院长：蒋中正；教育部长：陈

---

① 周恒：《河南大学概述》，载陈明章主编《国立河南大学》，台北：南京图书出版公司1981年版，第12页。
② 姚惜鸣：《河南大学在潭头》，《河南文史资料》1993年第1期。
③ 刘季洪：《教育生涯漫谈（十四）》，《东方杂志》（台湾复刊号）1985年第19卷第6期。
④ 刘季洪：《教育生涯漫谈（十二）》，《东方杂志》（台湾复刊号）1985年第19卷第4期。
⑤ 《行政院会议：河南大学改国立、赖琏长西北大学》，《大公报》1942年3月11日第3版。

立夫①

自此，河南大学由省立改归为国立，也开始能够享受国立大学的待遇，这对于长期在游击区辗转迁移的河南大学，的确是保证其发展的一件大事。

四 抗战胜利后复员

经过潭头劫难，河南大学面临的最大问题是吃饭和穿衣。当时学校师生嗷嗷待哺，几乎断炊。② 如前所述，在陈立夫的劝说下，张仲鲁第三次赴任河南大学校长。张虽然极不情愿，但到校后亦竭尽自己所能，四处奔波为河南大学争取款项，解决生存问题。而后，在1945年3月底，随着日军铁蹄进犯豫西南南阳，河南大学仓皇西迁至陕西西安，而后又迁往宝鸡和已经迁入的医学院汇合。张仲鲁多方奔走，为河南大学募集资金1000多万元，同时，又从胡宗南那里募集到十万斤小麦，200间营房以及200万元，帮助学校在陕西开始正常运转。③ 张仲鲁在陕西安顿好学校后不久即力辞校长职务并推荐田培林担任。自此，河南大学在陕西羁留了一段短暂而宁静的时光直至抗战胜利后"复员"回汴。

河南大学复员回到开封后，原来校区校舍大部分还算完整，另外又接收了日寇占领时期建造的新兵营房产，经过一年的整理规划，学校各项工作渐渐走向正规。而且，根据当时国民政府教育部的命令，接收了河南省立医科专门学校和国立黄河水利学校以及黄河水利学校的高职部。④ 虽然在抗战期间反复迁移，但经过两年左右的恢复和发展，到1947年，河南大学不但在一定程度上恢复了元气，而且在学科和专业设置上仍然居于55所综合性公私立大学的前列。当时，全国拥有6个学院以上的综合性大学仅有10所，而河南大学则在这10所之列（见

---

① 中国第二历史档案馆档案，全宗号二，案卷号6730。
② 张仲鲁：《忆我三进河大当校长》，《开封文史资料》1992年第12期。
③ 张仲鲁：《忆我三进河大当校长》，《开封文史资料》1992年第12期。
④ 国民政府教育部教育年鉴编纂委员会：《第二次教育年鉴（第五编）》，上海：商务印书馆1948年版，第629页。

表1-3)。

表1-3　1947年全国综合性大学拥有6个学院以上的院校

序号	校名	校址	所设学院	学院数目
1	中央大学	南京	文、理、法、师范、农、工、医	7
2	北京大学	北平	文、理、法、农、工、医	6
3	中山大学	广州	文理、法、师范、农、工、医	6
4	浙江大学	杭州	文理、法、师范、农、工、医	6
5	四川大学	成都	文、理、法、师范、农、工	6
6	河南大学	开封	文、理、法、农、工、医	6
7	贵州大学	贵阳	文、理、农、工、法、商	6
8	云南大学	昆明	文、法、理、农、工、医	6
9	长春大学	长春	文、理、法、农、工、医	6
10	台湾大学	台北	文、理、法、农、工、医	6

资料来源：国民政府教育部教育年鉴编纂委员会：《第二次教育年鉴（第五编）》，商务印书馆1948年版，第90—91页。

而后，随着解放战争的浪潮蔓延到河南，河南大学又经历了"东迁苏州"的短暂混乱，直至中华人民共和国成立。

可以说，整个民国期间，河南政治环境一直是影响河南大学发展的主要因素。1912年河南留学欧美预备学校的创建得益于该年河南比较稳定的政治环境。1923年河南留学欧美预备学校升格为河南省立中州大学以及1927年河南中山大学的创建，均与冯玉祥两次督豫导致河南政治环境的转变有关。而抗战期间河南大学之所以有大部分时间在河南境内迁移，正如前面刘季洪所言，与改组后河南省政府主席程潜以及河南地方士绅坚持让河南大学留豫这一主张有着密切的关系。

本章小结

1912年至1949年河南大学的发展，可以从以下两个方面体现出来。

一方面，河南大学在发展过程中，深深地受到河南政治环境的制约，可以说，民国时期河南政治环境一直是影响河南大学发展的重要因素。

1912年民国初创所带来的政治上的新气象使河南部分先进知识分子意识到河南现代新型知识分子的匮乏，忧患于长此以往，河南不仅没有人才来参与国家之建设，更无法在全国与各个省份竞争，从而产生了创办河南留学欧美预备学校来为河南培养新型人才的愿望。而1912年河南相对平静的政治秩序和地方政府的支持成为河南留学欧美预备学校创建的重要保证。在这种背景下，以林伯襄为代表的一批先进知识分子抓住机会，创办了河南大学的前身——河南留学欧美预备学校这一新型学校，为河南大学的创办奠定了基础。

由于河南在很长时间里没有一所自己的大学，学生从留学欧美预备学校毕业后大都要负笈于京、沪等东部省区，路途遥远、花费高昂且相当部分学生毕业后不愿意回豫服务。在此情况下，河南省议会也曾想举全省之力办理一所河南自己的大学，但由于现实的阻力而成为空想。直到1922年，河南省还没有一所现代大学。

另一方面，冯玉祥两次督豫使河南政治生态的暂时改变是河南大学发展史上的两个重要"拐点"，可以说，冯两次主政河南的过程，给河南大学带来了两次发展机遇。

1922年冯玉祥第一次督豫时，正是著名学者梁启超在开封提出"河南自己当办大学"的建议之时。梁离开开封不久，冯旋提议河南省政府用查抄前河南督军赵倜的大部分财产作为创办河南大学的资金，河南知识分子立即积极响应并实际行动，河南中州大学于1923年创办，从而使河南省拥有了现代大学，也为河南现代高等教育的发展奠定了基础。

1927年河南中山大学的创办也是在冯玉祥的强力干预下实现的，河南中山大学的创办实质上是进一步完成了河南省议会曾经在1921年所设想的把河南留学欧美预备学校、河南农业专科学校、河南法政专科学校三校合并办理大学的设想。河南中山大学的创办标志着河南省开始拥有了多学科的综合性大学，一定程度上也为河南大学以后的持续发展铺平了道路。

可以看出，在河南大学发展史上的两个重要"拐点"上，冯玉祥功不可没。

河南大学的国立化进程充满了坎坷和戏剧性。1927年河南中山大学成立之时，虽然冯玉祥主持的开封政治分会提出建立"国立开封中山大学"，但因当时时局动荡，最终仍归于省立。虽然据孙德中所言，在1935年南京国民政府曾决定把河南大学改归国立，但因为不得而知的原因，仍没有成功。1937年，在刘季洪校长努力下，河南大学行将实现国立，但因抗战全面爆发而没有了下文。直至1942年，河南大学在洛阳潭头镇期间，仍是在刘季洪的多方斡旋下，河南大学终于在该年3月实现国立，办学条件也得以改善。

从河南大学早期发展历程上看，虽然河南大学早期发展过程中众多著名人士均做出了大量的、卓有成效的工作，然而，在河南大学早期发展的史册上，林伯襄、冯玉祥和刘季洪这三位人物更值得铭记。他们用自己的远见卓识，在河南大学发展的关键阶段，推动了河南大学向着现代意义大学方向发展，一定程度上，他们在河南大学关键发展时期所做的贡献，堪为推动河南大学实现跨越式发展的催化剂。

第一，林伯襄是河南大学发展进程中的开创者和奠基者。林伯襄不仅仅是河南留学欧美预备学校创建时的重要倡导者，而且是河南留学欧美预备学校发展过程中的掌舵人。也正是在他的执掌和规划下，河南留学欧美预备学校在实质上已经不是一所简单的外国语言学校，而是一所培养新型人才的综合性新型学校，为以后发展为大学在学科和规模等方面奠定了基础。第二，冯玉祥先后全力支持河南中州大学成立和河南中山大学创建。可以说，成立河南中州大学和河南中山大学，不仅是河南大学早期发展过程中的两个重要"拐点"，也堪称河南现代高等教育早期发展过程中的两个重要转折点。正是河南大学这两次发展，使河南现代早期高等教育在全国占有一席之地，也为河南大学成为学科门类比较齐全的综合性大学奠定了基础。尤为重要的是，正是河南中山大学的组建，使河南大学在1929年《大学组织法》颁布后，避开了像当时很多大学那样被裁撤或降格的命运。而在这两个重要的"拐点"上，均离不开冯玉祥的鼎力支持。第三，在事实上，两次推动河南大学实现国立均离不开刘季洪的努力。1937年，刘季洪执掌河南大学之时，即通过努力，使南京国民政府教育部决定河南大学归于国立，虽然这次国立因为抗战全面爆发而没有得以实施，但毕竟真正开启了南京国民政府时期河南大学国立化实现这一事实。抗战爆发后，由于河南大学为省属大学，河南地方主政者不准河南大学迁往大后方,使得河南大学大部分时间只能在河南省内辗转迁移。而河南成为抗战最前沿这一社会环境,使得河南大学在抗战期间不但历经磨难,而且在发展上备受制约。经已到教育部任职的刘季洪多方奔走呼吁,1942年3月,河南大学终于实现国立,从而在办学经费和活动空间等方面获得更加多样化的支持,对于奔波流离的河南大学而言,无异于雪中送炭。

从河南大学在这一时期的发展历程可以看出,民国时期,尽管很多地方性高校在发展过程中总是深深受制于地方政治的影响,但在特定的情况下,也可以通过自身努力,抓住有利时机来影响地方政府相关的政策的制定。河南大学在不同发展阶段和地方各级政府的博弈,促使地方政府出台教育经费独立的相关政策,反映了地方大学与地方政治之间的另一种关系。

第二章

地方教育的引领者：全方位推动全省教育发展

作为民国时期河南省唯一的综合性大学，河南大学在发展过程中，积极与河南地方政府合作，结合河南社会的现实状况，为河南教育的发展在众多层面做出了巨大贡献。

通常说来，大学的产生和发展过程中总是会显示出一定的属地性色彩，这种属地性色彩更多的是从大学为所在地方区域的社会服务上体现出来的，特别是由地方政府和本地知识分子推动创办的大学，对地方社会服务的特色尤为显著。民国时期，河南大学在相当长的时间内是一所省属大学，所培养的绝大多数人才直接投身河南社会建设中。虽然河南大学对河南省教育的影响首先是通过自身所培养的各类人才体现出来，但正因为人才培养是大学的基本职能和应有的本分，因此，在本研究中，不再对其人才培养这一常规性的职能再做详细铺陈。笔者主要选取河南大学对河南教育发展，乃至对中国现代教育发展历程中具有重大影响的代表性事件来进行研究。在这些特殊的事件中，河南大学直接参与其中并通过在一些关键性阶段所做的努力以及与政府部门之间的博弈，对一些关键性事件的走向产生影响，从而在河南近代教育史，乃至中国近代史上产生了较为深远的影响。

第一节 推动省级教育经费在全国率先独立

20世纪初期，河南政治环境恶劣，教育经费经常陷入阙如的状态。

在这种情况下，河南大学积极投入争取教育经费独立的运动中，通过与地方政府的互动，使河南地方主政者接受了教育经费独立的要求并保证了教育经费独立的稳定性。正是在河南大学的积极引领下，河南成为全国教育经费率先独立的省份，在1922年已经初步实现了教育经费独立。在为实现河南教育经费独立的活动中，河南大学始终参与其中，联合其他学校与河南地方主政者据理力争，从而为河南教育经费实现独立以及独立后的经费保障做出了巨大贡献。

一　教育经费独立运动的背景

民国时期的河南社会是当时整个中国社会的一部分。影响河南社会教育发展的财政生态系统在相当程度上也是整个中国社会财政生态的组成部分，因此，了解当时影响整个中国社会教育发展的宏观财政生态环境，是了解河南大学参与并推动河南教育经费独立过程的重要前提。

教育是社会的重要组成部分，教育的持续发展首先得益于社会环境的稳定发展。在稳定的社会环境状况下，充足的财政供给则是教育顺利发展的基础。整个北洋军阀统治时期，除了兵祸酷烈外，财政困难则一直是让当时社会各界均感头疼的问题。"兵燹之外，教育经费求告无门，更使各级学校如雪上加霜"[1]。早在1916年，有人就说："吾国今日之财政问题实最重要最困难之问题也。……各省不以诚协助中央，拥兵自大，视国家财政之急迫若隔岸观火者，然则亦有坐待经济之侵略同归于尽于沦胥耳。"[2] 北洋军阀政府时期，工商业凋敝，整个国民经济处于崩溃的边缘。加上军阀混战，军阀利用武力和强制手段擅自挪用各种经费。这种情况下，教育经费短缺一直是困扰各级各类学校发展的一个大问题。省款不解于中央，中央财政也不能帮扶各省始终是北洋军阀统治时期财政上的一个重要特征。因此，很多学校由于经费困难而经常处于时断时续的办学状态。

教育经费紧缺是当时困扰整个教育界的一个痼疾。解决各级各类学

---

[1] 田正平：《中国教育史研究——近代分卷》，华东师范大学出版社2001年版，第193页。
[2] 魂：《今日中央与地方之财政关系》，《晨报》1916年10月26日第2版。

校教育经费短缺问题,促使教育经费独立,是当时热心教育的各界人士所关心的一个重要问题。

在1920年第六次全国教育联合会上,就有代表提出了关于教育经费独立等的九个提案。在给教育部所呈的提案中首先提出要通过裁减军费来将所剩余的款项专门用作教育经费。该提案指出:"前届本会曾有裁兵兴学之陈请,一年以来未见实行。查八年度预算,所有军费计占全国预算之半,实支之数尚不止。此年教育经费只占七十五分之一。比年以来,闻人民罹兵之毒,未受其益。裁兵之议政府屡有宣言,迄未见诸事实,应从速催促施行,即将裁兵所余之款,专充教育经费。"① 该提案从国基能否巩固的角度提出了确定教育经费的重要性,认为"教育难谋发展,而国基即不能巩固。……欲解决教育种种问题,第一必须解决教育经费"。② 因此在提案中强调:"划清教育经费,使之独立,他项政费不得侵用。教育为立国之本,而经费为教育命脉,各省区主管财政者,对于该省、区学校经费往往任意拖延,多不按期核放,稍有事故而借口停发,致办理多年之学校无法维持,甚至停辍,良可叹。自应由中央划清教育经费,并令各省区长官,督饬财政主管机关妥筹办法。统计每年该省区教育经费共需若干,于最短期内妥为处理,专款存储。按时发放,无论遇何紧要事件发生,均不准挪用。以示限制。庶经费确定,教育可期进步。"③ 然而,在中央政府权力式微、地方军阀割据的状况下,这种提案无疑是纸上谈兵,从军阀的军费里面争夺教育经费亦实际上是与虎谋皮,经过这次空谷回音式的提议后,教育经费短缺的现象在各个省区的教育界仍然频有发生。

因为教育经费短缺而导致各类学校放假、教职员工到相关部门索薪以及由此而导致的学潮时有发生。面对当时教育经费奇缺的现象,很多学者都发出了无奈且悲哀的言论。著名学者朱自清甚至把教育经费能否

---

① 中国第二历史档案馆编:《中华民国史档案资料汇编(第三辑·教育)》,江苏古籍出版社1991年版,第714页。

② 中国第二历史档案馆编:《中华民国史档案资料汇编(第三辑·教育)》,江苏古籍出版社1991年版,第713页。

③ 中国第二历史档案馆编:《中华民国史档案资料汇编(第三辑·教育)》,江苏古籍出版社1991年版,第714页。

独立提高到了亡国灭种的高度：

> 我们要把这件事看作亡国灭种一样大。因为教育经费独立权力争不到，其结果必至现在的情形：把教育经费给他们少数的武人、官僚、政客盘来盘去。把这种培植一国莘莘学子的纸墨书籍费，全给那些桃红柳绿做些胭脂水粉费，你看伤不伤心啊！据宣统二年调查，我国中央及各省的教育经费有3.3千万元；到民国七年，我国中央及各省的教育经费，增至4千万元，比从前多了7百万元了。何以增加这许多经费，那教育成绩，比以前还差得远呢？全国学校数和学生数也比民国元年差上好几倍呢？这真奇怪啊！试问学校比以前办的少，经费比以前的加的多，这些经费流向哪个口袋去了？挪了教育经费，装上些好名目，说是充某项军费，充某项运动费，你们真聪明啊！你们真滑稽啊！想到我们的教育经费，被他们弄到这般田地，真是伤心！你不看八校去年一年，完全闹的是经费；武昌高师，今日也赴北京请愿，明日也赴北京请愿，弄到一个七零八落，何尝不是为教育经费？江西中等以上九校职教员送开联席会议，何尝不是为教育经费？安徽各校联合会选举代表，向政府交涉，何尝不是为教育经费？成都各校之罢课运动，何尝不是为教育经费？……把上面所述各项看来，教育经费不能独立，不是比亡国灭种还要利害些吗？①

可以说，教育经费短缺在相当程度上是当时普遍存在的现象，而渴求获得充足的教育经费是各个省区教育界长期的诉求。

如前所言，在整个北洋军阀统治时期，大小军阀各据一方，国家四分五裂。在这种情况下，一个省区是否拥有相对安稳的政治环境和良好的地缘状况则决定了教育经费能否得到相对充裕的支持。而令人遗憾的是，民国时期的河南社会很长时间处于恶劣的地缘环境和动荡、腐败的政治局面下，相当长时间里统治腐败、兵患、匪患和自然灾害也接连不断，凄风苦雨的河南社会环境使得河南教育经费在相当长时间内不能得

---

① 朱自清：《春晖如画》，延边人民出版社1996年版，第247—248页。

到保证，河南教育经费短缺问题格外突出。

也正因为如此，在河南教育界的强烈要求下，河南省早在1915年就曾经谋划通过专门途径来实现教育经费的专款专用。该年，河南省议会议决"河南各县教育款产规划案"，该"规划案"主要包括教育经费的来源和管理两个方面。经费主要有四个来源：一是在契税项目下附加征收4%作为教育费；二是在田赋下每丁银一两附加征收0.2元作为教育费（丁银一两约相当于20元）；三是原有府、县的田稞租作为教育经费；四是各种特种捐税，如新郑县的枣捐、淮阳县的金针菜捐、陕县的棉花打包捐，等等。在教育经费管理上，该"规划案"计划在河南各县设立教育款产经理处，由各县教育局长兼任经理处处长，将契税和田税中附加征收的教育经费按数拨交每县教育款产经理处专款保存，其他附加征收的税收则由该处直接征收管理。① 这一"规划案"的出台，在当时对于教育经费的征收和管理方面堪为一大创新。其后，江西省教育厅厅长朱念祖因公路过开封，在闻及有这样一教育经费管理案时候，曾借抄原件以图仿效。② 然而，由于军阀混战、土匪侵扰，加上时任河南督军赵倜的贪婪无度，这一计划实际上仅是一纸空文，河南省的教育经费仍然无法得到稳定和充足的保证。比如，当时河南省会开封的各级各类学校，截止到1920年，"全省收入的金钱，都归军人、都归督军支配运动各省保持地位花去。学校现状几不能维持了"③。

当时的教育经费，"自民国八年秋季起，已积欠八九个月之久。……其积欠教职员薪金已达十万元现洋之巨。教职员等以经常薪水久欠不发，看看将届断炊。乏术应付。于是一度召开教职员联合会议，表决齐赴财教两厅，面为追款。该教育厅长李步青氏，委素于财政厅厅长陈善同。职教员等面谒陈氏，奈豫省财政枯绝已达极点，军需且拖欠数月，岌岌可危，尚且无术应付，将何法再能以支付筹备重大教育之巨款？"④ 教职员工非常愤懑但仍然无法解决。后来，"河南省财政厅总务科长李光汉电

---

① 河南省教育志编辑室编：《河南教育资料汇编：民国部分》，内部资料1984年版，第79页。
② 河南省教育志编辑室编：《河南教育资料汇编：民国部分》，内部资料1984年版，第80页。
③ ISK：《汴梁旅游记》，《晨报》，1920年5月4日第6版。
④ 《河南省立各校行将停课——财政厅不发各校经费》，《晨报》1920年10月9日第3版。

达省长张凤台，经张氏电招教职员等赴省署。次日即由财厅出豫钞一万串，合铜元九千串。"① 但是，这九千串铜元和学校所需要的十万元数目相比只是九牛一毛，根本不能解决各校的困境。于是，各学校一致议决，"延期不发各校经常等费，全省学校一致罢课。……当局即以'听其自便'四字应付，任其自由解散"。②

在无可奈何的情况下，开封各校联合会几乎以哀求的口气又致函当时的河南省省长张凤台，希望能够得到经费：

> 窃职教员等日前因省立各学校经费支绌，校务无从维持。开会议决，派代表进谒台端，批陈苦衷。经先生殷殷劝论，并愿通盘筹责，竭力维持。为一劳永逸之计，热心教育之衷。情溢于言表，无任钦佩。顾教员等私怀，尚有不得已于言者。爰不揣冒昧。谨先生一一详陈之。
>
> 夫求学之要，在乎专精。心烦意乱，工匠难以施其巧，凝神静虑，拙匠有以致其能，求学者如是，教学者亦何独不然？近者学款积欠，至三四月，各校教员拮据万状，典质积贷，罗掘俱穷。学问之精，米盐之细，兼营兼顾。心若愚旌，欲求教授之专精，无疑求鱼而缘木。盖枵腹从事，贤哲所难为功；事畜有资，恒人所易为力。今舍恒人所易为力，而责贤者所难为功，措施之方，似不应尔。况今岁旱灾广披，几遍全省，困难情形，更非昔比。昔日可资田亩之收成，今则全赖束脩之所入。积欠累月，势非所堪。此前期款项不能不清还者一也。夫教育设施，宜有成算。事豫则立，古训昭然。疾急求医，临渴掘井，几无颠覆，收效甚微。……今日偿清，明日复欠……盖教育本为国家根本之图，百年之计。倘受政潮经济之影响，则终无改进之期。故欲正本清源，必须谋经济之独立。或抽厘税，或拨地丁，明定范围，不得彼此挪用，则此后政局虽有变动，绝不被其牵掣。庶国家大本，予以确立，此教育基金之不得不指定

---

① 《河南省立各校行将停课——财政厅不发各校经费》，《晨报》1920年10月9日第3版。
② 《河南省立各校行将停课——财政厅不发各校经费》，《晨报》1920年10月9日第3版。

者三也。皆维持教育之荦荦大者。①

然而，在赵倜的残暴、专横统治下，作为省长的张凤台虽然支持教育发展，却在这一方面并没有太大的作为，开封各校联合会言真意切近似请求的函件并没有得到实际落实，欠款照旧。而且当时的河南当局还敦促各个学校尽快上课。为了生存，河南省教育界举行罢课并酝酿全体总罢工。

从时间顺序上看，河南教育经费独立运动经历了三个阶段。1920年为第一阶段，该阶段主要是为争取生存而进行的索薪斗争，也正是通过这一阶段的斗争，河南教育经费独立运动拉开了序幕。1921年到1922年为第二阶段，该阶段则是在河南政权更易的情况下，河南教育经费实现了初步独立。1922年以后为第三阶段，在这一阶段河南省政府同意教育经费独立后，为了保证教育经费独立真正落实而采取的各种措施。

二 引领全省教育界索薪

如前所言，截止到1920年5月，河南的教育经费已经被拖欠了八九个月，教职员工的薪水由于长期没有发放，基本的生活都难以维持，生活陷入极其困顿状态。为了生存，河南省教育界开始酝酿全体总罢课。

在这次总罢课的过程中，主要围绕两个关键问题进行，第一，是否要向外界通电告陈这次罢课的原因和真相；第二，面对河南省当局的诱惑分化，是否要把这次罢课坚持到底。在这两个关键问题上，参与罢课活动的不同学校可谓表现各异。而河南大学（时称河南留学欧美预备学校）促使向外界通电陈述缘由和坚持罢课的突出表现，是促使这次总罢课取得了令人相对满意效果的有力保证。

1920年10月28日下午，河南省会开封职教员全体员工一律罢课。罢课以后，各校教职员工以河南法政专科学校为场所，举行各种紧急

---

① 《河南教职员罢工风潮已了》，《晨报》1920年11月20日第3版。

会议。

10月29日，河南省立学校的一百余名中外教师举行了会议，会议主题是商讨是否向外界通电，让人们了解罢课真相。会议首先由河南法政专科学校校长韩席卿发言。韩氏认为，这次之所以罢课，外界不明白真相，因此，应当以全体教职员工的名义，致电北京大总统、国务院、教育部、旅京同乡会及各省教育会，表明河南此次罢课的情形。对于韩的这个建议，与会教员莫衷一是，在关键的阶段，总罢课活动出现了第一次反复。在这种情况下，河南留学欧美预备学校教师仇春生和杨荣光等认为，必须要向外界说明真相，防止外界把这一单纯的索薪事件误解为其他性质的活动。为了让与会各校教职员工同意这一建议，仇春生和杨荣光又联合了第一师范学校监学何若愚、甲种农业学校教员段乐天、张健侯、甲种工业学校教员李炙安、河南省立第一中学教员魏烈、河南省立第一师范学校教员孙孟刚等共同向大会提出决议案：

（1）快电北京大总统、教育部声明罢课之理由。
（2）维持教育方法，不使学子荒废学业。
（3）要求财政当局，宣布省议会决议之当年预算表以及目下收入和支出之确数。
（4）要求长官允许教育经费别为独立。无论何项要需，均不得移动。
（5）清发积欠，并切实保障。①

在会议表决通过这一决议后，决定派出河南留学欧美预备学校教师徐旭生②为赴京代表，向国务院、教育部、河南旅京同乡会及各省教育会等各方面报告罢课的原因和情形。③

在这次会议上，河南留学欧美预备学校的建议是非常重要的，根

---

① 《河南教育界实行全体罢工》，《晨报》1920年11月4日第6版。
② 徐为河南南阳唐河人，因为在争取教育经费独立上的举动被赵倜迫害，后被迫出走到北京任教。
③ 《河南教育界实行全体罢工》，《晨报》1920年11月4日第6版。

据河南留学欧美预备学校的建议而所做出的告知外界罢课真相、派徐旭生赴京请愿等决议，在一定程度上消除了外界对河南教育界罢课的误解，也为后面索薪成功以及争取教育经费独立运动的顺利进行奠定了基础。

然而，这次罢课并没有得到当局的实质性回应，教职员工的要求并没有得到满足。

开封各个省立学校教职员最基本的生存要求得不到满足后，省立各校教职员工八百余人在河南法政专科学校再次举行会议。当各校代表纷纷发言商量对策的时候，省长张凤台忽然派开封县知事常秀山作为代表，手持张凤台的亲笔函件来到会议现场，劝说所有教职员尽快上课，并且对与会教职员许诺说，只要上课，所有欠款，总有一天会发放给老师们。① 当时参加会议的部分学校老师，听到这种画饼充饥式的许诺后，便有些动摇，主张返校上课。

面对部分学校教师的动摇情绪，河南留学欧美预备学校教师徐旭生起来发言。他强调："当轴对于各校，无诚意维持之表示。经一度之要求，允发若干，全是敷衍。本席主张不惟不能上课，并须将河南财政彻底清查，究系何人糜费。规定教育基金，永远不准挪用，则此次罢课方有价值。"② 徐旭生的发言赢得了河南留学欧美预备学校以王海帆、杨荣光等为代表的大部分教师的支持。在河南留学欧美预备学校教师的坚持下，又有很多学校教师相继发言，大多数赞成河南留学欧美预备学校的这一提议。会议最后议决仍然继续罢课，直到得到满意结果。③

可以说，在这次会议上，河南留学欧美预备学校又在关键时刻发挥了重要作用。面对当局对省立各所学校的分化诱惑，如果不是河南留学欧美预备学校在这一紧急时刻所做出的继续罢课的提议和发表的言论，这次总罢课活动就可能首先在内部出现分化乃至瓦解。果真如此，当时

---

① 《河南教育界罢课风潮近讯——当局派员疏通，教职员主张疏通财政》，《晨报》1920年11月10日第6版。

② 《河南教育界罢课风潮近讯——当局派员疏通，教职员主张疏通财政》，《晨报》1920年11月10日第6版。。

③ 《河南教育界罢课风潮近讯——当局派员疏通，教职员主张疏通财政》，《晨报》1920年11月10日第6版。

声势浩大的省立各校总罢课可能就只是一个虎头蛇尾的结局,而其后不仅教职员索要欠发的巨额薪金这一直接要求可能不会兑现,河南教育经费是否能够实现独立也可能是一未知数了。

经过河南留学欧美预备学校在关键时刻的力争,加上其他学校大部分教师的支持,罢课获得了成功。这次会议之后的十多天里,河南省立各校一直处于罢课状态。罢课的一个最为直接的后果是由于学校正常教学秩序中断而导致学生无法上课。省立各校学生在无法忍受的情况下,全体学生"手执'要求上课、学款独立、宝贵光阴'的小旗,奔赴省长公署,面谒张凤台。要求以最短时间使各校开课"。① 张氏因感觉自己无能力满足学生的请求,最初委托财政厅陈雨人(陈善同字雨人)、警察厅龙敏修、秘书长李寿朋代见,但均遭到学生拒绝。在不得已的情况下,张氏才同意接见学生,"与学生相向垂涕曰:'我亦读书种子,必有以慰诸生者。'"② 并向学生承诺,三日内设法令教员上课,如果届时教员不上课,张氏决心以辞职向河南人谢罪。学生听到张氏的答复后鼓掌退去。其后,在张氏的协调下,由河南省财政厅借筹了七万元现洋,将从前积欠省立各校教职员工的薪金完全清理。同时,准备出台政策,将教育经费完全独立,不准挪作他用。至此,河南教职员工的罢课风潮方告一段落。③

河南留学欧美预备学校教师在省立学校联合会议上两次关键时刻的表现,使为索薪而进行的罢课达到了预期目的。这次罢课初步取得了两个令人满意的结果。一方面,教职员工积欠数月的薪金得以清偿,缓解了教职员工生存上的燃眉之急;另一方面,当局允诺以后教育经费独立,也为其后河南教育经费独立运动的全方位展开在某种程度上拉开了序幕。

三 推动全省教育经费得以独立

为索薪而举行的罢课取得成功后,为了保证教育经费供给的稳定和教育经费真正独立,河南省立各个学校校长曾商请河南省教育厅厅长李

---

① 《河南教职员罢工风潮已了》,《晨报》1920年11月20日第3版。
② 吴益曾:《河南教育专款纪略》,《国民教育指导月刊》1946年第10期。
③ 《河南教职员罢工风潮已了》,《晨报》1920年11月20日第3版。

廉方拟定教育经费独立计划，但由于时任河南督军赵倜不同意而不了了之，河南省教育界仍处于"嗷嗷待哺"的困境中。下文真实反映了从1921年初开始河南教育的窘况：

> 河南省教育经费本甚艰窘，本年开校后，恒数月不见分文，三月初间，曾发薪一次，各教员每人分得百分之十八（如月薪五十元者仅得九元），无不连连叫苦，各校职教员屡在法政学校秘密开会，商议对待方法，多数主张仿照北京教育界办法，即日罢课，催索积欠。事为教育厅长李步青所闻，竭力劝阻，自任独立向省长索款，决不令职教员枵腹从公，此种暗潮，乃得无形打销。距李厅长正在交涉索款之际，成慎忽在漳起事，遣兵调将，需款孔亟，所有现款，已提取净尽，教育经费，因之益呈悲观。四月二十五日，第一师校学生以无款购面，断炊者一日，旋由会计以个人名义借洋二百元，每人分得数角。李厅长无法可施，乃于四月二十八日一面呈请军民两厅长指定教育经费，一面电教育部力请开缺，以谢各校。……河南教育经费，仍在五里雾中也。①

而后，1921年5月，由开封学校联合会推选法政专门学校校长胡鼎彝拟定了四条办法：（一）指定若干县地丁或其他款项，完全作为省立各校专款，不得挪用；（二）指定的县若有灾患，收入不敷，得另行指定他县或他项税款补充；（三）省内各校款项由财政厅征解，挂号转交教育厅存发；（四）省城外各校款项，由指定各县就近拨抵。这四条办法经河南省议会通过，咨由省署令饬财政、教育两厅审核议决。其时，河南全省年教育经费仅仅为72万余元。因此，指定了当时的开封、中牟、河阴、汤阴、鲁山五县在1922年地丁款项下，除了已经解拨发放者之外，其余的悉数划拨为省内各校的教育经费。从1922年1月到6月起，按数交教育厅转发。然而，在动荡的环境下，这些政策并不能真正得以落实。②

---

① 佚名：《河南教育经费之近况》，《教育杂志》1921年第3卷第6期。
② 荣典岑、胡禹山、关超万：《河南教育经费独立始末》，《河南文史资料》1981年第5期。

1922年直奉战争结束后，赵倜由于在战争期间倒向奉系军阀一边失败后逃亡。冯玉祥占领河南后就任河南督军。当时，中国教育界由于教育经费短缺而导致的教育混乱备受世人关注。身为直鲁豫巡阅使的曹锟向全国发出了扩张教育经费电：

> 各报馆钧鉴：
> 国家根本，教育为先，世界立国，莫不兢兢于此。民国建造，已于十稔，独于此未尽亲为先务之急，以至近代教育当局，皆无从实尽责任。所谓教育基金，至今未能确定。于教育经费，惟有指东划西，暂为目前之应付。国家教育，何从发达？不意近日乃并前次实行之案，按月拨付之款，闻亦率事更张，任意延缓。教育界联名力争无效，首都教育，几成破产，任教育界之痛哭呼号，两会熟视无睹。转瞬暑假期满，各学校终将一律停闭。全国教育，皆将受其影响，国之不详，莫大于此。闻之骇绝！思之痛心！顾念民国祸乱之源，实因教育缺乏。往事已矣，莫可如何，及今醒之，犹未为晚！若更因循漠视，是所谓七年之病，求三年之艾，苟为不落，终身不得。长此以往，国将为无教之国，民将为不学之民！当念及此，不寒而栗！锟愚窃为，今日国家大政方针，宜以教育列于第一。所有财政预算，宜亦以教育为先，不仅确定，并须扩张。万事皆可牺牲，教育不容刻缓！应请政府采纳，速为议定，昭示全国，以慰人心！锟分属军人，未敢妄言政治。皆因教育关系国家生命，未敢隐忍缄默。
> 特布愚忱，伏希采纳！①

以曹锟当时的地位而言，不管他的建议是否有人在行动上响应，但在舆论上却有着很大的影响力和号召力。于是，身为直鲁豫副巡阅使的吴佩孚亦发出"马日通电"响应：

> 国于天地，其盛衰要务谓人才。而人才之于世，非可如陨星飞

---

① 曹锟：《公电》，《申报》1922年6月30日第6版。

鸟，无端而集，道在源源培植，乃克维持于不敝。平素无整饬教育之恒心，乃临时而置人才之致用，何时何地，均病未能。岁以来，祸变纠纷，困于战伐。政费所入，往往转移，日供军备，所余政费之分配，而教育经费，又独为向隅。莘莘学子，失学日多，负笈异邦，亦将业。言念及此，极为寒心！夫国家一时之贫弱，得其人、制其法，犹足以起衰回生。若教育破产，人才消乏，实有丧邦亡种之患。凡事谓筹之先则生效易，挽之于后则补救难。及今而不确立基金，勉撑常费，将涸之源，树未来之范，待其枯竭已呈，犹再补救，无如之何？信哉我仲帅劝电？万事皆可牺牲，教育不可稍缓之言。立国要图，莫他外此。教育费、内、留学之款，视各费为最少。而所谓为平钜、常经固应注意，而变局亦须匡。司农略予通融，学子即免中辍。在他政费无毫厘之损，于教育则有邱山之功。事属易兴，时不可缓！所望邦人君子，着权本末，重加之意，勿令栋舍鞠为茂草，诸生相率饿殍。现况所需，百年大计，实利赖之！佩孚分属治军，情殷救国，目睹青年之流落、归国之呼号，恻然伤神！不忍坐视！谋为国内外学生顿首请命。耿耿愚诚，请希亮察！吴佩孚马印。①

当时虽然冯玉祥担任河南省督军，但河南并不是为冯所独占。吴佩孚的大本营就设置在河南洛阳，吴所属军队在河南占据了相当重要的位置。不管吴佩孚通电是否出于真心，但吴佩孚的电文发出后，在一定程度上使河南教育界起码在舆论上有了可以利用的依据。加上冯玉祥本身热心教育，河南大学及时抓住这一有利时机，联合河南教育界人士积极推进教育经费独立。

是时，河南留学欧美预备学校已经升格为河南中州大学。中州大学校长张鸿烈（字幼山）偕同河南法政专门学校校长张跻青、开封女子师范校长张亦鲁等四处奔走呼吁。② 他们的努力得到了冯玉祥的支持。冯认为，可以规定某项税收专门作为教育经费，使之完全独立，不再受任何

---

① 吴佩孚：《公电》，《申报》1922年7月26日第6版。
② 荣典岑、胡禹山、关超万：《河南教育经费独立始末》，《河南文史资料》1981年第5期。

政治变动的影响。① 在冯玉祥的首肯下，河南教育经费独立已经不再是一种空想，而是确定哪种款项作为教育专款的问题了。

冯玉祥允许以后，河南省政府将拨出一种税收作为河南教育的专门款项。由于教育界人士对财政税收问题了解甚少，对于究竟采取哪一种税收作为教育专款都不置可否。有人提议从地丁收入中划出一些县的份额抵充教育经费，也有的要求用盐税作为教育经费。但由于盐税收入数目较大，把盐税作为独立的教育经费，势必影响当时河南如履薄冰的财政运转，因此，财政厅对这一提议予以否决。当时，财政厅有两个教员出身的职员侯仙培和李刚侯，对于河南教育界争取教育经费独立的运动一直非常同情。他们就向开封学校联合会建议，地丁属于国家税收，每年的数额都是固定的，并没有增加余地。而契税则有很大的发展空间，且这种税收的好处财政厅内部还不甚了解，因此，用这种税收作为教育专款申报较容易成功。教职员联合会采纳了李、侯二人的建议，向省财政厅和省政府申请用契税作为教育专款，最终获得批准。②在这种情况下，河南教育经费独立运动初步取得实质性成果。③1922年7月，河南教育经费终于获得了独立。关于河南教育经费独立，冯玉祥后来也相当自豪地回忆道："至此河南教育乃得有保障，至今仍沿此传统。"④

在河南大学的积极参与和推动下，通过地方当局更易的时机抓住机会与地方政府充分互动，有效地影响了地方政府对财经政策的更改，使河南省成为民国时期教育经费独立最早的省份。到1923年，"全国教育界皆有教育经费独立之运动，然成功者只河南一省"⑤。截至1934年，全国教育经费完全独立的只有河南、江苏、江西、福建、浙江、云南六省及南京市。部分独立的有安徽、湖南、绥远以及甘肃四省。其余各省均未独立（见表2－1）。⑥

---

① 冯玉祥：《我的生活》，岳麓书社1999年版，第336页。
② 荣典岑、胡禹山、关超万：《河南教育经费独立始末》，《河南文史资料》1981年第5期。
③ 荣典岑、胡禹山、关超万：《河南教育经费独立始末》，《河南文史资料》1981年第5期。
④ 冯玉祥：《冯玉祥日记》，岳麓书社1992年版，第336页。
⑤ 《豫教育会代表之谈话：河南教育经费独立之成功》，《申报》1923年9月19日第4版。
⑥ 中国第二历史档案馆编：《中华民国档案资料汇编（第五辑·第一编·教育）》（一），江苏古籍出版社1991年版，第107—110页。

表2-1　　　　　民国时期教育经费独立省区具体状况一览

经费独立类别	省　市	经费来源	独立时间
完全独立省市	河　南	契税	1922年
	江　苏	屠宰税、牙帖税、卷烟特税、漕米省附税	1925年
	江　西	盐税附加	1928年
	福　建	盐税附加	1929年
	浙　江	箔类营业税、烟酒税、屠宰营业税	1933年
	云　南	卷烟特捐、教育公产租息存款利息	1929年
	南　京	财政部补助余款、房捐一部分余款	1934年
非完全独立省市	安　徽	部分中央协款，部分计划皖南皖北盐税附加	不详
	湖　南	部分盐税附加，但数目不固定	1931年
	甘　肃	榷运税收、西峰镇特税局税收、陇东各县卷烟查验税费、定威县政府征收款项及卷烟查验费税收、临洮特税局税收；省立中学经费尚未完全独立	不详
	绥　远	财政厅经管款项及禁烟和垦照附加款项	不详

资料来源：中国第二历史档案馆：《中华民国档案资料汇编（第五辑·第一编·教育）》（一），江苏古籍出版社1991年版，第107—110页。

然而，契税虽然通过文件的形式被规定为教育专款，而且还被明确规定："河南全省买当契税全额作为河南全省教育经费专款，此项专款无论何事何人不得挪做他用。"[①] 但真正作为教育专款落实起来却并非一帆风顺。如何巩固并扩大既有的成果，使教育经费独立真正落到实处以解决河南教育发展困难，是当时河南教育界面临的又一个难题。面对这一难题，河南大学又做出了不懈努力。

四　采取措施保证教款顺利征收

教育经费独立政策确立以后，面临的首要问题是经费在实际操作中的征收和利用问题。基于这种情况，河南省政府与财政、教育两厅协调

[①] 河南省长公署：《河南省长公署令第425号》，《河南教育公报》1923年第2卷第3期。

后，于1922年成立了管理教育经费的专门机构"河南教育专款监理委员会"，负责人称为事务主任。1928年，河南教育专款监理委员会改组为河南教育款产管理处，负责人改称处长。① 直到1941年抗战期间，由于国民政府宣布契税收归国有，河南教育经费独立才宣告停止。②

从河南教育专款监理委员会设立起，历经改组为河南教育款产管理处，直至1941年因为政策原因宣布完成使命止，其间由李敬斋、何佛晴、王怡柯、杜俊、林伯襄相继担任主要负责人，其中杜俊曾两次负责。需要说明的是，除了何佛晴外，其他5个人的职业生涯都与河南大学有着极为密切的联系。从这个意义上说，河南教育经费专款在征收和利用中逐步完善的过程，也是河南大学对河南教育经费独立进一步做出贡献的过程。

李敬斋，河南汝南人。曾经和凌冰、杜俊、杨震文等于1913年由河南留学欧美预备学校选派赴美留学。曾经担任过河南留学欧美预备学校校长、河南中州大学校务主任、河南大学校长、河南省教育厅厅长以及河南省民政厅厅长等职务。③ 正是在其中州大学的任上，被任命担任河南教育专款监理委员会首任事务主任一职。由于李在教育专款监理委员会任事不久就另谋他职，故其在任期间，对于教育经费征收政策的影响不大。

何佛晴（字南凯），河南信阳人，河南高等学堂理科毕业。曾担任河南省立豫南师范学校校长、省立第一中学校长、河南省财政厅科员、河南督军公署顾问、河南善后总局参议、河南省教育厅科员等职务，④ 对财务非常熟悉。1922年至1927年担任河南教育专款监理委员会事务主任。⑤

王怡柯（字柄程）在担任河南省教育专款监理委员会事务主任之前，曾一度担任河南中山大学法科主任，以善于理财著称。正是在王到任不久，河南教育专款监理委员会改制为河南教育款产管理处。王后来曾与梁漱溟合作参与河南村治学院的建设工作，河南村治学院停顿后应韩复

---

① 李光普：《河南教款独立七年来之经过》，《河南教育（教育经费专号）》1929年第2期。
② 《河南契税收入划为专款》，《豫教通讯》1947年第5期。
③ 张振江等：《薪火集——河南大学学人传》，河南大学出版社2002年版，第297—300页。
④ 河南中州大学：《中州大学一览》，中州大学内部资料，1923年，第2页。
⑤ 荣典岑、胡禹山、关超万：《河南教育经费独立始末》，《河南文史资料》1981年第5期。

榘邀请去山东邹平县继续办理乡村教育事宜，在邹平县县长任上因病去世。①

杜俊（字秀升），河南汲县人。河南高等学堂毕业后曾经在卫辉担任中学教员，后赴美国留学，先后获得文学学士和经济学硕士学位。归国后应邀到河南省立中州大学任教，在中州大学任教的同时还兼任河南省长公署秘书、河南省财政厅顾问等职务。② 1934年8月至1935年4月曾兼任河南大学校长。

林伯襄在当时河南教育界可谓是元老级人物。林伯襄于1878年出生于河南省商城县南溪乡后湾村一个小有产者的读书家庭，其父亲是秀才，他在兄弟六人中是长子。在林伯襄六七岁时，就在其父教导下诵读经书。甲午战争后，林伯襄进入河南优级师范学堂学习，后来，又负笈赴沪，进入吴淞中国公学学习。1908年在中国公学毕业后，返归故乡，在明强学堂执教。1910年，林伯襄应邀到开封，受聘为河南优级师范教习。1911年辛亥革命爆发后，河南都督府成立，任命他为河南教育司科长。其后，他上书河南省议会，向议长陈善同陈述培育新型人才计划，经省议会决议，在河南开封筹办河南留学欧美预备学校并成为首任校长③。林伯襄作为河南大学的创始人彪炳河南大学的史册。至今，为了纪念林伯襄对创建河南大学所做的贡献，在河南大学明伦校区（原河南贡院所在地）专门矗立着他的塑像以资缅怀。

作为在河南大学工作多年的学者，他们凭借对教育的热爱和专业的内行，在河南大学为民国时期河南教育经费的贡献上，书写了绚烂的一页。

从1922年教育经费独立开始，其具体征收过程一直充满曲折。当时面对的困难主要来自三个方面：

首先，在契税征收之初，基层不予配合，同时由于最初契税征收并不和各县官员政绩挂钩，因此，很多县虚与委蛇，对于征收契税百般推脱，"各县知事征收不力，或悉数挪用或累月不解分文。致学校经费积欠

---

① 王敏：《乡建派人士王炳程》，《河南文史资料》1992年第4期。
② 河南中州大学：《中州大学一览》，中州大学内部资料，1923年，第5页。
③ 徐玉坤：《河南教育名人传》，河南人民出版社1989年版，第223—225页。

至五六月之多"①。由于制度不完善，就有地方官员或士绅推荐亲信充任契税征收人员，以便自己能够从中分肥。或者有些地方官员干脆自己担任契税征收人，以达到截取契税谋取私利的目的。如果教育款产管理委员会要求撤换这些人员，他们要么捏词控告，要么百般阻挠。再则地方各机构也经常干涉契税，对契税随意附加，使契税征收的计划难以预算。如王怡可所言："民众瞒值短税，匿契不税，惩办则怨声起；再上则有村长、区董等之荐人充当行户，从中分肥，或自兼支发行所，以截税营利，巡行撤换，则或捏词控告，或设法阻挠；再上则地方各机关时有干涉契税，随意附加，既难勾稽，尤难税收。"②而且，如前所述，由于契税征收与地方各级官员之间并没有什么利害关系，他们对上述现象也几乎置若罔闻。而有些地方官员如果自身利益与契税相关，他们就通过权力和关系对契税征收进行操纵，消极反对契税。以上种种，"皆直接足以制教款收入之死命"③。因此，当时河南很多人士把"契税"戏称为"气税"。

其次，天灾人祸也是导致契税难以征收的重要因素。王怡柯称："时局之变动，天灾之流行，为害尤烈。光潢五属，宛南十三属，自来为契税深厚之源泉，兵燹之余，其收入且不及豫西之小县。加之秋禾不成，麦种延期，人民纳税力，实已枯竭。而变乱之余，以往之财产，保障至为薄弱，人民咸以有产为累，置产为忌。又税捐日重，负担难堪，攫于得不偿失，均足为房田交易之最大障碍。"④而在河南的军阀为了谋取军需，视已经规定的教育专款为具文。比如，曾经发出"马电"提议扩充教育经费的吴佩孚，于1926年9月6日，电催河南财政厅厅长温廷然速解四十万元，限十日内解到。温廷然收到电报后，因为无法满足吴的要求而非常恐慌，无奈立即具呈辞职。而此时，河南省财政已陷入万分困窘境地，甚至想预征1927年的地丁等税收。河南省官立学校已经欠薪八个月，秋季虽然已经开学，职教员却不发分文。于是都消极罢课不上讲堂。在这种情况下，初小和高小改为私塾者甚至占据了十分之七。⑤

---

① 佚名：《教育经费与积欠款项》，《河南教育公报》1922年第2期。
② 王怡柯：《管理全省教款一年来之回顾及将来希望》，《河南教育》1929年第1卷第13期。
③ 王怡柯：《管理全省教款一年来之回顾及将来希望》，《河南教育》1929年第1卷第13期。
④ 王怡柯：《管理全省教款一年来之回顾及将来希望》，《河南教育》1929年第1卷第13期。
⑤ 《中州政闻》，《大公报》1926年9月20日第2版。

最后，地方政权的强力干涉也是契税一直得不到保证的一个重要原因。据时任河南教育专款监理委员会文书科长荣典岑回忆，由于当时典当的很多典主对当契并不重视，契税收入很少，但是，随着以后契税收入倍增。契税这一块肥肉就受到各个方面的觊觎，财政厅也开始时常惦念着将契税收回。当时河南省政府秘书长李筱兰为了掌握契税收入，甚至强行向教育专款管理处处长王怡柯推荐心腹。①

另外，在改制为教育款产管理处之前，教育专款管理委员会只有监督和分配的权力，而无征收权。而负责征收契税的专员，要么是各县的地方乡绅，要么是稍有关系的人推荐而来。因此，对于契税的征收，虽然不无兢兢业业、奉公守法之人，但大多数却是"恃乡绅之资格，假荐主为护符，对于一县收入，形同割据，势若采邑，应解税款，及例行表册，均积历数月不报，甚至私自营运，从中取利焉。会中命令，视同具文，其能力大者，或兼任地方要职，或来汴任事，委人顶替，呈名分肥，遇有违法撤办时，则托人说项，或嗤语示威，以冀闻者裹足，不敢接办。这种恶霸，被称为'坐山老虎'"②。

在这种复杂的政治环境下，河南大学通过对河南各级政府政策制定的影响，为河南教育经费独立落实做出了巨大贡献，也对民国时期河南教育发展做出了巨大贡献。河南大学教授王怡柯、杜俊和林伯襄等人在复杂的政治环境下，充分利用各自的聪明才智，发挥了重要作用。

何佛晴在任期间，是河南教育经费独立的起步时期，也堪称最为步履维艰的时期。当时的契税主要是由各个县征收，没有设置专门的征收机构。在这种情况下，很多县的大小官员上下其手，互相勾结来侵吞契税。③ 基于此，何佛晴向省政府和财政、教育两厅提出建议，设立专门的契税征收局。由各县校长联合推荐3名契税征收人员。④ 虽然这一措施的效果有限，但使契税征收工作开始日渐有起色，而且，契税局的设立也为何的继任者王怡柯的改革做了一个很好的铺垫。

---

① 荣典岑、胡禹山、关超万：《河南教育经费独立始末》，《河南文史资料》1981年第5期。
② 王怡柯：《管理全省教款一年来之回顾及将来希望》，《河南教育》1929年第1卷第13期。
③ 荣典岑、胡禹山、关超万：《河南教育经费独立始末》，《河南文史资料》1981年第5期。
④ 荣典岑、胡禹山、关超万：《河南教育经费独立始末》，《河南文史资料》1981年第5期。

继何佛晴之后,1927 年 11 月 26 日,王怡柯担任了该机构的主要负责人,而后随着机构改制,王担任河南教育款产管理处首任处长。王氏在位期间,大刀阔斧地采取了一系列既有利于契税征收,又不扰民的措施。

首先是扩大了教育款产管理处的权力。教育款产管理处原来并没有聘任或辞退契税专员和局长的权力,王氏担任处长后,为了确保教育经费能够有效征收,通过与河南省政府以及教育厅协商,要求"用人行政付予全权",① 把这一权力争取过来以后,王对各县原有的专员进行了一系列整顿:积极工作的继续留任,否则予以撤销;凡是不违法扰民,而且能够保证税收现状或促使增长的人,随时给予嘉奖;而工作不尽力或者营私舞弊者,则处罚后即撤职。②

这些措施实施后,原来专员是否贤能,都一一暴露出来。随着制度的实施,在任用人员方面也逐渐有了统一标准,契税征收日渐严格,很多地方专员无利可图,只有开始逐渐按月上交,慢慢地也不存在拖欠积压了。③

面对各县知事百般推诿和契税局不作为的现象,王怡柯于 1928 年开始采用考试选拔管理人员的办法。投考者考试通过后,进行系统训练,传授契税必须掌握的知识,期满后分配到各县担任契税征收专员,随着工作能力的增强,就把这些人委任为各县的契税局长。其后,"派充各县局长,虽不必尽能称职,然可随时更换;对于处令,则奉行维护,尚无以前抵抗延玩之恶习"。到 1928 年 12 月,河南 100 多个县中,有 70 多个县的契税局局长都是由教育款产管理处直接委派的。④ 这一措施保证了契税征收工作的有效展开。王也颇为自豪地说:"迄今各局长更易者凡七十人,颇有指臂相使之效。"⑤

针对当时南阳十三县和光潢五处地方军阀独大,契税无法征收的情况,王怡柯一方面积极与河南教育界同仁协商,请张鸿烈和阮春波到北

---

① 荣典岑、胡禹山、关超万:《河南教育经费独立始末》,《河南文史资料》1981 年第 5 期。
② 王怡柯:《管理全省教款一年来之回顾及将来希望》,《河南教育》1929 年第 1 卷第 13 期。
③ 王怡柯:《管理全省教款一年来之回顾及将来希望》,《河南教育》1929 年第 1 卷第 13 期。
④ 王怡柯:《管理全省教款一年来之回顾及将来希望》,《河南教育》1929 年第 1 卷第 13 期。
⑤ 王怡柯:《管理全省教款一年来之回顾及将来希望》,《河南教育》1929 年第 1 卷第 13 期。

京和这些军阀的驻京代表通融；另一方面通过函电的方式直接和军阀交涉，最终把这些地方的契税也收了回来。①

随着契税收入的逐步增加，逐渐成了人人都想吃一口的"肥肉"。当时，河南省政府秘书长李筱兰利用驻军势力，强迫接收了沁阳县契税局，王怡柯对此予以抵制，并联合全省教职员联合会据理交涉，又把沁阳契税局收回。②

作为教育款产管理处首任处长，王怡柯的努力不仅扩大了河南教育款产管理处的权力，从制度上保证了教育专款征收工作的展开。还创造性地通过考试选拔的办法，使河南教育界拥有了一大批掌握契税基本知识且能为教育专款管理处所用的工作人员，为以后教育款产管理处工作的顺利开展奠定了基础。而且，在一定程度上，通过联合教育界对政府不合理要求和行为的抵制，维护了教职员工的权益和尊严。王因为在河南教育经费独立方面的贡献被社会评价为"对契税的兴革，擘划最多"。③

继王怡柯之后，杜俊两次担任河南教育款产管理处处长。在两次任期上，杜俊首先延续了王怡柯的政策，继续办理契税人员训练班，使契税管理人才不至于产生断层。同时，杜俊努力补充款产管理处的缺额人员，并清理了教职员历年的欠薪，从而最大限度地保证了学校教学秩序的顺利进行。④

林伯襄对河南教育经费独立的贡献主要表现在通过降低契税税率、提高人们缴税的积极性来增加契税收入，从而使教育专款有了相对充足的保障。由于契税本身的特殊性，"典主对当契多不重视，每与勘丈员勾通，隐匿不报"。⑤面对这种情况，契税局也无法强迫他们必须上报，同时，也不能宣布他们的产权无效。这种状况导致的直接后果是，虽然教育有了专门经费之名，但经费仍然收不上来，也因此很难满足当时教育发展的需要。林伯襄在任期间，在查明了存在的问题后，建议"减低税率和罚项，以广开税源。当时很多人不以为然，认为一经降低，将更加

---

① 李光普：《河南教款独立七年来之经过》，《河南教育》1929年第1卷第13期。
② 荣典岑、胡禹山、关超万：《河南教育经费独立始末》，《河南文史资料》1981年第5期。
③ 荣典岑、胡禹山、关超万：《河南教育经费独立始末》，《河南文史资料》1981年第5期。
④ 荣典岑、胡禹山、关超万：《河南教育经费独立始末》，《河南文史资料》1981年第5期。
⑤ 河南省教育志编辑室编：《河南教育资料汇编·民国部分》，内部资料，1984年。

影响税收。然而，由于税率降低而产权却有了法律保障，过去长期隐匿不愿意缴纳税者大多都愿意补税。经过他的整顿，契税收入稳步增长，河南教育经费也相应得到了保障"①。

在河南大学的推动下，河南教育经费独立的实现，保证了教育专款的顺利征解，河南大学在抗战之前也成为教育经费独立政策的直接受益者。1932年7月，《申报》就河南大学经费保障情况报道："省立河南大学……经费不受国库支配，设省立经费管理处管理之，处长由河大校务主任兼任。故年来国校经费极形恐慌，而河大经费，异常稳固。该校分设文、理、法、农、医各学院，教授邵瑞彭、邰爽秋、李赋京、虞冀野等二百余人，学生一千余人（附属高中另有五百人）。该校常年经费五十万元左右，最近以十五万元建筑大礼堂一所，足见该校经费之宽裕。教授待遇，最高额三百元、最低二百二十元；副教授二百元；讲师最高二百元、最低一百六十元；助教最高一百二十元、最低六十元。"② 教育经费的独立，也成为吸引很多优秀教师到河南大学任教的基础。当时有学者到河南大学考察发展状况后，就把河南大学能够吸引教师来校任教归功于河南教育经费的独立。在其报道中云："豫省教育经费是独立的，各校的预算只要通的过，经费的领取是毫无问题的。这是别处所少见的。河南大学蒙此便利，得以减少许多莫须有的困难。譬如教职员的薪水，简直可为按时发放的保票。平常每月三日，就发上月的薪水。如今阳历新年，便提前于十二月卅一日发放。一月份因寒假关系，当月十二日就发出。这一点的关系似小实大，有些人为着薪水有保障，都乐于来此。"③

同时，正是依靠教育经费独立，初步解决了河南基础教育发展中财政供给力不足的问题，有力地推动了当时河南小学教育的发展。一个显著的例子是，到1929年，在很多比河南富庶的省份，如湖北、山东、广东等省份小学生数量减少的情况下，以河南这一战乱频繁且比较贫穷的内地省份，小学生数量和1923年相比较，竟然出现了巨大的增长。当时

---

① 陈高衡：《献身教育事业的林伯襄》，《河南文史资料》1981年版第5期。
② 《省立河南大学近讯》，《申报》1932年7月21日第3版。
③ 李锡珍：《谈谈河南大学》，《年华》1933年第2卷第10期。

有学者感叹:"山东省六年间骤减小学生四十六万多人,以河南的贫瘠则反增二十七万多人,这是多么可惊异的现象!"[1](见表2-2)

表2-2　　1923—1929年部分省区小学学生数目增减状况比较

省 份	1923年小学生数	1929年小学生数	增减数目
江 苏	403770	669493	+265723
浙 江	421024	579094	+158070
湖北(含汉口)	216843	122327	-94516
辽宁(旧奉天)	320521	601199	+290668
山东(含青岛)	790558	330347	-460211
广 东	400292	341631	-58661
吉 林	61981	131396	+69415
河 南	289421	561049	+271628
新 疆	3608	5477	+1869
黑龙江	50987	64034	+13047

资料来源:根据商务印书馆编《最近三十五年之中国教育》1931年版,第29—30页资料编制而成。

总之,以王怡柯、杜俊、林伯襄等为代表的河南大学学者,在教育经费实现独立的基础上,通过和河南省相关部门的博弈,采取种种有力措施,在建立契税局的基础上,掌握了教育专款征收的用人权;采用考试选拔的方式培训契税专门人才而基本改变了地方政府或士绅任人唯亲、中饱私囊的不良现象;通过适当的方式与省政府部分官员和豫南豫西南军阀博弈等,扩大了作为教育专款的契税收入面,增强了河南教育界对河南教育经费的调控能力和汲取能力。在民国时期动乱复杂的河南社会政治环境下,河南大学对于争取河南教育经费独立所做的努力,影响了河南地方政府一系列财政政策的制定,在保证自身持续发展的同时,也有力地促进了河南教育的发展。

---

[1] 吴研因、翁之达:《三十五年来中国之小学教育》,载商务印书馆编《最近三十五年之中国教育》,上海:商务印书馆1931年版,第30页。

第二节　与地方社会良性互动的
硕果："廉方教学法"

民国建立后,"中国教育近代化进入一个新的历史时期：封建专制政体的崩溃,使得由它所支撑的价值观念、社会心理、道德规范以及与此相适应的传统封建教育的各个层面统统失去了依托,处于前所未有的备受冲击和挞伐的境地,由此催发了民初教育的新气象"[①]。与之相适应,新教育的内涵也发生了质的变化,即开始以"追求民主、崇尚科学、强调实用、求新知于世界等等"[②]为主要标志。而作为整个教育体系中的基础,小学教育的改革被时人提高到了相当重要的位置上,其中,小学教学法也成为当时人们所关注的焦点。

1932 年至 1937 年是中国中小学教育教学改革的大发展时期,在这一时期,相当多高等院校利用自身人力资源的便利条件对中小学教学法进行研究和推广。如东南大学以东南大学附中为基地进行道尔顿制的实验和推广,南京高师在其附小持续进行了十几年的设计教学法实验,等等。然而,一个不容忽视的事实是,当时对很多新式教学法的实验和推广,主要是在沿海沿江口岸城市所进行的。因此,使得新式教学法中国化探索过程中在地域空间差异形成了这样的巨大反差："一方面是部分地区新教育理论的宣传,教学方法改革的试验,新教材的编写搞得有声有色、热火朝天,另一方面,从全国范围来看,更广大的农村地区的教育却依然是发展缓慢、冷冷清清,等等。"[③]

民国时期,河南省是一个以农业人口为主体的省份,经济落后、农村经济凋敝、中小学新型教学设备匮乏。这一客观现实决定了那些在沿海沿江省份所实验的、需要优秀师资和先进设备的教学法不可能在河南推广开来。

[①] 田正平：《中国教育史研究——近代分卷》,华东师范大学出版社 2001 年版,第 191 页。
[②] 田正平：《中国教育史研究——近代分卷》,华东师范大学出版社 2001 年版,第 192 页。
[③] 田正平：《总前言》,载田正平主编《中国教育近代化丛书》,广东教育出版社 1996 年版,第 13 页。

在这种背景下，在对新式教学法适应性进行反思的基础上，河南大学通过对新式教学法的吸纳、改进和试验，积极与河南地方社会配合，创造了符合河南农村地区现实，乃至广大内陆农村现实所需要的"廉方教学法"。

一 "廉方教学法"的创始人与"廉方教学法"特色

（一）"廉方教学法"的创始人李廉方

"廉方教学法"的创始人是河南大学文学院第一任院长、河南大学教育系教授李廉方。

李廉方（1878—1959），名步青，字廉方，湖北省京山县曹武镇人。其父为晚清举人，以开塾授业为生计养活全家。李廉方6岁起跟随父亲读书，初步奠定了中国传统文化素养的基础。1890年李廉方12岁时，以第一名的成绩考取了湖北安陆府学。后在武昌经心书院和两湖书院学习经史、舆地、格致、天文、地图等。1902年清末新政期间，同黄兴、李书城、张继熙等一同被张之洞派往日本弘文学院学习教育、心理、伦理、教授法等科目。1903年，李廉方因为反清嫌疑被勒令回国。其后，历任两湖师范学堂历史教习、湖北方言学堂教务长兼斋务长、湖北省视学、艺师养习所总理等职务。其间，作为湖北省代表参加清末中央教育会会议。[1]

1912年，李廉方曾经应陆费逵的邀请，到新创建的中华书局担任编辑，先后主编或参编了1914年的《新制修身教本》、1915年的《新制教育史》等书籍。1915年，北京政府教育部成立教科书编纂处，聘请李廉方、陈润霖、黎锦熙等为编纂委员，主要从事国文和修身教科书的编纂与研究工作。[2] 1919年2月，李廉方与蒋维乔、胡适、钱玄同、黎锦熙、吴稚晖等当选为北京政府教育部国语统一委员会委员。[3]

李廉方对基础教育一直非常关注。1920年8月至1922年9月，李廉方在担任河南省教育厅厅长期间，针对河南省基础教育落后的状况，

---

[1] 郭戈：《李廉方的教育试验与开封教育试验区》，《开封文史资料》1992年第12期。
[2] 黎锦熙：《国语运动史纲》，上海：商务印书馆1934年版，第2页。
[3] 郭戈：《李廉方的教育试验与开封教育试验区》，《开封文史资料》1992年第12期。

曾经拟订了一系列计划，力图改革和振兴河南的基础教育。如在他的《新式国民学校计划书》里，已经有了系统筹办河南义务教育、改造国民学校的初步设想。俞子夷在读了他的设想后虽然感觉有些地方值得商榷，但还是由衷地赞赏道："李先生这计划书，在中国官厅方面出版物里，可以算得破天荒的著作；就是民间出版物里也没有和他一样有系统有组织。各方面发表的试验结果近来却也不少，然而都是零星一部分的研究，都没有从全体规划过。这册虽不过十六页，然而可以说我们各方面近十年来的种种研究试验，给他收罗得没有遗漏，并且他融化组织成了有系统的规划。从这计划书上实行去，我知河南省的教育，一定要放一种特别的光彩。我愿河南教育家不要坐视这好机会，我更愿别省谈义务教育的，用他做参考。"① 李廉方曾经想依照自己的设想在几个学校开展试验，但是，由于当时河南时局混乱，加上他的任职时间较为短暂，致使他离开河南的时候计划也没有付诸实施。李自己也在后来不无遗憾地回忆道："回想我十年前在河南教育厅任内，最后一年，办了五个义务学校实验，不到一个学期，我辞了职，实验完全废止，仅在河南小学教育界留了一个空纪念。"②

1929年8月，李廉方再赴河南，担任河南大学（当时被称为河南中山大学）文科主任兼教育系主任，1930年8月，河南中山大学改名为河南大学，李廉方出任第一任文学院院长。从1929年至1937年，李廉方一直在河南大学工作。③ 也正是在这段时间里，李廉方面对国外很多教学方法在内地农村小学教育实践中水土不服的状况，经过多年的理论和实践研究，形成了自己独特而系统的"廉方教学法"，并以河南开封乡村为实验基地进行实验。可以说，这一时期是李廉方教育事业的顶峰期，他和他的由河南大学师生所组成的团队所从事的小学教学法试验成果为当时社会各界广泛接受，从而不仅促进了河南小学教育的发展，也使得河南大学成为抗战爆发前中国小学教学法改革的一大重镇。

1938年初，日军进犯中原，李廉方所从事教育实验的开封教育实验

---

① 俞子夷：《和李步青先生讨论新式国民学校计划书》，《教育杂志》1922年第14卷第1期。
② 李廉方：《写在本区教学实验报告之前》，《开封实验教育季刊》1935年第1卷第1期。
③ 郭戈：《李廉方的教育试验与开封教育试验区》，《开封文史资料》1992年第12期。

区被迫迁往豫西南镇平，后由于经费和战乱等原因而停办。

（二）"廉方教学法"的特色

从"廉方教学法"的出发点以及教育对象、班级编制、课程设置、教材、教法等方面可以看到"廉方教学法"的特色。

李廉方考虑到广大农民生活拮据、农民子弟在农忙时候无法上学这一状况，把节约农民教育开支、节省农村孩子上学时间以及适应农村孩子入学时间参差不齐作为实验研究的出发点。因此，在学习时间上，规定二年半时间完成国民政府教育部所规定的四年的初小课程，三年半时间，完成整个小学六年的课程。① 可以看出，"廉方教学法"主要是基于农民子弟上学没有规律和节约农民教育开支而制定的。二年半时间完成四年初小课程以及三年半时间完成六年高小课程，可以使广大农民子弟在较短时间内完成所规定的学习内容，这是"廉方教学方法"的一大特色。

"廉方教学法"的教育对象主要是农村贫苦儿童。李廉方选择了开封郊区的大花园村和杏花园镇的儿童作为教育对象。大花园村是一个非常穷困的乡村，全村百分之九十的村民为佃农，业余时间兼做挑夫为生，杏花园镇则是生活极为困苦的小手工业者聚居的地方。这两个乡村的儿童因为要帮助父母劳作，经常发生缺课事件，在这种情况下，也养成了不遵守学校秩序和不讲卫生的习惯。为什么要在这一贫穷落后的地方进行试验？在李看来，"专择该处实验者，以为对如此环境能谋适当解决，其实验方法之结果，自更便于他处推行也。"② 可以看出，之所以选择这样的艰苦环境做实验，答案只有一个，就是当时的实验者认为，在艰苦的地方如果实验能够成功，更便于日后对这种教学法的广泛推广。

在班级编制上，学校并没有按照年级制分级，而是按照学习时间长短，把学生分为低、中、高三级。第一期和第二期为低级，第三期为中期，第四、五、六期为高级。每期授课时间为十七至十八周，较普通小

---

① 《开封教育实验区实验新教学法成功——以三年半完成六年课程》，《大公报》1936年10月29日第10版。

② 李廉方：《开封教育实验区的两个小学》，《儿童教育》1936年第7卷第4期。

学学时短。其中，低级每天授课 200 分钟左右，中、高两级每天授课 270 分钟左右。①

在课程设置上主要从"合科课程"与"练习课程"的单元活动上表现出来。考虑到"合科课程"与"练习课程"在内容上既存在着差异，也可能会有重复之处。为了防止在实验中出现偏差，耽误学生学习。"廉方教学法"强调要注意三点。首先，不要勉强人为地把两种课程中的不同知识生搬硬套地相互拉扯进来，以免损害教材本身的固有价值。其次，由于人的能力和精力本身就是有限的，因此，在"合科课程"教授过程中，所有的"合科课程"不能仅仅只让担任"合科课程"教学的老师一人承担，与"练习课程"所重复的，应当由专科老师来承担和教授。各科老师要经常相互联系，交流"合科课程"与练习课程的异同点，以免丧失了某些学科的独立价值。最后，像唱歌、游戏等属于"练习课程"，但学生已经熟悉的教材，可以作为"合科课程"教授过程中的调节活动放在合科课程中利用一二分钟时间进行。劳作课程相对具有灵活性，既可以放在"合科课程"中，也可以放在"练习课程"中，主要视具体情况灵活制订。②

教材方面，学校不采用统一课本，而是利用灵活形式自编教材。不仅国语和常识没有分开，而且还把劳作、游戏和算术融会贯通起来，只是鉴于算术的特殊性，在不同阶段进行算术教学。同时，把学生的身体、家庭、学校、所居住的村庄、各种纪念日以及不同季节作为活教材。另外，把各种儿童读物进行选择和注解后，作为中高年级学生的阅读教材，同时，把实际生活学习所得制成卡片以使学生加深印象。③

教学方法方面，分为低级单元活动和中高级单元活动。低级单元活动针对低级学生为主，主要让学生从游戏中和比赛中认识文字，初步认识 1300 个左右生字之后，即开始进入中级阅读阶段。在中级阅读时候，

---

① 《开封教育实验区实验新教学法成功——以三年半完成六年课程》，《大公报》1936 年 10 月 29 日第 10 版。

② 李廉方：《在镇平演讲录》，载郭戈编《李廉方教育文存》，人民教育出版社 2006 年版，第 502 页。

③ 《开封教育实验区实验新教学法成功——以三年半完成六年课程》，《大公报》1936 年 10 月 29 日第 10 版。

首先让学生学会查字典，然后以字典为工具，在老师辅导下进行有选择的阅读。进入高级阶段即让学生开始自由阅读，老师不过多干预。但学生所阅读的每一本书籍，老师都同时编排有阅读引导，并且事先给学生预设了很多问题，让学生有针对性地阅读。①

值得注意的是，"廉方教学法"虽然吸纳了当时国外很多小学教学法的成果，但却是针对河南农村文化教育落后这一现实而对这些新式教学法进行吸纳和内化后的扬弃，既不同于"设计教学法"，也和"道尔顿制"大相异趣。

"设计教学法"虽然对于教材也进行了类似于"廉方教学法"这样的选择，但在教法上仍然沿袭着按照班级教授的路子，而"廉方教学法"则突破了按照班级进行授课这一惯例，并没有像普通学校那样分为固定的班级。虽然"廉方教学法"也像"道尔顿制"一样打破了班级制，并且让学生自由阅读，但是，开始阅读的时候学生已经通过初级阶段认识了很多字，且学会了使用字典这种工具，不像"道尔顿制"那样因为过度放任而被时人戏称为"逃而遁制"。同时，由于每个学生个人读书进度都是自由的，因此学生的读书兴趣不会衰退且教师能根据不同学生进度做到因材施教。另外，由于学生阅读的每一本书都有详细的"阅读导引"和老师预设的问题，每个学生的学习都始终在老师的控制之下，而不像"道尔顿制"那样每本书仅有导言，从而造成学生阅读过程中由于放任而走马观花，效果不大。②

"廉方教学法"的成功除了河南大学部分师生的努力外，在整个过程中，充分体现了河南大学与河南地方政府的良性互动。

一 "廉方教学法"实验前后与地方政府的互动

1930年中原大战结束后，刘峙于该年10月7日担任河南省政府主席，③刘峙到河南省不久，针对中原大战后河南千疮百孔的局面，即提出

---

① 《开封教育实验区实验新教学法成功——以三年半完成六年课程》，《大公报》1936年10月29日第10版。

② 《开封教育实验区实验新教学法成功——以三年半完成六年课程》，《大公报》1936年10月29日第10版。

③ 刘峙：《我的回忆》，台北：文海出版有限公司1982年版，第116页。

了一系列改进政策。其中，对儿童教育的改进也作为其施政方针的重要组成部分被提了出来。刘峙认为，儿童教育为国家的基础教育，办理情况关系着整个下一代的国民。基于这种考虑，刘峙下令罗致各方面的儿童教育专家，制定出符合河南儿童身心发展的教育计划。① 在刘峙的直接干预下，自1931年起，河南省政府联合河南大学，开始把刘峙的这一指令逐步付诸实施。

经过调查，河南省政府发现，河南的小学教育存在着训育和教育相分离、知识与实践相脱离、学校与社会相割裂等问题。发现这些问题后，河南省政府决定举行全省教育会议，商讨解决办法，并饬令河南省教育厅尽快制定出改进小学教育的方案。②

该年，在河南省工作计划中，创办实验小学来实验当时业已存在的最新教学方法，以便能够适应河南社会小学教育的需要，作为重要组成部分被提上日程。而后，河南省政府决定成立河南省小学教育指导部，聘请李廉方等9人担任指导员，着手对新式教学法进行实验研究，以便以后进行推广。③

1932年"一·二八"事变后，在上海任教的邰爽秋应聘到河南大学教育系担任教授。到河南不久，邰就计划在开封从事一项教育与农业，特别是教育和手工业相结合的实验。按照邰爽秋的设想，开封教育实验区最初的规模是相当大的，既包括了实施具体小学教育的大花园村和杏花园镇，又包括面向整个开封小学阶段的卫生教育委员会和儿童教育馆。另外，还要设立没有特定服务对象的教材编辑部、教具制作部和出版编辑部等。④

当时，河南省政府秘书长张廷麻和邰氏是故交，邰托张向时任河南省政府主席的刘峙建议，由河南大学与河南省教育厅联合办理一个教育实验区。刘峙同意以后，先由邰爽秋草拟了一个实验草案，报经河南省政府批准，然后成立开封教育实验区委员会，由邰爽秋和李廉方共同

---

① 刘峙：《我的回忆》，台北：文海出版有限公司1982年版，第124页。
② 民国河南省政府秘书处：《河南省政府年刊》，内部资料，1931年，第19页。
③ 民国河南省政府秘书处：《河南省政府年刊》，内部资料，1931年，第20—22页。
④ 李秉德：《廉方教学法实验始末》，《河南文史资料》1993年第3期。

负责。①

1932年4月29日,河南省教育厅联合河南大学针对开封城厢小学教学和民众教育试验拟定了试验区委员会章程:

> 开封城厢小学及民众教育试验区委员会章程
>
> 河南省教育厅、河南大学制定于二十一年四月二十九日呈河南省政府备案
>
> 第一条:河南省教育厅为改进并扩充开封城厢小学及民众教育试验各项教育计划及制度,特商同河南大学合办开封城厢小学及民众教育实验区。
>
> 第二条:本区管辖之范围,为开封城厢全部省立之小学校及其他民众教育机关。
>
> 第三条:本区委员会设委员九人,由河南省教育厅厅长商同河南大学校长,聘请专家组织之。
>
> 第四条:本区委员会职权,限于设计研究试验区调查视导等项。关于各机关人员之任免及奖惩,得请由教育厅酌办。
>
> 第五条:本区委员会设常务委员一人,由全体委员互推之,执行本会决议,办理一切事物。
>
> 第六条:本区委员会设职员及实习员若干人,分任设计及各项事物。
>
> 第七条:各职员,除实习择由河南大学教育系及省垣各师范最高年级学生担任外,均由常务委员提请委员会决议,转请教育厅选委之。②

从拟订的章程看,最初计划实验的对象比较宽泛,涵盖了开封城厢所有省款设立的小学,同时,既包括小学教育,又覆盖民众教育,这些在该年所公布的《河南省政府年刊》上就有着明确体现。在该年《政府年刊》上,以明文的形式认定河南省教育厅与河南大学合作创办开封城厢教育

---

① 李秉德:《廉方教学法实验始末》,《河南文史资料》1993年第3期。
② 民国河南省政府秘书处:《1932年河南省政府年刊》,内部资料,1932年。

实验区和民众教育实验区，聘请邰爽秋、李廉方、徐侍峰、王海涌和赵子杰为实验区委员。实验区所管辖的机构，既包括了当时河南开封城区所有省立小学，又把所有民众教育机构都囊括进来。① 虽然以后李廉方所进行的主要是小学教学法改革的实验，但可以肯定的是，正是因为这一章程的拟订，使以后"廉方教学法"的试验在经费、人员配备等方面有了制度上的保证。

可以看出，该章程的确深深打上了邰爽秋思路的烙印。抗战爆发前一直跟随李廉方从事教育实验的李秉德回忆道："李先生和邰先生的想法是不大一样的。邰先生想的大，要搞的是生产教育；李先生想的细，想要搞教学改革。原来的大花园教育村按邰拟定方案设立了三个股：一个是生产股，下面有各租用的农场；一个是合作股，下面有各合作社，最后是教育股，原以全村居民为教育对象，还单设了一个实验学校。"②

然而，章程刚刚公布不久，邰爽秋就又远赴上海大夏大学任教。邰爽秋走后，开封教育实验区就主要由李廉方一个人来负责了。李廉方负专门责任后，即改变思路，把精力集中在小学教学方法改革上。经过考察，李廉方选择了前面提到的大花园村和杏花园镇作为实验基地并对这两个村镇进行了详细调查。

在李廉方进行调查的基础上，作为筹备工作的重要组成部分，首先要对教育实验区的各种情况进行调查统计。调查统计共包括菊花展览会实施调查、工作科成绩调查、训育实施调查、小学课外作业订正方法调查、中小学学生色盲调查以及小学现有状况调查六大项。其中，训育实施调查和小学课外作业订正方法调查工作，主要是由河南大学教育系学生负责。③

河南大学教育系的学生利用课余时间，分别对训育实施情况和小学课外作业订正方法进行了详细调查。根据实验要求，具体调查了训育目标、训育行政组织、训育实施状况、训育考察办法以及训育中出现的问

---

① 民国河南省政府秘书处：《1932年河南省政府年刊》，内部资料，1932年。
② 李秉德：《廉方教学法实验始末》，《河南文史资料》1993年第3期。
③ 郭戈：《李廉方教育思想研究》，教育科学出版社1995年版，第74页。

题等方面。关于小学课外作业订正方法，亦根据作业的要求，对将要实施实验学校小学生的作文、日记、大字、小字、算数和国语笔记六项进行了分类调查。① 河南大学教育系学生这些调查，不仅为以后教育实验的开展提供了丰富的资料和充足的准备，也锻炼了自己教育实践的能力。

随后，在实验启动后，河南大学很多师生参与到实验中来并做了大量工作。正如笔者在前面所叙述的，河南大学教育系在校学生参与了大量的工作。另外，很多河南大学的教师和毕业生也参与其中，有力地促进了整个实验的顺利开展。比如，著名教育家李秉德当年就全程参与了整个"廉方教学法"的实验过程，而开封教育实验区的成立与当初在河南大学担任教授的邰爽秋也有一定关联，虽然在后来的发展方向上有所差异。同时，除了李廉方之外，时任河南大学校长的许心武、河南大学教育系主任徐佚峰、河南大学教育系教授郑若谷等，都极力倡导。② 在实验区准备开办之初，河南大学教授徐佚峰、张子岱多参与其中，做了大量实质性的工作。在整个实验启动以后，"河南大学教授孙祥正主持负责实验区卫生教育委员会，与河南省教育厅卫生科合作，负责学校的清洁卫生、疾病预防等事项；在教育实验过程中的多项教育和心理测验，都是在河南大学教育系教授王正葵的主持下完成的"③。可以说，在整个实验前后，河南大学对教学法实验的成功贡献良多。

从大学与区域教育发展关系的角度看，"廉方教学法"的实验及成功，无疑是河南大学与河南地方社会良性互动的一大结果。

在当时的情况下，河南地方政府的支持是"廉方教学法"得以成功的一个重要因素。主政河南的刘峙把改进河南儿童教育作为其施政方针的重要组成部分使"廉方教学法"能够施行而无后顾之忧。刘峙主政河南长达5年之久，他的支持，在一定程度上保证了"廉方教学法"实验的稳定性。这一时期，在教育实验倡导阶段，先后担任河南省教育厅长的张鸿烈、李敬斋等较早提出建立教育实验区的动议，而在齐真如担任

---

① 李廉方：《本区一年来工作报告》，《开封教育实验月刊》1933年第1卷第1期。
② 郭戈：《李廉方教育思想研究》，教育科学出版社1995年版，第77页。
③ 郭戈：《李廉方教育思想研究》，教育科学出版社1995年版，第81页。

河南省教育厅长的时候实验区得以建立。①

在实验取得初步成功后,河南省又立即以积极的姿态予以推广。1936年10月,当"廉方教学法"第一阶段的"二年半制"实验成功后,河南省当即召开地方教育行政会议,规定全省各县均必须设实验班一班,采用"廉方教学法"。并规定了学习"廉方教学法"的具体办法:"第一,各县由教育局长酌量情形,筹设实验班一班,由教育局直接办理,或由教育局长指派某一县立小学划定班实验;第二,由教育局派一位到二位教师到开封教育实验区所办之大花园、杏花二实验小学参观学习,其用费由教育局负担;第三,请教厅令开封教育实验区予各派来参加人员以指导及实习机会;第四,自十一月份起,各县即开始遣派参观人员,参观时间以一个月为限,下学期各县即设立实验班。"② 令人遗憾的是,这一办法因不久以后抗战爆发而没有推广开来。

总之,正是因为河南大学与河南地方社会的良性互动,才使"廉方教学法"得以顺利成功,也使河南大学为民国时期河南小学教育的改进做出了不可磨灭的贡献。

三 "廉方教学法"的影响

在河南省政府以及相关部门的支持下,经过李廉方以及河南大学部分师生的努力,"廉方教学法"获得了巨大成功。

在实验第一学期结束的时候,教学实验组的成员曾将各个实验小组分为甲乙两组,对接受实验学生的学习结果进行评估。其中,甲组为入学一学期的初小一年级学生,乙组为入学一学年的初小一年级学生。甲组认识的字数为568个。而一般小学第一学期采用国语课本,所有未参与实验学生大多识字量为200—300个。两相比较,识字率比例约为2:1。乙组识字数目为1030个,大约相当于当时初小《国语课本》所有生字之和。在算术测试中,平均每人在二十分钟内做对题目为22.7,用同样的材料测验所受同等教育、但没有参与实验的学生,这些学生在同一时间

---

① 郭戈:《李廉方教育思想研究》,教育科学出版社1995年版,第88页。
② 《豫各县设实验班采用李廉方氏方法》,《大公报》1936年11月7日第6版。

内平均每人做对题目为17.6，相差为5.1。①

曾经亲自参与"廉方教学法"全过程的李秉德回忆道："在两处极贫穷的农村和小手工业集中的地方脚踏实地地搞实验。时间把他的方法的效力渐渐地显现出来，事实昭示他训练出来的学生在各方面进步都比一般学校快得多。他从整体改造和国情出发，在课程、教学编制、教学历程、教法、学龄和教学时间诸方面的实验与现行的教学体系不大相同，而且效果极佳。"② 在实验开始后不久的1933年，教育部督学戴夏和周帮道视察大花园村和杏花园镇的教育实验，就认为该实验"理想新颖，设计周密，将来对于小学及民众教育之实验，当有可观的成绩"③。1935年4月，黄炎培到大花园和杏花园两所学校参观，对"廉方教学法"极为赞赏，并赠言："昨观大花园，今观杏花园，所用方法，有合于我理想者，有过于我理想者，倾服之至，惟望持久实验，造成一条大众能行之道。"④ 而后，黄炎培在《东方杂志》上发表文章介绍"廉方教学法"时候又强调："这种教具，和种种使用教具的方法，我认为最有价值。"⑤

"廉方教学法"的成功和可推广之处，在于该教学方法主要是以贫穷的乡村子弟为对象，其着眼点在于改进了农村教育水平，适应了当时中国经济落后条件下贫苦学生接受教育的要求。正如李廉方先生自己所言："两校（指大花园村学校和杏花园镇学校——引者注）环境虽不相同，然其恶劣程度，则彼此相等。多数终日难得温饱，家庭教育不良与经济困苦等。凡此种种俱能给予学校教育工作之推动上以相当困难。且本校之收容学生，大抵为来者不拒，并无严格之挑选，以义务教育人人有得享受之权利故。至学校设备，惟除教室必需外，皆极简陋，盖期其将来能普遍于我国一般贫穷之农村也。目今一般小学，其背景均远优于大、杏两校，苟采用此法而用之，其结果必更为优异，可断言也。"⑥

---

① 李廉方：《开封教育实验区的两个小学》，《儿童教育》1936年第7卷第4期。
② 李秉德：《本卷前言》，载郭戈编《李廉方教育文存》，人民教育出版社2006年版。
③ 转引自郭戈《李廉方教育思想研究》，教育科学出版社1995年版，第74页。
④ 黄炎培：《留言》，《开封实验教育季刊》1935年第1卷第2期。
⑤ 黄炎培：《河车记》，《东方杂志》1936年第32卷第12期。
⑥ 李廉方：《开封教育实验区的两个小学》，《儿童教育》1936年第7卷第4期。

"廉方教学法"是民国时期河南大学在现代教育相对落后地区所进行的一项积极而卓有成效的实验,"廉方教学法"的实验及成功,是河南大学对河南社会基础教育发展乃至中国基础教育发展做出的巨大贡献。这一教学法不仅是对西方新式教学法和中国传统教学法的有机调适,而且也是对新式教学法实验活动一直集中在沿海沿江大城市这种畸形地域布局的一个具有积极意义的反动,从而在一定程度促进了现代小学教学法在内地农村学校的传播的同时,也促进了民国时期河南新式小学教育的普及和发展。[1]

也许是因为该教学法对中国广大社会的适应性,1947 年,王秀南在《十年来中国实验教育的回顾与展望》一文中,把"廉方教学法"和晏阳初在河北定县的县政建设实验、梁漱溟在山东邹平县的乡村建设实验、高践四在江苏无锡的民众教育实验、邰爽秋在上海农村的念二社民生教育实验、陶行知的生活教育实验、陈鹤琴在南京鼓楼幼稚园进行的幼儿教育实验以及艾伟在南京万青天才试验学校进行的学科心理实验一并列举为抗战前中国著名的"八大教育实验"。[2]

从大学与区域教育发展关系的角度看,"廉方教学法"的成功,除了凝聚了李廉方本人的心血外,河南大学众多师生的积极参与和河南地方政府的支持,都是保证其成功的不可忽略的要因。因此,"廉方教学法"的成功堪称河南大学与河南地方社会良性互动的一颗硕果。一定程度上,"廉方教学法"中的一些精髓,在当今的乡村教育建设中,仍有很多可取之处。

第三节 对全省中等教育的贡献

民国时期,河南大学与河南省配合,积极投入河南中等教育建设中,不但通过发挥人才培养的职能,为河南社会培养了大批中等教育的骨干

---

[1] 杨涛:《近代小学教育改革本土化的探索——以新式教学法引介为中心》,《中国人民大学报刊复印资料·中小学教育》2011 年第 4 期。

[2] 王秀南:《十年来中国实验教育的回顾与展望》,《中华教育界(复刊)》1947 年第 1 卷第 1 期。

人才，而且通过创办中学直接推动了河南中等教育的发展。一些河南大学教授也积极参与办学，为民国时期河南中等教育的发展做出了自己的贡献。本节选取河南大学参与河南中等教育工作的几个代表性案例，来阐述河南大学对河南中等教育所做出的贡献。

一　中等教育骨干人才的重要摇篮

人才培养是大学推动中等教育发展的重要职能。河南大学通过为河南中等教育界培养大量人才，成为民国时期河南中等教育人才培养的重要摇篮。

（一）为河南中等教育培养了大批校长

截至1946年1月抗战胜利后不久，河南省共计有各类省立中等学校49所。其中，省立中学25所，省立师范学校12所，省立职业学校12所。[①] 这49所省立中等学校在一定程度上是河南各类中等教育的重心，它们既担负着向河南社会输送各类基础建设人才的重任，又承担着为更高一级学校培养人才的任务。因此，对民国时期的河南社会而言，这一层级的教育机构担负着承上启下的重任。从这个意义上看，作为这些学校的校长，在河南省教育发展中的职责也显得非常重要。

从这49所学校校长的毕业学校看，河南大学毕业生担任校长的人数最多，共计14人，占总数的28%，北京师范大学毕业生次之，为12人，占总数的24%，北京大学毕业生居第三位，共计7人，占总数的14%。其他学校毕业生的数目则比较分散，如日本留学生为2人、南京高等师范毕业生2人、武昌高等师范毕业生2人、中央大学毕业生2人、北京工业大学毕业生2人、北平大学毕业生1人、西北师范学院毕业生1人、上海美术专门学校毕业生1人、武汉大学毕业生1人、北京农业大学毕业生1人、河南省立汝南国艺专门学校毕业生1人。[②] 从这些数据可以看出，民国时期河南大学在与河南省中等教育发展的关系上占据着至为重要的位置（见表2-3）。

---

① 《介绍豫省中等学校及其校长》，《豫教通讯》1946年第1卷第1期。
② 《介绍豫省中等学校及其校长》，《豫教通讯》1946年第1卷第1期。

表2-3　　1946年河南大学毕业生在河南省立中等学校担任校长情况概览

姓　名	字　号	籍　贯	所在学校
马文伟	子奇	淅川	河南省立开封女子中学校长
徐德一	—	安阳	河南省立安阳中学校长
李　隆	至英	涉县	河南省立林县中学校长
董德舒	希仲	不详	河南省立武陟中学校长
丁道明	绍洛	许昌	河南省立许昌中学校长
刘信纯	—	商丘	河南省立信阳中学校长
耿蔚佛	—	洛阳	河南省立洛阳中学校长
李瞻云	—	南阳	河南省立开封农科职业学校校长
李昌荣	绍文	汲县	河南省立汲县高级纺织科职业学校校长
黄普坤	康侯	镇平	河南省立镇平高级农艺科职业学校校长
董　鑫	品三	临颍	河南省立陕县高级棉业职业学校校长
雷　俊	彦青	正阳	河南省立汝南园艺课高级职业学校校长
王文斌	烈君	汝南	河南省立邓县园艺实验场校长
李振云	崇武	汝南	河南省立百泉乡村师范学校校长

资料来源:《介绍豫省中等学校及其校长》,《豫教通讯》1946年第1卷第1期。

河南大学为河南各类中等学校所培养的校长,作为中等教育骨干人才的重要组成部分,在河南多地推动着河南各类中等教育事业的发展。

(二)抗战复员后为河南省担负起培养中学师资的重任

抗战胜利以后,河南省中等教育界出现了优秀师资极为短缺的现象。优秀师资的缺乏不仅影响了河南省很多中学的教育质量,甚至许多学校无法维持正常教学秩序,对优秀师资的需求成了抗战以后河南省中等教育界普遍存在的问题。在这种情况下,河南大学在抗战复员后不久,自1946年开始即与河南省政府配合,在很多学院专门开办了师范班,承担起为河南中学教育培养师资的重任。

为了吸引优秀学生报考师范专业和便于管理,河南大学明确规定了师范生所享受的优惠条件和应尽的义务。

从享受的优惠条件看,普通生仅仅有国家补助的补助金,而师范生除了这些补助金以外,每月还享有制服补助和杂费补助。普通生毕业后自谋职业，而师范生毕业后由河南省教育厅会同河南省政府直接安排工作。①

在享受优惠条件的同时，师范生也必须遵从以下几点要求：第一，普通生修完本系规定学分即可毕业，而师范生除了修完所规定学分外，必须增修教育科目 30 个学分方可毕业，教育系师范生除了学习本专业课程外，要选修其他院校的一些相关科目；第二，师范生毕业后必须到中学任教，任教期满 8 年方可转行；第三，师范生在毕业时候除了获得学位以外，必须通过考试获得教育部颁发的某科教师资格证书。②

至 1947 年，河南大学为河南省所培养的师范生数目已经达到 275 名，1948 年起第一期师范生毕业，③被分配到河南很多师资紧缺的中学任教。河南大学所采取的这一举措，不仅有效地缓解了河南省中学师资紧缺的状况，也提升了河南省中等教育界的师资水平。

二　主持和参与创办的中学

民国时期，作为河南省的最高学府，为了支持地方教育事业，河南大学创办了很多中学。具有代表性的主要有中州大学附中、河南大学附属高中以及抗战期间在潭头所创办的"七七中学"等。

（一）中州大学附中

如前文所述，中州大学附中成立之时，正是《壬戌学制》颁布不久。在《壬戌学制》之前所实施的是《壬子癸丑学制》。由于当时中国教育界对中学教育办理经验依然不足，因此，在《壬子癸丑学制》中，中学教育仍然承袭了《癸卯学制》中的一贯制体例，即中等教育并不分级，而仅仅是把以前《癸卯学制》中的 5 年一贯制改为 4 年一贯制。4 年一贯制的中学教育在社会上推广未几，其弊端就开始暴露出来。1913 年新学制刚刚定型，陆费逵就撰文，担心因为 4 年时间过短会造成英语课时过少，进而导致中学生英语水平严重不足。④潘文安在 1914 年则批评道："办学

---

① 敏正：《一批正在培养中的河南中学师资》，《豫教通讯》1947 年第 1 卷第 5 期。
② 敏正：《一批正在培养中的河南中学师资》，《豫教通讯》1947 年第 1 卷第 5 期。
③ 敏正：《一批正在培养中的河南中学师资》，《豫教通讯》1947 年第 1 卷第 5 期。
④ 杨涛：《民国时期初、高中"三三制"分级模式的形成与思考》，《中国人民大学书报人大复印资料·中小学校管理》2020 年第 3 期。

者既无适从之点，求学者复失趋向之途，盲人骑瞎马，夜半临深池，循是而往，中学教育其不颠而败者几希！"① 湖南省教育会认为："壬子癸丑"学制中，"全系学年失之长，而各校分配又不适当，大学毕业至二十四岁，大学校费去六年或七年未免多，中学反止四年未免少也"。② 基于社会上对中学教育存在着较大意见，在《壬戌学制》中对中学阶段的建制进行了较大的调整。有关中学教育年限和发展模式规定为："中学校修业年限六年，分为初高两级；初级三年，高级三年。但依设科性质，得定为初级四年，高级二年，或初级二年，高级四年。"③ 此外，该学制也初步规定，初级中学既可以单独设校，也可以和高中并设。

河南留学欧美预备学校于1923年升格为中州大学后，即依据《壬戌学制》中对中学教育年限的要求，创办了中州大学附中，附中设有高中部和初中部，并选择了初、高中的"三三制"模式。创办附属中学的目的有二，第一，保证河南留学欧美预备学校升格为大学后能够有持续的优秀生源；第二，缓解河南中等教育资源短缺的紧张局面。1923年8月，中州大学附中进行了第一次招生，共计招考初中学生40名。同时，计划在1924年8月进行第二次招生，招收高中学生30名，初中学生50名。其中，河南留学欧美预备学校第四、第五届英文科并入中州大学的附属中学。④

按照《壬戌学制》的标准，中州大学附中对于入学资格、课程设置、学分要求以及毕业标准等都做出了明确的要求。

招生资格："初级中学：高级小学毕业或与之有同等学力者；高级中学：初级中学毕业或在旧制中学修业满三年者。"⑤

在课程设置上，对初中和高中分别做出了规定。

初中只规定了应修课程，没有对必修课和选修课做出划分。初级中

---

① 潘文安：《对于汤总长教育方针之赘言》，《教育杂志》1914年第6卷第8期。
② 璩鑫圭、唐良炎主编：《中国近代教育史资料汇编：学制演变》，上海教育出版社1991年版，第899页。
③ 中国第二历史档案馆编：《中华民国史档案资料汇编·第三辑（教育）》，江苏古籍出版社1991年版，第104页。
④ 河南中州大学编：《中州大学一览》，中州大学内部资料，1923年，第21—23页。
⑤ 河南中州大学编：《中州大学一览》，中州大学内部资料，1923年，第21—23页。

学阶段共包括了公民、历史、地理、国语、英语、数学、理科、图书、手工及乐歌共计十门课程。①

而高中的课程设置则相对复杂一些。首先根据学生对科目的擅长程度和兴趣，把学生分为第一组和第二组，然后规定了第一组和第二组的共同必修课程和各自的必修课程。共同必修的课程有国文、英语、哲学、历史和社会学五门课程；第一组必修的课程包括国文、科学通论、心理、哲学、数学和社会学；第二组必修的课程包括数学、物理、化学、图书、生物学和地质学。②

在学分要求上，依据课程设置规定了初中和高中学生的学分标准。初中规定了应修的学分数，高中则规定了必修和选修的学分数。

初级中学学生毕业标准为应修课程至少157学分，其中，第一学年每学期应当选修的课程为28个学分，第二学年和第三学年每学期不得少于25个学分，不得多于30个学分。

高级中学学生的毕业标准为至少修够150学分。其中，在高中阶段学习过程中，每学期不能少于20学分且不能超过30学分。根据课程设置中公修课、第一组和第二组各自必修课的要求，也分别对不同课程的学分要求做出了相应的规定。

从1923年中州大学附中创建，到1927年为止，共存留了四年多的时间，为河南省培养了大批中等人才。1927年河南省政府把中州大学附中和河南省立一中（由清末河南大学堂改制而来）、河南省立二中（由开封中学改制而来）、河南第一商业学校以及河南第二商业学校合并为省立第一中学，即民国时期河南著名的"大一中"。③

中州大学附中的特色在于，该中学是抗战爆发前河南创办的为数不多的具有高级中学阶段的学校之一。直到1931年为止，河南省所拥有的高级中学只有省立第一中学与省立第二中学两所，而省立第一中学能达到这一水平，则与中州大学附中被合并而来有着密切的联系。

---

① 河南中州大学编：《中州大学一览》，中州大学内部资料，1923年，第21—23页。
② 河南中州大学编：《中州大学一览》，中州大学内部资料，1923年，第21—23页。
③ 李敬斋：《河南教育年鉴》，河南省教育厅1931年版，第121页。

（二）创办河南大学附属高中

1931年，河南省拥有省立初级中学18所，[1] 县立初级中学13所，[2] 私立中学20所[3]，各种公私立初中共计51所。其中，省立初级中学在校生总数为5076人[4]，县立初级中学在校生人数为1875人[5]，私立初级中学在校生人数为5467人[6]，公私立初级中学在校生共计12418人。然而，高级中学则寥若晨星。仅有位于开封的省立第一高级中学和位于安阳的省立第二高级中学两所高中，另外，位于南阳的省立第五中学附设了高中一年级1班。到1931年为止，省立第一高级中学、第二高级中学连同省立第五中学高中班一起，在校生仅仅750名，三年级在校毕业生仅214名。[7]

可以看出，当时河南省初中学校数目和在校生人数的基数比较大，而高中堪称稀缺资源。每年毕业的初中生很多无法进入高中读书是困扰当时河南省教育界的一个相当严重的问题，时任河南省教育厅长的李敬斋就感叹："初中学生投考高中者，殊形拥挤，急需增设以广教育。"[8]

然而，由于师资和经费等现实问题的限制，河南省教育厅于1931年决定仅在省立第一中学添设高中商科部1班，在省立第五中学扩充高中师范部2班，而高级中学普通科则暂缓增设。[9] 河南广大学子渴望接受高中教育的愿望仍然无法得到满足。

在这种情况下，为了满足河南广大学子求学需求、提高河南教育水平、为河南省造就优秀人才，河南大学在1931年夏天创办了河南大学附属高级中学。在《壬戌学制》中，规定高级中学在学科设置上可以分

---

[1] 李敬斋：《河南最近教育概况》，河南省教育厅1931年版，第18页。
[2] 李敬斋：《河南最近教育概况》，河南省教育厅1931年版，第19页。
[3] 李敬斋：《河南最近教育概况》，河南省教育厅1931年版，第20页。
[4] 李敬斋：《河南最近教育概况》，河南省教育厅1931年版，第18页。
[5] 李敬斋：《河南最近教育概况》，河南省教育厅1931年版，第19页。
[6] 李敬斋：《河南最近教育概况》，河南省教育厅1931年版，第20页。
[7] 李敬斋：《河南最近教育概况》，河南省教育厅1931年版，第18页。
[8] 李敬斋：《河南最近教育概况》，河南省教育厅1931年版，第16页。
[9] 李敬斋：《河南最近教育概况》，河南省教育厅1931年版，第16页。

"普通、农、工、商、师范、家事等科"①，其实就是规定高级中学可以把普通教育和职业教育结合在一起对学生实施教育和教学。基于《壬戌学制》的这一规定，学校分设自然、医学、农学和社会4组5班，其中，社会组2班。②

从师资和课程设置等方面，都体现出河南大学附属高中在河南省与众不同的特点。

从师资上看，主要由河南大学教授担任河南大学附属高中各门课程的教师。如历史教师由河南大学历史系教授张邃青担任，数学教师由河南大学数学系教授赵大河、寇作则等担任，国文教师由河南大学教授王多三、张晨曦等担任，等等。③ 这样高水平的师资力量，河南省其他高中根本无法与之相比。此外，河南大学附中在教师聘任上，注重聘请有工作经验的教师来担任专任教师。由于河南大学附中办学起点较高，其高质量的教学水平很快在河南省造成较大影响。在这种情况下，很多已经在其他学校任教的河南大学优秀毕业生也纷纷加盟河南大学附中。比如，在1933年聘任的专职教师中，除了乔友忠是清华大学国语系毕业外，其他教师均为河南大学的毕业学生（见表2-4）。

表2-4　　　1933年河南大学附中聘任部分专职教师基本情况

序号	姓名	基本简历
1	董广川	字伯泉，本校文学院教育系毕业，日本东京文理科大学教育研究生，曾任焦作工学院注册课主任，本校校长办公室秘书现任本大学附中主任
2	刘国藩	字紫萍，本校文学院史学系毕业，曾任焦作工学院训育员、省立第三师范、本校附中教员，现任本大学附中指导主任兼教员

---

① 中国第二历史档案馆编：《中华民国史档案资料汇编·第三辑（教育）》，江苏古籍出版社1991年版，第104页。
② 赵永洛：《河大附中纪略》，载陈宁宁主编《河南大学忆往》，河南大学出版社2002年版，第122页。
③ 赵永洛：《河大附中纪略》，载陈宁宁主编《河南大学忆往》，河南大学出版社2002年版，第122页。

续表

序号	姓名	基本简历
3	张化远	字时雨，本校理学院数理系毕业，曾任本校附中、省立十四中学、郾城中学英文数理教员，现任本大学附中教员兼指导员
4	乔友忠	字挹册，国立清华大学外国语文系毕业，清华大学研究院肄业，曾任河南省立第二高中、山西太原中学、北平朔教女子中学、河北通县潞河中学英文教员，现任附中英文专任教员
5	黄永镇	字绵中，本校文学院国文系毕业，曾任省立第六中学及焦作工学院商务课主任，兼国文教员，现任本校大学附中国文专任教员
6	冠新民	字作则，本校理学院算理系毕业，曾任本校预科、省立八中、省立六中、第四职业算学教员，现任本大学附中数学专任教员
7	张源	字天仇，本校文学院英语系毕业，曾任冯庸大学英文教员、焦作中学教务处主任兼英文教员，现任本大学附中英文专任教员
8	罗宝册	字堇南，本校文学院国文系毕业，北京师范大学研究所研究生，曾任本校附中国文教员，现任本大学附中国文专任教员

资料来源：《校闻：本校附中新聘专任教师略历》，《省立河南大学校刊》1933年第2期。

从课程设置上看，除了一般普通高中所必修的课程外，为了满足学生升学的需要，还酌情增加了一些专业课。如医学组除了英语外，增加了德语课，自然组增加了微积分和高等物理等课程，等等。① 这样的课程设置在河南省的高中面是前所未有的。

高水平的师资力量加上独具特色的课程设置，使河南大学附属高中为河南社会培养了大批优秀人才。在1934年165名第一届毕业生中，除了18人直接就业，30人去向不详外，共有117人考上大学（见表2-5）。其中，除了83人考入河南大学外，其他的分别被北京大学、北平大学、清华大学、燕京大学、南开大学、复旦大学等学校录取。如曾经担任中国人民大学党委书记、校长的袁宝华，成为河南名医的史延祚，担

---

① 赵永洛：《河大附中纪略》，载陈宁宁主编《河南大学忆往》，河南大学出版社2002年版，第122页。

任国民政府防毒处情报组主任的彭育才①等就是河南大学附属高级中学的第一届毕业生,并分别考入北京大学和河南大学。

表 2-5　河南大学附属高中 1934 年第一届毕业生升入大学情况

序号	考入学校	人数	姓　名
1	河南大学	83	苗树勋、乔海清、郭纬臣、杨宗朴、田堉、孙玉德、史来桓、高士豪、赵鸿勋、杜希唐、陈葆芳、白芷洁、吴钧、袁宝岱、陈云鹏、王克中、刘浩声、郭同术、李应龙、许继儒、胡得龙、胡魁选、刘凤章、赵进科、李庆积、田永丰、张炳亚、苏克礼、张朝祥、彭育才、王泰平、索镒善、苏荣恩、张震瀛、祁树尧、路百占、郑体仁、王俊杰、林永灿、索宝善、张瑶、桑鸿钧、刘星灿、陈效曾、刘中铮、霍傅宗、张光远、张镒明、尹廉卿、胡维熙、卢荣昌、丁宝泉、罗虎臣、李傅敬、刘辅仁、张云锦、王而信、张永良、罗培峰、史延祚、崔里波、董琳尚、延陵师德、席芦洲、朱锡麟、李长明、许道弘、陈祖同、刘万选、范凝乔、王松岳、刘超民、魏奎聚、孟宪曾、卢耀曾、许德顺、赵永治、李振铎、张政权、牛子籓、郑义彰、王北辰、李祖贺
2	北京大学	5	袁宝华、李松筠、刘万昌、孟宪德、宋灌灌
3	北平大学	2	裴维先、杨紫珊
4	师范大学	1	赵廷镒
6	清华大学	3	仝德璋、仝允杲、郭鸿运
7	燕京大学	1	张福堂
8	南开大学	1	许全根
9	武汉大学	1	李廷杰
10	山东大学	1	马承九
11	复旦大学	1	韩云峰
12	朝阳学院	5	许京杰、刘志谦、杨鸿福、苑效若、卢照库
13	民国学院	1	杨文庆

---

① 贾永琢:《河南现代名人传》,永厚出版社 1948 年版,第 136 页。

续表

序号	考入学校	人数	姓　　名
14	焦作工学院	2	郭宝梓、崔宝珲
15	河北农学院	2	张恒通、李兴邦
16	私立铁道学院	1	曹书同
17	北平市体专	1	杨时昌
18	杭州医专	2	侯淑和、张效儒
19	军医学校	2	李芳、李崇德
20	交通技训所	1	张金銍
21	陇海车务所	1	李锡

资料来源：陈效曾、白芷洁等编：《本校附中第一届毕业生出路调查》，《河南大学校刊》1934年9月27日第3版。

可以看出，河南大学附属高中的创建，虽然无法从根本上满足河南广大学子接受高中教育的需求，但至少缓解了河南部分学子接受高中教育的压力，不仅对推动河南中等教育的发展起到一定的作用，也成为河南乃至中国现代化人才的重要培养基地。

（三）抗战辗转迁移中创办七七中学

抗战期间，河南大学迁移到潭头后，师生有感于地方文化教育落后，为了推动当地文化教育发展，在和地方士绅协商后，决定创办一所中学。为了牢记"七七"事变这一国耻纪念日，中学的名称定名为"七七中学"，同时，基于让学生牢记"九一八"事变这一国耻的目的，学校于1939年9月18日开学，由时任河南大学校长王广庆兼任校长，河南大学化学系教师苗叔陶担任首任教导主任。而后，在1942年秋季又成立了高中部。[1]

高中部设立前，学校开设国文、算术、英语、代数、几何、物理、化学、动物、植物、历史、地理、生理、体育、音乐、图画、劳作以及战时英语等课程。七七中学的教师全部是由河大教师和高年级学生兼

---

[1] 张放涛：《潭头岁月：抗日战争中的河南大学》，河南大学出版社1996年版，第18—19页。

任。① 据七七中学第一届毕业生、后来毕业于河南大学化学系的李丙寅回忆，初一时由生物系教师邓子珍教学生英语。初二时由文史系学生张剑梅讲授国文，数理系学生王汉英教代数。初三时是经济系学生郭玉含教授英语。植物学由农学院教师穆象极讲授。美术老师是一位叫李炎的河大学生。音乐由河南大学校歌作曲者、河南大学教授陈梓北讲授。② 当时在河南大学读书的宋景昌，就在大学四年级时候到七七中学担任国文教师兼教务主任。③

学校特别注意对学生思想纪律和教学质量方面的管理，专门委派农学院教师苗书陶担任训育主任。苗叔陶到任后，针对外餐学生经常迟到的现象，别出心裁地创造了"翻牌制度"。在学校门口设了一块回家吃饭的走读生的名牌，一面红字，一面黑字。放学离校翻成红字，按时到校则翻成黑字，到校迟到的则不能把放学离校时候的红字翻过来。这样，哪个走读学生上学是否迟到则一目了然。通过"翻牌制度"，学校有效地解决了学生迟到现象。除了严格学校纪律外，苗叔陶把全面提升学生的学习质量当作自己工作的重要组成部分。苗叔陶经常对学生的功课进行辅导，并不定期地对学生的学习内容进行抽查。④ 学校实行了严格的考试制度，每月举行月考一次，记入平时成绩，每学期结束要进行期末考试。学习成绩各科平均80分以上者，操行评定列为甲等，每班奖励前3名，对获奖者减免学杂费。反之，国文、数学，英语和劳作4科中，3科以上不及格则必须留级。此外，学校对学生的品行极为重视，如果学生的操行评定是在丁级以下，则必须予以退学。

为了满足学生继续求学的要求，1942年秋七七中学又成立了高中部。高中部任课老师全部由河南大学教师组成，对于一所中学来说，师资阵容堪为豪华。如国文教师由河南大学文学院教授嵇文甫担任，历史教师

---

① 张放涛：《潭头岁月：抗日战争中的河南大学》，河南大学出版社1996年版，第18—19页。

② 李丙寅：《七七中学的老师全是河大师生》，载陈宁宁主编《河南大学忆往》，河南大学出版社2002年版，第306页。

③ 宋景昌：《在潭头的日子》，载陈宁宁主编《河南大学忆往》，河南大学出版社2002年版，第306页。

④ 秦家祺、阎克卿：《苗叔陶老师在七七中学》，载陈宁宁主编《河南大学忆往》，河南大学出版社2002年版，第250页。

由当时在河南学术界名气很大的张邃青担任，英语教师由曾经留学英国的教授林瑞年担任，高一数学教师由河南大学教授黄屺瞻担任，高二数学教师由从美国留学归国的数理系主任樊映川担任，高一生物学教师由在美国康奈尔大学获得博士学位、后来担任河南大学农学院院长的王鸣岐担任，高二化学教师由留美归来的李燕亭担任[①]。高水平的师资保证了高质量的教学，第一届学生入学两年左右，就有四分之一的学生以同等学力的身份提前考进大学。[②]

河南大学在抗战迁移中所办的七七中学，是河南大学与河南基层社会良性互动的典型案例。一方面，河南大学师生对于七七中学的创建给予了最大限度地无私支持。在七七中学任教的河南大学师生所从事的工作都是义务性的，师生不收取任何报酬。另一方面，地方士绅的积极支持则使学校创办有了物质保证。学校的教育经费主要则来自潭头地方士绅的捐款，如高中部创办时候，潭头首富王忻丛不但无偿供给土地兴建校舍，而且捐赠款项帮助学校购买教学仪器，同时动员其他乡绅捐钱捐物，从而在物质上帮助了七七中学高中部顺利创建。[③]

1944年5月河南大学撤离潭头后，七七中学继续由潭头地方士绅主持办理。直到1947年内战波及潭头，七七中学才被迫停办。从1939年成立到1947年停办，9年中初中部共招生9届12班，毕业6届7班，毕业生270余名；高中招生6届6班，毕业3届3班，毕业生60余名。[④] 七七中学在存在的9年时间里，为豫西山区乃至河南省培养大批中等人才，推动了地方文化教育的发展，也在抗战时期河南大学与河南社会关系史上谱写了绚烂的一页。[⑤]

1991年9月18日，七七中学在潭头举行了恢复校名仪式，宋景昌以当年在校教师的身份应邀参加。故地重游，宋景昌感慨良多，在七七中

[①] 张综：《我上七七高中时的老师》，载陈宁宁主编《河南大学忆往》，河南大学出版社2002年版，第310页。

[②] 张综：《我上七七高中时的老师》，载陈宁宁主编《河南大学忆往》，河南大学出版社2002年版，第310页。

[③] 张放涛：《潭头岁月：抗日战争中的河南大学》，河南大学出版社1996年版，第20页。

[④] 张放涛：《潭头岁月：抗日战争中的河南大学》，河南大学出版社1996年版，第20页。

[⑤] 笔者在潭头走访时候，很多老人就说，潭头当地老一代人的文化水平高，与河南大学当年在这里创办的七七中学有着很大关系。

学教书和在潭头学习、生活的情境历历在目。他以一首七律生动地表达了对当年七七中学的追思：

> 风雨师生共一堂，四年艰辛不寻常。
> 几间破庙充黉宇，半盏油灯点夜光。
> 纵令烽烟连岁起，依然桃李满园香。
> 今连盛世呈新貌，更为中华育栋梁。①

（四）王毅斋与私立大同中学

王毅斋（1896—1972），河南杞县人。1923年考取公费留学生资格，赴德国慕尼黑大学学习，后又转入奥地利维也纳大学攻读经济学，1928年获得经济学博士学位后回国。曾任河南济源县县长，1930年被聘为河南大学经济系教授。② 新中国成立后，王毅斋曾经担任河南省人民政府委员、中南军政委员会委员、中南行政委员会委员、河南省第一届人民代表大会代表、河南省人民委员会委员、省文化教育委员会副主任、河南省副省长、省政协副主席、第一届全国人民代表大会代表等职务。1972年9月14日王毅斋逝世，终年76岁。③

"九一八"事变后，日寇以极小的代价攫取了四倍于日本本土的中国领土，东北三省完全沦入日寇手中，日寇的侵略激起了全国各阶层人民的义愤。在民族危亡的情况下，身为河南大学教授的王毅斋，"选择了教育救国的道路，以期挽国魂于童蒙，唤起民众，共赴国难"。基于这种考虑，王毅斋与杞县爱国开明人士刘伯泉于1934年9月在杞县创办了大同中学。④

大同中学于1934年9月正式开学上课，校址设立在杞县县城小四门里路北天帝庙。学校的师资主要来源于河南大学等校的师生。如当时在

---

① 宋景昌：《在潭头的日子》，载陈宁宁主编《河南大学忆往》河南大学出版社2002年版，第307页。
② 张振江主编：《薪火集——河南大学学人传》，河南大学出版社2002年版，第342页。
③ 张振江主编：《薪火集——河南大学学人传》，河南大学出版社2002年版，第345页。
④ 中国人民政治协商会议政协河南杞县文史资料研究会：《杞县大同中学的抗日爱国斗争》，《杞县文史资料》1986年第1期。

河南大学求学的傅明缔、连志伊（女）、杨伯笙、周熙亚、张震寰、马祥林、程慎德、姚雪垠等，都曾经在大同中学任教。学校生源主要来自杞县以及周围的睢县、通许、开封和陈留等地。开学之初，共招生120余人，分为三个班，其中有一个女生班。1935年暑假过后改迁到杞县县城黉学后的明伦堂。而后学校规模日益扩大，规模最大时候发展到五个班共300多学生。1937年夏季首届学生毕业，1938年3月开封梁苑女中并入大同中学后，学校又专门设立了女生部。1938年6月，在杞县将要沦陷的情况下，私立大同中学被迫停办。①

大同中学在开办之初就把爱国主义教育放在了首要地位。1934年秋季学校开学时，校长王毅斋亲自书写"挽国魂于童蒙"作为校训，悬挂于自己的办公室。而学校的教室，也分别用"鸭绿江""哈尔滨""乌苏里"等东三省不同地方的名字来命名，②提醒学生不忘国耻，以激发起广大同学的抗日爱国激情和努力学习的决心。

大同中学由于是私立中学，加上主办人王毅斋教授与刘伯泉等和政府部门并没有什么密切的交往，因此，河南地方政府并没有给予财政援助。学校办学经费主要来自王毅斋的收入和学校董事会的募集，创办和发展过程堪称"步履维艰"。但是，就是在这种艰苦的条件下，学校师生却以极大的热情投身到工作和学习中去，并取得了骄人的成绩。1935年4月6日，国民政府教育部公布了《中学学生毕业会考规程》，③中学毕业生开始实行会考制度。在1935冬季河南省举行的全省中学会考中，大同中学取得了"总分第七名的好成绩"。④

在激励学生努力学习的同时，大同中学对学生的思想教育始终以"抗日爱国"为主线，通过组建报刊组、戏剧组和刊物组等，构建了一系列丰富多彩且富有教育意义的校园文化。

---

① 河南省开封市政协文史资料委员会：《杞县大同中学发展历程》，《开封文史资料》1987年第12期。

② 河南杞县文史资料研究会：《杞县大同中学的抗日爱国斗争》，《杞县文史资料》1986年第1期。

③ 宋恩荣、章咸主编：《中华民国教育法规选编》，江苏古籍出版社1990年版，第450页。

④ 河南省开封市政协文史资料委员会：《杞县大同中学发展历程》，《开封文史资料》1987年第12期。

报刊组在姚雪垠、梁雷等的指导下，创办了《蓓蕾》《百川》《汇合》等通俗易懂的进步刊物，[1] 把爱国主义教育寓于通俗的文化传播当中。

戏剧组利用课余和节假日到不同地方去演出，通过浅显易懂且容易让广大民众接受的方式向人们传播抗战救国的思想和重要性。"几年间在县城和付集、邢口、开封等地演出《巴黎公社》《郊外遇劫》《凡尔赛的俘虏》《放下你的鞭子》《王奎桥》《苏州夜话》《一片爱国心》《春风烈火》《夜鹰》《获虎之夜》《大战百灵庙》和《大汉奸殷汝耕》等活报剧和戏剧"。[2] 通过戏剧演出这些生动活泼的形式，私立大同中学在自身能力许可的范围内，最大限度地向广大民众宣传了抗日爱国思想。

每逢杞县县城有重大活动举行，或者召开国耻纪念大会，讲演组的同学就会在王毅斋教授和其他老师的带领下列队赴会，并就时局状况即时演讲。不仅向广大群众宣传爱国常识，还通过发生在身边的令人痛心的事件，告诫人们抛弃恶习，养成良好的生活习惯。"1936年春，大同中学开展了'禁烟（鸦片）禁毒（海洛因）'运动，师生纷纷下乡调查，用铁的事实揭露帝国主义的罪行。女同学岳宪兰等通过付集村岳氏弟兄三人由于吸食鸦片把几百亩地和大片瓦房卖光，冬天住破庙，夏天睡在光场上，老大、老二吸得骨瘦如柴，老三临死时手里还抱着烟枪的事实[3]，向广大群众宣传了吸食鸦片的危害和帝国主义向中国输入鸦片的居心叵测"。

私立大同中学不仅是河南大学教授把"教育救国"思想转化到实践中去的一个缩影，也堪为河南大学对民国时期河南中等教育发展贡献的一座丰碑。20世纪80年代，大同中学复校并迎来50周年校庆的时候，曾经在河南大学就读、在大同中学执教的著名作家姚雪垠曾提笔感怀：

---

[1] 河南省开封市政协文史资料委员会：《杞县大同中学发展历程》，《开封文史资料》1987年第12期。

[2] 河南省开封市政协文史资料委员会：《杞县大同中学发展历程》，《开封文史资料》1987年第12期。

[3] 河南杞县文史资料研究会：《杞县大同中学的抗日爱国斗争》，《杞县文史资料》1986年第1期。

高风每忆王夫子，磊落光明是我师。
遍地阴霾惜火种，漫天飞雪护花枝。
聘来教习藏亡命，送走师徒举义旗。
坎坷忠魂应自慰，大同事业令人思。①

（五）在物力和财力上帮助私立两河中学

私立两河中学是由武昌高等师范河南籍毕业生王庚尧创办的。1923年，王庚尧看到河南很多省立中学"为班级所限，未能多事扩充，遂立志创立私校，冀得救济失学青年，造就多士"。②在私立两河中学的创办和发展过程中，河南大学从各个方面帮助其发展，为私立两河中学的发展做出了重大贡献。

详细地说，在河南大学对私立两河中学发展的贡献上，主要表现在办学计划制订和财力物力帮助等方面。

首先，在建校之初，河南大学教师鼎力相助，为私立两河中学发展确立发展规划。学校创办时，王庚尧即邀请河南中州大学教授张子岱帮助拟订了详细的办学计划，并确定了"发展青年个性，陶冶健全人格并培养基础知识与技能，以促进学生升学或服务社会"③的办学宗旨。为了保证学校顺利发展，聘请了河南军政界要人刘镇华、河南大学教授李廉方、杜俊等当时河南众多名流担任名誉董事长，扩大了学校的影响力和声誉。

办学之初的两河中学可谓惨淡经营。由于缺乏经费，不得不采用募集的手段来募款。由于王庚尧的父亲王星蘼为河南名医，社交面较为宽广，就由王星蘼出面多方募集了1900余元办学经费作为办学的初步基金。经费有了初步着落以后，租得开封市馆驿街旧关帝庙废址十余间破旧房屋作为两河中学的筹备处和临时校舍。1923年7月，先试招了一个暑期补习班30余人，而后在8月份招收初中两个班共计100余人，在1923年

---

① 张放涛主编：《群星灿烂——河南大学名人传》，河南大学出版社2002年版，第167—170页。
② 私立两河中学主编：《河南私立两河中学校一览》，内部资料，1932年，第7页。
③ 私立两河中学主编：《河南私立两河中学校一览》，内部资料，1932年，第13页。

9月3日正式开学。1924年7月,河南省教育厅对两河中学办学情况进行了考察后,决定以后每年由省库补助2000元[①],1925年,河南省教育厅批准予以立案。[②]

虽然两河中学在办学中得到了多方面的帮助,也得到了河南省教育厅的认可,但随着办学规模的扩大,校舍仍然存在着严重的不足。在这种情况下,尽管河南大学在物力和财力方面都相当有限,但还是利用自己的力量尽力施以援手。1927年10月,河南中山大学(此时河南中州大学已经改为河南中山大学)校长张鸿烈与两河中学签订合同,把河南中山大学大厅门一带的70多间房舍租给两河中学作为校舍。而后,1928年2月,河南中山大学校长凌冰与两河中学重新订立了合同,将河南中山大学大厅门一带房舍永久性地租借给两河中学并减少了租金。1931年,河南大学校长李敬斋以合理的价格将大厅门一带的房产卖给两河中学作为永久性校舍,并捐助给两河中学图书费500元。[③]

如前所言,抗战爆发前河南省高级中学并不多,而私立中学中拥有高中阶段的学校更是寥寥无几。然而,在日寇兵锋抵达开封前的1937年,两河中学已经发展成高、初中并设的完全中学校,学生总数达到1300余名。[④] 两河中学之所以能取得这样的成绩,与河南大学对它的帮助有着极大的关系。

两河中学的发展,是河南大学与河南教育良性互动的一个较为典型的案例。在河南大学的全力帮助下,两河中学教育质量一直在河南省位居前列,吸引了很多优秀学子到校求学。比如,毕业于国立河南大学医学院、当今我国眼内异物研究的奠基人和眼外伤专业的学术带头人、郑州大学第一附属医院的张效房教授,就曾于1933年至1936年在私立两河中学初中部就读。[⑤]

---

① 私立两河中学主编:《河南私立两河中学校一览》,内部资料,1932年,第7页。
② 私立两河中学主编:《河南私立两河中学校一览》,内部资料,1932年,第8页。
③ 私立两河中学主编:《河南私立两河中学校一览》,内部资料,1932年,第9页。
④ 吴笃盘:《解放前开封私立中学综述》,《开封文史资料》1963年第3期。
⑤ 古凤英:《记眼科泰斗张效房教授》,《回族研究》2019年第3期。

第四节　创建省立百泉乡村师范

20世纪20至30年代中期，是中国乡村教育运动勃兴的时期。鉴于广大农村文化教育落后、农民生活困苦和经济凋敝的现实，很多教育家和教育团体开始把眼光投向广大农村，试图用自己的智慧、通过教育实验的手段来对农村进行改造，从而冀图对整个中国社会的改造会有所裨益。教育家和教育团体在广大乡村所进行的教育实验使得当时在中国很多地方形成了为时人和后人所称道的乡村教育实验区。具有代表性且具有全国性影响的乡村教育实验区有：1926年6月开始，由黄炎培主持的中华职业教育社在江苏省昆山县徐公桥创办的乡村改进区；1927年3月开始，由陶行知以中华教育改进社名义，在南京郊区创办的晓庄实验乡村师范学校；1927年冬季开始，由晏阳初任总干事的中华平民教育会总会在河北定县创办的乡村改进实验区；1931年6月开始，以梁漱溟为代表的乡村建设派在山东邹平县建立的乡村建设研究院；[①] 等等。然而，除了这些著名的全国性乡村教育实验区以外，也有很多对地方区域社会乡村教育发生重大影响的乡村教育实验活动，20世纪30年代由河南大学毕业生所主持的百泉乡村师范学校就是其中著名的一所。

河南省立百泉乡村师范学校的负责人以河南大学毕业生为主体。校长李振云早年在河南留学欧美预备学校英文班学习，后来考入河南大学教育系。担任实验研究部和生活指导部主任的李道祥也是河南大学教育系的毕业生，曾经和李秉德一道参与过李廉方先生主持的"廉方教学法"实验，具有丰富的教育理论和实践经验。而总务部主任李景韩则毕业于河南大学的前身之一——河南农业专科学校（后与中州大学合并组成河南中山大学）。生活指导部首任主任张绶卿和继任主任尚振声均毕业于河南留学欧美预备学校。张绶卿和尚振声离任后，李道祥转为生活指导部主任，实验研究部主任则由河南大学教育系毕业的蔡衡溪担任。

这些以河南大学毕业生为主的百泉乡村师范学校负责人群体，通过

[①] 王炳照、阎国华主编：《中国教育思想通史》（第七卷），湖南教育出版社1994年版，第72页。

自己的智慧和汗水,把河南省立百泉乡村师范建设成了一所彪炳于河南近代教育史册的、别具一格的乡村师范学校。

一 吸收借鉴先进经验,创办百泉乡村师范

冯玉祥第二次入主河南的时候,于1929年接受了山东人王鸿一的建议,在河南辉县百泉创办了一所村治学院,名为河南村治学院。由河南镇平人彭禹廷任院长,梁耀祖和王怡柯为副院长。当时,梁漱溟刚刚从山西回到北京,借居在清华园内,"王鸿一介绍彭、梁认识先生,彭、梁即商请先生合作"。[①] 1929年秋季,梁漱溟到达百泉,"受聘为村治学院教务长,并推定拟写《河南村治学院旨趣书》及组织大纲、学则、课程等文件。村治学院设农村组织训练部、农村师范部,于十二月招收学生"。[②] 1930年1月,河南村治学院正式开学。[③] 该年,蒋、阎、冯开始中原大战,河南村治学院成立不及一年,"即以蒋军入主开封而告终(十月间停办)"。[④]

1929年下半年,河南省教育厅借用河南省立博物馆东院的三间房屋,在当时的河南省会开封开办河南省立民众师范院,任命河南大学教育系老师霍陆亭(霍鸿昌)为院长,霍陆亭赴任未几,即力辞不就。河南省教育厅一再挽留后只得批准霍的辞呈。其后,经过多方考量,于1930年把河南大学教育系毕业生、时任河南省立第四中学校长的李振云(字崇武)调任省立民众师范院院长。[⑤] 其时正值中原大战结束后不久,河南省政府认为,河南人民大多聚居在农村且以农业为生,因此,作为改进社会的重要工具,河南教育应在设计上以乡村为主体。由于河南连年战乱,全省乡村的学校几乎陷于停顿,而少数城市学校的设施又不切合农村的现实。为了训练河南民众、改进河南民生以及教育广大农村儿童,河南省应当在最短的时间里筹办一所乡村师范,以作为改进河南乡村教育的

---

① 李渊庭、阎秉华:《梁漱溟年谱(增订本)》,广西师范大学出版社2003年版,第79页。
② 李渊庭、阎秉华:《梁漱溟年谱(增订本)》,广西师范大学出版社2003年版,第79页。
③ 李渊庭、阎秉华:《梁漱溟年谱(增订本)》,广西师范大学出版社2003年版,第73页。
④ 李渊庭、阎秉华:《梁漱溟年谱(增订本)》,广西师范大学出版社2003年版,第94页。
⑤ 王寿芝:《令省立民众师范院——调委李振云为该院院长》,《河南教育周刊》1930年第9期。

基础。①

李振云虽然学识渊博、办事认真，但在学校开办之初，由于没有成例可循，办学情况甚不理想，而河南省教育厅主要负责人也无法解决这些问题。在这种情况下，1931年春季，河南省教育厅委派李振云和李道祥（字瑞安）一起到江苏和浙江考察乡村教育办理情况。虽然李振云和李道祥对办理乡村教育欠缺经验，但作为河南本地的"土著"知识分子，李振云和李道祥对河南经济状况和教育发展有着较为深刻的了解。在他们看来，当时的河南社会是一个不折不扣的农业社会，农民占全省人数的百分之八十以上，因此，以"适应此种农业环境需要的乡村教育为中心"是发展河南教育的当务之急。然而，河南现代教育固然有长足进步，但却存在着"费而不当，空而不实，模仿因袭，敷衍塞责"的缺陷。这样的缺陷导致"河南教育贵族化，学生思想的虚浮化"，以致"教育"二字在民众面前失去了她尊严的信仰。正因为如此，在李振云和李道祥看来，河南教育要获得新生命，除非实行"乡村教育作为中心的教育"不可。② 正是在这种办理乡村教育理念下，李振云和李道祥虽然办理乡村教育的经验还较为欠缺，但考察思路却较为明晰。在拟定的考察提纲中，计划对江浙一带乡村教育的经验和教训进行全面考察。主要包括以下几个方面："1. 各地乡村教育机关之设施，是否经济；2. 各地乡村教育之成绩，究系如何；3. 各地之乡村社会活动事业及信用合作社等，可否采择施行；4. 各地乡村师范学校，是否……有科学之头脑，艺术之兴趣，改造社会之精神，及增加农业生产之技能；5. 各地乡村小学之设施，是否异于通常小学，异点何在；6. 各地乡村学校，对于该地之农人，有何贡献。"③

1931年3月23日下午，李振云和李道祥抵达南京下关，稍事休息后，翌日开始了对江浙为期近一个月的教育考察。在近一个月的考察时间里，李振云和李道祥先后考察了江苏省立民众教育馆、金陵大学农学

---

① 河南省政府：《河南省政府年刊》，河南省政府内部资料，1930年，第110页。
② 李振云、李道祥：《考察江浙教育报告：考察前的准备》，《河南教育月刊》1931年第1卷第8期。
③ 李振云、李道祥：《考察江浙教育报告：考察前的准备》，《河南教育月刊》1931年第1卷第8期。

院及该院附设之农业专修科、中央大学农学院、女子桑蚕专修科、昆山等三县乡村师范学校及推广部、浙江省立民众教育实验学校、浙江省立乡村师范、浙江省立民众教育馆、上海中学高中部、中华职业学校上中附小、两江女子体育学校、南通县立乡村师范、通州师范、女子职业补习学校、女子师范学校及县立民众教育馆等教育机构。考察的范围远远超出了原计划中的乡村教育，而是涵盖了乡村教育、普通教育、社会教育以及与乡村教育和社会教育相关的社会行政机关等。可以看出，凡是与乡村教育和社会教育相关的机构，李振云和李道祥都尽力参观、学习。

除了对各地教育机构进行实地考察外，在整个考察过程中，每到一地，总是积极拜访当时在乡村教育和社会教育领域有所影响的代表人物，虚心向他们取经、学习（见表2-6）。

表2-6　　　李振云、李道祥江浙考察期间拜访的
部分教育界人士和教育机构

序号	地点	姓名	职务
1	南京	程其保	中央大学代理教育学院院长
2	南京	屠哲梅	南京鼓楼幼稚园主任
3	南京	孙本忠	中大农学院蚕桑主任
4	南京	朱品三	南京市教育局科员兼民众学校指导员
5	南京	冯昇	南京中学教务主任兼师范科主任
6	南京	刘云谷	江苏省立民众教育馆馆长
7	南京	苑永祥	江苏省立民众教育馆民众学校主任
8	南京	—	南京实业小学及南京女中教员
9	南京	员云凡	栖霞山乡村师范教务主任
10	南京	仝菊圃	栖霞山乡村师范生活指导部主任
11	南京	党家斌	栖霞山乡村师范数学教员
12	无锡	傅葆琛	江苏省立教育学院教授
13	无锡	储雄伯	江苏省立教育学院农业教育部主任
14	无锡	王久仙	江苏省立教育学院教员
15	无锡	秦柳方	江苏省立教育学院工人教育实验区主任干事
16	无锡	王引江	江苏省立教育学院无锡乡村师范科主任

续表

序号	地点	姓名	职务
17	无锡	顾穀嘉	无锡县立女子中学校长
18	无锡	丛孝明	无锡女中小主任
19	吴县	王远刚	江苏省立苏州中学秘书
20	吴县	吴耀章	吴县教育局局长
21	吴县	尤沄	吴县教育局学校教育科科长
22	吴县	朱重明	中山体育专科学校校长
23	昆山	陈淑昂	徐公桥乡村改进会主任
24	昆山	徐国勋	徐公桥乡村改进会干事
25	昆山	朱衡涛	昆嘉青三县推广部主任
26	上海	黄警顽	商务印书馆职员
27	上海	李鹤书	上海市督学
28	上海	魏璜光	上海中学事务部主任（河南同乡）
29	南通	姚根香	南通县督学
30	南通	孙束儒	南通教育馆馆长
31	南通	——	南通乡村师范教务主任
32	南通	——	南通女子师范教务主任
33	杭州	赵冕	浙江教育厅第三科科长
34	杭州	胡斗文	浙江省立民众教育馆馆长
35	杭州	马祖武	浙江省立民众教育实验学校编辑主任
36	杭州	宋秉琳	浙大体育教员（河南同乡）
37	萧山	汪宗敏	浙江省立乡村师范学校代理校长

资料来源：李振云、李道祥：《考察江浙教育报告：考察的经过》，《河南教育月刊》1931年第1卷第8期。

江浙历时近一个月的考察使二李眼界大开。江浙两省乡村师范学校的办学成就深深地影响着李振云和李道祥。通过对江浙教育的考察，李振云和李道祥对乡村教育的办理开始有了较为明晰的思路，李振云和李道祥返回河南后，结合河南省的现实，把考察中所记录的情况快速整理，向河南省教育厅呈递了考察报告。从李振云和李道祥考察的经过可以看出，他们考察的范围较为广泛，因此，撰写的考察报告也涵盖了从普通教育到社会教育的很多方面。正如他们在考察报告前的序言中所言："举凡豫省未有或有而办理不甚经济之教育事项，特将各地足供参考之法规章则及一切设施情况，能为河南教育界实地应用者，详为论列。"① 但是，翻检考察报告可以发现，可能正是出于把"改良河南农村教育"作为"河南教育获得新使命"的根本这一宗旨，在整个考察报告中，李振云和李道祥还是把关注的重点放在了乡村教育和民众教育这两个方面。在呈交河南省教育厅的 20 份考察报告中，关于乡村教育和民众教育的考察报告共计 14 份（见表 2-7）。

表 2-7　　　　李振云和李道祥提交的教育考察报告目录

类别	序号	目录名称
乡村教育	1	考察江浙教育报告：一，乡村教育：A 乡村师范：栖霞山乡村师范
	2	考察江浙教育报告：一，乡村教育：A 乡村师范：浙江省立乡村师范
	3	考察江浙教育报告：一，乡村教育：A 乡村师范：县立乡村师范：南通县立乡村师范
	4	考察江浙教育报告：一，乡村教育：A 乡村师范：昆嘉青三县乡村师范学校
	5	考察江浙教育报告：一，乡村教育：A 乡村师范：江苏省立无序中学乡村师范科（即洛社乡村师范）
	6	考察江浙教育报告：一，乡村教育：A 乡村师范：私立农村教育科：立达学园高中部农村教育科
	7	考察江浙教育报告：一，乡村教育：A 乡村师范：市立乡村师范学校：上海市立乡村师范学校
	8	考察江浙教育报告：一，乡村教育：B 乡村教育机关：无锡黄巷实验区
	9	考察江浙教育报告：一，乡村教育：B 乡村教育机关：徐公桥乡村改进会

---

① 李振云、李道祥：《考察江浙教育报告：考察后的报告》，《河南教育月刊》1931 年第 1 卷第 8 期。

续表

类别	序号	目录名称
社会教育	10	考察江浙教育报告：二，社会教育：民众教育馆：浙江省立民众教育馆
	11	考察江浙教育报告：二，社会教育：民众教育馆：江苏省立民众教育馆
	12	考察江浙教育报告：二，社会教育：民众教育学校：浙江省立民众教育实验学校
	13	考察江浙教育报告：二，社会教育：民众教育学校：江苏省立教育学校
	14	考察江浙教育报告：二，社会教育：民众教育馆：南通县立民众教育馆
教育机关	15	考察江浙教育报告：三，教育行政机关：吴县教育局
	16	考察江浙教育报告：三，教育行政机关：浙江省教育厅
	17	考察江浙教育报告：三，教育行政机关：南京市教育局
	18	考察江浙教育报告：三，教育行政机关：上海市教育局
	19	考察江浙教育报告：三，教育行政机关：无锡县教育局
	20	考察江浙教育报告：三，教育行政机关：南通县教育局

河南省教育厅在审阅了二李的考察报告后，决定省立民众师范院的两班学生于1931年7月结业后，将该院改为省立乡村师范并迁移到辉县百泉河南村治学院旧址。鉴于百泉村治学院已经停办，学院的校舍、设备及图书都在闲置，因此，没有等到学生在7月份毕业，在李振云的要求下，民众师范院就于1931年2月份迁到了辉县百泉村原河南村治学院旧址。民众师范院的学生于1931年7月结业后，为了达到振兴河南乡村教育、改造河南教育的目的，李振云呈请学校改为河南省立百泉乡村师范学校。该年8月，河南省政府同意学校改名为河南省立百泉乡村师范学校，同时，把没收的袁世凯在辉县田产5000亩中的一半作为百泉乡村师范学校的固定基金。[1] 当年招收二年制乡村教育专修科学生一班和三年制普通科学生两班，校长仍然是李振云。[2] 不久以后，学校正式改为三年制的师范学校。

1931年李振云主持河南省立百泉乡村师范工作的时候，年仅27岁。

---

[1] 行政院农村复兴委员会：《河南省农村调查》，商务印书馆1934年版，第4页。
[2] 李道祥：《任百泉乡师指导主任的回顾》，《辉县文史资料》1990年第3期。

从 1931 年河南省立百泉乡村师范正式成立到 1949 年的 18 年时间里,李振云与河南大学其他毕业生一起,把江浙等省份乡村师范的办学思想融会到河南省立百泉师范学校的办学实践当中,借鉴江苏、浙江乡村师范的办学经验,结合河南实际情况,把河南省立百泉乡村师范学校办成了独具特色的乡村师资养成基地,为河南培养了大批适应乡村教育需要的人才。

百泉乡村师范在辉县百泉创办后,李振云等在学校的招生制度、办学思路、组织机构以及节假日安排上,都做出了别具一格的创新性设置,使百泉乡村师范显示出与一般师范所不同的特色办学模式。

二 公平的教师聘任和招生制度

建校伊始,掌校的李振云和李道祥等在教师招聘和招生制度等方面就采用了较为公平合理的制度,使百泉乡村师范无论在教师的学缘上,还是学生在全省的地域分布上,力求达到均衡。

在师资配置上,李振云校长以及其他负责人都一直主张"兼容并包,用人惟贤",在聘任教师上排除门户之见。民国时期,很多省份教育界的人士都根据自己的毕业院校或老乡渊源而形成了一个个或明或暗的派别,当时河南省教育界的派别和门户之见也是一直存在的。早在 1920 年,有人就指出了河南教育界的"北洋师范派、本省师范派、高等学堂派、北京大学派、南京高师派、武昌高师派"[1] 等派别。随着河南大学的逐步崛起,河大在教育界的力量也举足轻重。在学校的主要负责人中,由于很多都和河南大学有着极深的渊源。比如,校长李振云是河南大学教育系 1928 届毕业的学生,做过实验研究部和生活指导部主任的李道祥也是河南大学教育系的毕业生,而总务部主任李景韩则毕业于河南大学的前身河南农业专科学校(后与中州大学合并组成河南中山大学)。生活指导部首任主任张绶卿和继任主任尚振声均毕业于河南留学欧美预备学校。因此,很多人认为百泉乡师肯定会主要聘请河大毕业生担任百泉乡村师范的教师。然而,百泉乡村师范则以乡村教育为重,所聘任的教师来自全

---

[1] ISK:《汴梁旅游记(四)》,《晨报》1920 年 5 月 5 日第 6 版。

国众多学校。如曾经在上海劳动大学当过教授的吴克刚、讲师李丞庠，中央大学讲师毛缪墅，暨南大学教授林仲达，北京农业大学教授黄以仁，清华大学毕业生安文倬，北京大学毕业生杨湘玉，中法大学毕业生何昭，金陵农大毕业生宋紫云，焦作矿业学院毕业生贾松梅，中央大学毕业生孙庆基等。

在百泉乡村师范存在的18年时间里，李道祥曾经在该校执教了17年。在教师聘任上，正如李道祥所言："就河南省当时的学校来看，只要校长、教导主任是某个大学毕业，校内职教员大都是该学校毕业的。我和李崇武都是河南大学毕业，可是聘请河南大学毕业的不多，这足以证明百泉乡师没有门户之见，而以乡教事业为重。"① 1934年考入该校的学生乔景楼也回忆道："学校教师，来自四面八方，没有地域和学派之分。（当时一般中等学校，多有北大、师大、武高、南高、河大等派之分。）……河大毕业的，除校长李崇武外，只有生活指导部主任李瑞安及物理化学老师耿慰佛，他们都是河大的高材生，深受学生爱戴。"②

因为百泉乡村师范是当时河南省唯一的省立乡村师范学校，为了确保乡村教育最大限度地普及到河南省的各个县，推动乡村教育人才能够得以较为均衡的培养，学校在招生上以区域布局均衡为原则，采用了成绩为依据、兼顾各个县实际情况的政策。当时学校负责人就规定，应以全省各县所有投考生为录取之对象，不能录取某一县之学生过多；即使某县考生成绩再好，在每届招生中也不能超过5名，某县考生成绩再差，也要选择其中优秀学生录取1至2名。因此，百泉乡师的学生籍贯最多时有河南省98个县的学生。当时负责招生工作的李道祥回忆到招生的几个条件：

1.有初中毕业文凭方准报名，其他文件一概不准；2.试题请哪几位教师出，出题的数目应加倍于规定试题之数；3.因试题的地点、时间及监印人；4.试场的布置和各试场主试，监试人员之分配；5.保卷员。……在招考新生工作中，我特别注意的有两项：1.百泉乡师是全省唯一的中级乡村师范，应以全省各县所有投考生为录取

---

① 李道祥：《任百泉乡师指导主任的回顾》，《辉县文史资料》1990年第3期。
② 乔景楼：《百泉乡师和河南新恳文艺社》，《辉县文史资料》1990年第3期。

之对象,不能录取某一县之学生过多;所以规定某县考生之成绩再好,在两个班 80 名新生中不得超过 5 名,某县考生之成绩再差,也要择其中较优者录取一两名。因此,百泉乡师的学生籍贯最多时有 98 县。这既有利于乡教之普及,亦有便于学生毕业后职业之谋业。……2. 每次张贴录取新生的榜示,我总要厕身于考生之中,听一听是否有某县学生成绩最差的被录取、成绩好的没有名,因而口出怨言。①

从 1935 年百泉乡村师范招生名单上,可以更为直观地看到这一招生政策(见表 2-8)。

表 2-8　　河南省立百泉乡师二十四年度录取新生县域布局一览

序号	籍贯	姓名	录取人数
1	新安	傅尚普	1
2	伊阳	杨振华	1
3	镇平	刘行均	1
4	汲县	席炤、卢光彩	2
5	扶沟	刘国凤、吴连三	2
6	延津	张玉亭、刘宝仁	2
7	济源	吕和珠	1
8	滑县	伍楚仁、张鸿皋、韩少庆、李鸿思	4
9	密县	于遂秦、申书香、高建勋、王东旭	4
10	涉县	申晦、李禄亭	2
11	洛阳	乔香生、张乃窗	2
12	辉县	张极、倪诚格、张亦敏、秦宗爽	4
13	沈丘	岳九岭	1
14	汝南	孟省三、房维纲	2
15	郾县	杨中华、南振昌、李吉星	3
16	太康	杜希文、马维华	2

---

① 李道祥:《任百泉乡师指导主任的回顾》,《辉县文史资料》1990 年第 3 期。

续表

序号	籍贯	姓名	录取人数
17	阳武	阎金贵	1
18	宝丰	于邦文、杨法嵩	2
19	汝南	房维纲、李树萼	2
20	正阳	吴民广	1
21	武安	刘茂林	1
22	郾城	郭秀卿、宛振法	2
23	沁阳	宋玉江、杨昭斌、田发育	3
24	郑县	栗清廉、罗享志	2
25	睢县	崔鸿声、汤群善、孟峰山	3
26	扶沟	吴连三	1
27	临汝	刘守仁	1
28	新野	黄广宝	1
29	荥阳	蔡绍文、赵策	2
30	西平	赵云梦	1
31	修武	刘栽新	1
32	汤阴	程道文、萧宗孟	2
33	新乡	王治纲、杨清涧、陈峥峰、赵森岭	4
34	灵宝	李芝芳	1
35	罗山	尚仲循	1
36	安阳	王钟英、蔡文清、刘天平、王山涛	4
37	温县	侯珍修	1
38	上蔡	贾琴堂、刘超然	2
39	博爱	霍克才、杜荣林	2
40	卢氏	杨学慎	1
41	临漳	张来妃	1
42	许昌	葛芝兰	1
43	遂平	杜嵩山、梁中立、魏道传	3
44	信阳	黄中龙	1
45	陈留	常文祥、王朝相	2

续表

序号	籍贯	姓名	录取人数
46	淅川	白奥西	1
47	嵩县	毛文献	1
48	荥阳	赵策	1
49	偃师	褚树义	1
50	通许	于从信	1
51	南阳	黎明镒	1
52	伊川	逯永福	1
53	孟津	郭国祥	1
54	长葛	李应范	1
55	桐柏	王思舜	1
56	获嘉	王学谟、朱格言	2
57	广武	李士林	1
58	氾水	禹汝旭	1
59	鄢陵	高其民	1
60	新郑	李鑫	1
61	孟县	王世义	1
62	内黄	张景阁	1
63	夏邑	关松葵	1

注：原表中以学生考试成绩排名为线索，在本书中，为了便于统计招生籍贯布局，对原有的统计线索做了调整，在使用时候以籍贯为线索进行分类。

资料来源：《河南省立百泉乡村师范二十四年度录取新生一览》。

从表2-8就可以看出，在1935年度的新生录取名单中，覆盖河南省县级行政单位达到了63个，已经超过了当时河南省县级行政单位的一半还要多。虽然没有达到招生籍贯分布98个县这一最广泛时候的情况，但也可以看出河南省立百泉乡村师范在招生上致力于区域布局均衡。

可以说，百泉乡村师范采取的这些相对严格又兼顾河南各县实际情况的招生制度，既保证了招生的严格性，又照顾到了当时河南各个县的实际情况，有利于从长远上促进河南地方乡村教育的发展。

三 "军农中心主义教育"的基本办学原则与实践

在办学思路上,李振云认为,百泉乡村师范所培养的学生不仅要承担起普及河南乡村教育的重任,也要在更为广阔的层面上肩负起改造河南乡村社会的责任。因此,学生一定要有强健的体魄,既能承担起在广大农村传道、授业、解惑的角色,也能从事体力劳动以适应农村的艰苦条件。在此基础上,还要树立起改造社会的精神。只有这样,才能真正为河南乡村教育乃至改进河南乡村社会做出贡献。[①]

基于这一办学思路,李振云等以"改进乡村、建设乡村、训练并培养健全的改进与建设乡村的教育人才"为宗旨,以"野无旷土,村无游民,人无不学,事无不举"为终极目标。在这些办学理念下,李振云等结合河南乡村社会的实际情况,以"军农中心主义教育"作为办学的基本原则下,设置了与一般师范组织机构不尽相同的生活指导部、实验研究部、总务部以及校警队等机构。

"军农中心主义教育"作为百泉乡村师范的基本办学原则,在教育过程中,把培养学生基本的军事技能和劳动技能密切地结合起来。

根据李振云的解释,"军农中心主义的乡师教育""即谓'乡村师范应实施以军事、农事为中心,而教育学生遇非常时期,能外抗侵略,内除匪乱而平日又可从事农作,而有教育儿童并能领导农民改进生产的、知能的教育'。换句话说,'把军事、农事熔合为一,用严格的军事训练,劳苦的农事工作及教学的实习,来实现教育的目的,使学生具备军人、农夫、教师三种本领。战时可以做保卫国土的战士,平时或为教师或为农夫,是一个乡村建设的急先锋'。亦可解释为:'军农中心主义的乡师教育,是适应中华民族目前危难的环境,而可救亡图存的一种教育'"。[②] 可以发现,百泉乡村师范的"军农中心主义教育"并不是一种仅仅局限于校园内部的封闭教育,而是一个和当时中国社会环境以及自身所处乡

[①] 李振云:《省立百泉乡村师范工作报告》,载千家驹、李紫翔编《中国乡村建设批判》,上海:新知书店1936年版,第337页。

[②] 李振云:《省立百泉乡村师范工作报告》,载千家驹、李紫翔编《中国乡村建设批判》,上海:新知书店1936年版,第337页。

村紧密结合、互通有无的、开放的独特教育体系。从词意上可以看出，"军农"包含"军事"和"农业"两个方面的含义，"军农教育"则是把军事教育和农业教育有机地结合在一起。

实施军事教育，在百泉乡村师范并不是一个简单的口号，李振云等采取了一系列措施把这一理念落实到实际的教育中。

其一，日常生活军事化。在李振云等看来，日常生活军事化是实施军事教育的基本前提，能够为实施军事教育营造一个良好的外部氛围。在百泉乡村师范的日常生活中，实施军事化管理。在日常饮食起居上，严格按照军队模式安排执行。"每天早晨有半小时爬山或越野赛跑，师生一律参加，吃饭时间每次十分钟……师生共食同样饭菜，每月不得过四元，每桌七人，桌有桌长，饭时桌上若有一人说话，则全案被罚。住室、教室以及师生服装，均甚清洁简朴，每日清洁检查一次"。[①] 这种日常生活军事化的管理方式并不是流于简单的形式制度上，而是落实到了学生的日常生活中。当时在百泉乡师求学的刘志读[②]经过若干年后还清晰地记得："我在班上学习成绩第一，担任军训队长（相当于班长），算是好学生，二年级上学期操行评为乙等，原因是我躺在床上看书，把脚伸在窗台上，还有一次出校门，未穿制服（当时学校统一规定的服装称为制服，不称校服），指导主任都曾予以批评。"[③]

其二，班级组织军事化。在班级组织上，每个班被设定为一个中队。每个中队下面分设若干小队，每小队8人，每个小队有小队长，六个中队组成一个大队。正副大队长由校长、军事教官和生活指导部主任担任。一切命令均自上而下传达，学生对队长必须绝对服从。每周都有军事操练。每月举行一次野外大演习，演习的时候除了教官之外，其他老师若无特殊情况，必须一起参与，全体师生全副武装，与军人没有差异。[④]

[①] 金永铎：《军农中心主义下的河南百泉乡村师范》，《乡村建设》1937年第6卷第14期。
[②] 刘志读，字士先，河南滑县人。1917年4月生。1934年考入百泉乡师，1937年毕业。后考入国立北平师范大学教育系。新中国成立后曾任河北省秦皇岛市教育学院副教授，民革秦皇岛市委员会主委，秦皇岛市政协副主席。
[③] 刘志读：《七七事变前的河南省立百泉乡师》，《新乡文史资料》1992年第6期。
[④] 侯传贤：《记李崇武先生》，载陈明章主编《国立河南大学》，台北：南京图书出版公司1981年版，第230页。

其三，日常教育军事化。学校以军事化方式对学生进行思想考核。学生的思想由小队长和中队长负责定期考核，考核后的成绩对大队长定期汇报。在思想教育方面实施导师制，每十余人为一组，可自由选择一位教师作为导师。每周五早晨进行精神训话，主要聘请社会名流进行讲演。在课程设置上专门设有军事学科，讲解战斗的方法及各种必要的军事理论知识。同时，设置专门的军事实习训练课，让学生通过实际演习真正获得各种军事知识。

其四，治安管理军事化。百泉乡村师范并不是简单地把军事教育作为一门课程，而是把军事教育和学校及地方的治安治理结合起来进行。由于百泉乡村师范"僻居山野，盗匪如毛，因乏武力可借，故不得不实行自卫，遇必要时，入夜岗位即由师生轮守"[1]。基于这种客观现实，为了真正做到把军事教育和地方民众自卫结合起来，李振云和其他负责人协商后，经与河南省相关部门斡旋，成立了有数十人所组成的、拥有荷枪实弹的校警队。据时人记载，百泉乡村师范校警队的装备比辉县警察局更为强大。[2] 在当时中国的中等师范院校中，百泉乡村师范拥有武装校警的情况虽然不敢称为绝无仅有，但一定为数不多。学校对每届学生都进行严格的军事训练。在装束上，百泉乡村师范学校的学生不穿当时流行的中山装，而是要穿军装、束皮带、打绑腿，等等。[3] 这一要求在师范学校里也是罕见的。此外，为了维护地方治安，把学校所在实验区范围内的乡民动员起来，通过组成联防自卫团、训练健全保甲组织以及给村民讲授防毒、防空、救援等基本军事知识。

作为河南省唯一一所以培养乡村师资为宗旨的省立师范学校，李振云等把农业教育放在教育的重要位置中。需要强调的是，这种农业教育并不是单一的农事事宜，而是把农事和农村的民生结合在一起，涉及乡村生活的方方面面。

1935年，百泉乡村师范与河南大学农学院、中国银行、河南第四区

---

[1] 金永铎：《军农中心主义下的河南百泉乡村师范》，《乡村建设》1937年第6卷第14期。
[2] 佚名：《百泉乡师组织冬防委员会》，《河南民众教育》1936年第1卷第3期。
[3] 侯传贤：《记李崇武先生》，载陈明章主编《国立河南大学》，台北：南京图书出版公司1981年版，第230页。

行政督察专员公署、河南省第五农林局等机构合作，在辉县建设乡村建设实验区，进行涵盖教育、生产、卫生、金融等大规模的乡村建设实验。① 因此，实验研究部担负着乡村教育和乡村建设实验的双重责任。

实验研究部中，实验区的设立凸显了百泉乡师的特色，通过设立农场、农村合作社、乡村医院等与地方乡村社会民生密切相关的机构，开始用自己的实践尝试着改变农村的民生。通过设立实验学校，开始把学生的学习和教学实践有机结合起来。让学生把学到的东西通过实践进一步得到强化，以保证学生毕业后就能够独当一面，担负起乡村教育的重任，这是百泉乡师在培养学生中的又一重要特色。实验区分设乡村实验小学七处。各个实验小学的校长都由百泉乡师严格挑选，基本条件是对乡村教育有着丰富的理论和实践经验。但是，这些学校不像一般的师范附属小学那样配备有固定的老师，每所实验学校的教师都是由百泉乡师高年级学生轮流担任，且实习时间较长。实验小学的校长担负着三个责任，一方面是实验小学的校长，另一方面又是担任教学实习工作学生的生活导师，同时还兼为所在乡村的负责人。② 在这种规划下，实习生不仅通过原有的学习掌握了理论知识，更通过实习具备了丰富的教学经验，真正做到了"教学做合一"。

由于百泉乡村师范这一"独创的严密合理的组织，施行以来，收效极宏。……在这机动、灵活的组织之下，各种应行举办的事业，都次第举办了。教导部严格管理、认真教学下，培养了不少的精干的乡村教师。实验部针对了当时的需要，在附近各乡村筹设了实验小学、模范农场、乡村医院、农民消费合作社、农民联庄自卫团。总务部配合教导部、实验部的活动，亦同样表现出了显著的成绩"③。百泉乡村师范这种独特的组织设置和管理为时人所称道。当时有人就认为："在组织方面，她并不抄袭一些过去的人们所已经用旧了的、过重形式的组织，却大胆地在校长和校务会议之下，分设总务、教导、实验三部，这完全是根据事实的

---

① 李振云：《省立百泉乡村师范工作报告》，载千家驹、李紫翔主编《中国乡村建设批判》，新知书店1936年版，第338页。
② 李振云：《省立百泉乡村师范工作报告》，载千家驹、李紫翔主编《中国乡村建设批判》，上海：新知书店1936年版，第389页。
③ 王林：《百泉乡师在教育上的成就》，《豫教通讯》1946年第1卷第22期。

需要与工作的效能而决定的。"① 也正是由河南大学毕业生为主体的负责人所设计的这些独特的组织机构和管理措施，才确保了百泉乡村师范在河南乡村教育中取得了巨大的成就。

四 省立百泉乡村师范的成就

人才培养是一所学校最为基本的职能，而人才培养模式则是一所学校是否具有与众不同特色的最为显著的体现。李振云等通过实施"生活导师制"、改革实习办法、废除常规例假以及注重社会教育等措施，使百泉乡村师范形成了独特的人才培养模式，为河南乡村社会培养了大批合格的教育人才。

第一，实施"生活导师制"。据长期施教于百泉乡村师范学校的李道祥回忆，"生活导师制"生活指导部是按照陶行知的乡村教育思想体系，即"生活即教育""社会即学校""教学做合一"这一指导思想来设计的。通过对陶行知乡村教育思想的合理吸收和借鉴，李振云等认为，一个未来从事乡村小学教育的教师需要掌握什么技能，乡村师范学校就根据这些需要来灵活地教给他们相应的内容。所以，百泉乡师的生活指导部所承担的工作应该要比一般学校的教导部广泛得多，任课教师要真正做到教书和育人相结合，因此他们被称为生活导师。② 在李振云和李道祥等看来，"以身教者从，以言教者讼"，身教要重于言教，身体力行地教育学生，能够破除单单用语言灌输而产生的很多弊端，从而取得意想不到的良好效果。百泉乡师为了解每个学生的个性，以便根据学生的个人特点进行指导，以增加学生的学习和研究兴趣，就采用了"生活导师制"③ 的方式。

学校在全体教师中，选择品德高尚、学识优秀、育人经验丰富、工作认真负责和声望卓著的老师担任导师。在选聘导师的过程中，先由生活指导部把导师名单公开公布，再由学生在各导师中自由选择。学生选

---

① 王林：《百泉乡师在教育上的成就》，《豫教通讯》1946年第1卷第22期。
② 李道祥：《任百泉乡师指导主任的回顾》，《辉县文史资料》1990年第3期。
③ 李振云：《省立百泉乡村师范工作报告》，载千家驹、李紫翔主编《中国乡村建设批判》，上海：新知书店1936年版，第337页。

定导师后，就由导师对学生分别予以指导。"生活导师制"改变了"教育界只重视知识的传授，忽视道德与行为训练的特点"①

第二，改革实习制度。从师范教育的特点看，师范教育既和普通教育有着教育所共有的特点，也有着自己的独特性质，而这种独特性质在以培养乡村师资为基本宗旨的乡村师范中表现得尤为显著。正因为如此，在李振云等看来，"实习的作用，在于使知识活动化，理想具体化，它不但在使实习生练习教学的技术，事务的处理，及所知学理的印证，对教育问题亲切的了解，以为研究学理的张本，而且还应该是显及教育者优良习性的养成"。②李振云等认为，学生实习的要义在于"理论与实践并重，教育与生活统一"。在这种指导思想下，百泉乡村师范不再沿袭以往学生实习仅仅是一周或者十几天的做法，也改变了学生由"学校"到"学校"这样点对点的实习模式。而是延长了学生的实习时间，而且把实习的范围由学校扩大到了乡村社会的很多方面。从时间上看，在学生入学后的第二年，即把学生派发到学校所划定的实验区进行实习，且把实习时间延长至半年。从实习范围上看，一改以往仅仅把学生分配到各个学校进行教学实习这种单一模式，而是把学生分配到所划定的实验区的各个行业中，涉及学校行政、事务管理、农业敬业、医药卫生、社会教育等各个方面。从考核的标准看，并不仅仅局限于考查学生的教学技能，而是对学生作为一名教师所应具备的素养进行全面考察。

第三，废除常规的例假制度。为了让学生珍惜光阴，抓紧时间学习。百泉乡师废除了一般学校都应有的例假。时任校长的李振云曾经强调："休闲的心理虽然人人都有，然而这只能算是懒惰性的表现，不能认为是必须的条件。况在内忧外患交迫的国度里，大家唯一依赖挽救中国的人物所谓士，应若何刻苦自动，为我中华民族谋一出路！……本校看到这一点，全体师生一致主张，将所有星期、暑假、例假等假期完全废除，只在天气严寒，各界人士都停止工作的年关左右那几天必须回家的，可以请半月假。农友们终岁勤劳，并未见有什么休止的时候。我们干乡村

---

① 王林：《百泉乡师在教育上的成就》，《豫教通讯》1946 年第 1 卷第 22 期。
② 王林：《百泉乡师在教育上的成就》，《豫教通讯》1946 年第 1 卷第 22 期。

工作的同志，应与乡民共休戚，故本校自应废除假期。"① 也正是由于学校的严格要求，百泉乡师学生的成绩在历次全省师范学生会考中都名列前茅。

在李振云和李道祥等河南大学毕业生主持下，在河南大学农学院以及河南省其他部门的参与和支持下，百泉乡村师范取得了巨大成绩。

百泉乡村师范在存在的 18 年时间里，为河南培养了大批乡村师资，从而实实在在地为河南乡村教育的发展做出了贡献，到 1946 年的时候，学校"已经毕业了二十二届共 1540 名学生。他们离开了学校，步入群众的行列中，担负了各种不同的任务，在不同的岗位上，却一致为国家的前途、群众的福利而努力工作，充分地发挥了领导社会、推动工作的作用"。②

以河南大学教育系毕业生李振云和李道祥为代表的河南大学毕业学子，以河南省立百泉乡村师范为基地，为河南省培养了大批乡村教育人才，堪称河南大学毕业生为河南乡村教育贡献的典范。河南大学在发展过程中所培养的这些人才以及河南大学农学院直接参与百泉乡村师范学校乡村建设实验，是河南大学为河南乡村教育贡献的一个缩影。

本章小结

在河南大学的引领和参与下，河南省成为中华民国创建后第一个实现教育经费独立的省份，也使民国以降全国教育界人士所一直渴望的教育经费独立理想真正第一次变为现实。河南教育经费独立的实现，由于军阀混战和社会动乱等各种外界消极因素干扰，导致其在实施过程中充满了局限性和坎坷。然而，在有限的实现范围内，如笔者在前文中所言，不但推动了河南大学在混乱的社会环境中获得了一定的发展，而且，也为河南其他教育的发展提供了相对可资利用的财政资源，在艰难的环境中也的确推动了河南教育的发展。一定程度上，河南教育经费独立的实

---

① 李振云：《省立百泉乡村师范工作报告》，载千家驹、李紫翔主编《中国乡村建设批判》，上海：新知书店 1936 年版，第 391—392 页。

② 王林：《百泉乡师在教育上的成就》，《豫教通讯》1946 年第 1 卷第 22 期。

现,是中国教育在早期现代化进程中向着纵深发展的名副其实的一大步,其意义已经远远超越了对河南教育发展的本体影响,而有着更为深刻的样板作用和引领意义,为其后其他省份争取教育经费独立在观念和方法上树立了可资借鉴的标本。作为河南教育经费独立实现的基础和关键,河南大学为推动河南教育经费独立所做的诸多努力和贡献不可磨灭,将被永远铭记在河南近代教育史乃至中国近代教育的史册上。

李廉方先生所独创的"廉方教学法",可谓是民国时期河南大学在内地贫穷落后农村实施乡村教育的一大创新。"廉方教学法"涉及农村教育的各个方面,无论是儿童的道德教育,还是儿童的知识文化教育和劳动教育,在整个教学法中均有较为深刻、全面的探究,并提出切实可行的措施,且加以实践。"廉方教学法"不仅是李廉方先生,更是河南大学把先进的教育理念与中国广大农村现实情况紧密结合的伟大创举,也是以李廉方为代表的河南大学知识分子把自己忧国忧民思想镌刻在中国乡村大地上的一次伟大实践。"廉方教学法"的成功不仅是河南大学对河南小学教育的重大贡献,而且在全国也颇有影响。这一教学法的成功,得益于河南大学师生付出的辛勤汗水,同时,也离不开当时河南省地方政府的支持。"廉方教学法"的成功,不仅在一定程度上提升了河南大学在全国教育界的影响力与知名度,也推动了中国近代乡村教育从理念和实践上向着更为深远的方向发展。

河南大学在发展过程中,不仅为河南省培养了大批中等教育骨干人才,而且,抗战以前,面对河南高中资源缺乏的状况,通过自己创办学校,满足了省内部分学生接受高中教育的需求,以自己的能力推动了抗战前河南中等教育的发展。河南大学教授所创办的不同类型的中学则推动了地方教育的发展。抗战迁移豫西潭头期间,与地方上绅配合创办的七七中学,有效地提升了豫西地区乃至河南省中等教育的水平。

河南大学毕业生所主持的河南省立百泉乡村师范学校,无论是其办学理念,还是招生模式,都值得后人深深思索。百泉乡村师范学校不仅为河南省近代乡村教育发展培养了大量现代化的乡村教育人才,而且还致力于改变河南乡村社会缺乏知识、生活穷苦、缺乏道德陶冶和公民训练以及生产力水平低下等状况,其实是把晏阳初、陶行知以及梁漱溟等的乡村教育思想在河南农村的现实化和具体化。诚然,以李振云和李道祥为代表的河南大学毕业生在主持百泉乡村师范时候所做的一切活动，似乎和晏阳初等的思想一致，即把实施乡村教育的立足点和归宿放在广大河南农民的"愚""穷""弱""私"等方面，而没有意识到阶级剥削和阶级压迫才是导致广大艰难农村农民破产的根源，才是导致农民子弟无法就学的根本因素，从而也的确具有一定的历史局限性。然而，以李振云和李道祥为代表的河南大学毕业生以悯天怜人的情怀致力于乡村教育建设，以自己的微薄之力在教育层面努力推动河南乡村教育发展，对提高河南广大农村教育水平、文化水平乃至生活水平产生了深远而重大的影响。从更深层面上看，河南百泉乡村师范学校对河南社会所做的贡献，更是河南大学对推动河南教育发展贡献的另一写照和折射。

第三章

地方文化的改良者：传播和传承先进文化

文化传播是现代大学的重要职能之一，而对一个国家文化的传承、传播和改进是大学社会服务职能的重要体现。文化本身虽然是一个抽象的概念，但这一抽象的概念总是通过具体的大众文化、社会风俗和对传统文化的传承等具体的内容和形式表现出来。正因为如此，本章通过河南大学创办的爱国刊物、河南大学毕业生为改变河南社会风俗而做的努力、河南大学毕业生樊粹庭对豫剧改良以及河南大学师生在殷墟发掘中所做的贡献等几个案例来分析河南大学对民国时期河南文化的贡献。

第一节 创办进步刊物 传播爱国主义思想

时代性和思想性是进步刊物的重要属性，也是因应时代需要来推动时代发展的重要体现。同时，进步刊物也是一个社会和国家在不同时期先进文化传播的主要载体和平台，是在一个社会和国家在不同发展阶段把各种抽象文化转化为具体的、现实社会思想的重要媒介，更是传播各种爱国思想的重要渠道。民国时期，面对中华民族的内忧外患，在中华民族生死存亡的危急关头，河南大学师生并没有置之度外，而是通过各种努力，把爱国主义文化和思想转化为实际行动。而通过创办进步刊物来传播和弘扬爱国主义思想，则是河南大学师生把爱国主义思想转化为实际行动的一个重要方面。

需要指出的是，抗日战争全面爆发后不久，日寇兵锋南侵，随着河南大部分区域沦陷，河南大学被迫四处迁移，虽然在辗转迁移的艰苦环境中，河南大学师生克服各种困难，在条件允许的情况下，仍然坚持创办各种进步刊物，但因流离颠簸，很多刊物在四处迁移中丧失殆尽。因此，囿于史料缺失，在本节中，笔者仅以1937年以前河南大学创办的一部分刊物为研究对象，对河南大学师生通过创办进步刊物来传播爱国主义思想这一重要活动进行铺陈和分析。

一　1937年以前创办的主要进步刊物

民国时期，中国社会混乱。南京国民政府形式上统一之前，除了外患以外，内战不断。当时，杨绛的父亲、身为《申报》编辑的杨荫杭把北洋政府时期称为"五代式的社会"。南京国民政府形式上统一中国以后，随着日本帝国主义侵略的不断升级，中华民族再次到了危急的关头。相对于当时整个中国社会而言，河南则更是天灾不断、军阀战火纷至、日寇铁蹄践踏。在这种情况下，河南大学师生采用各种合理方式作为武器，针砭时弊，传播各种进步理念和爱国主义思想，而创办各种进步刊物来进行爱国主义宣传，则是其中重要的一种方式。

在河南大学创办的各种进步刊物中，既有在北洋军阀统治时期痛斥段祺瑞"肆无忌惮、变本加厉、促其爪牙摧残青年学生"的进步刊物《心声》《心音》《青年评论》和《谔辉》，也有为反对军阀内战而创刊的《霜剑》。[①] 更有很多基于反抗日本帝国主义侵略而创办的进步刊物，如《抗日血钟》则是这类刊物的一个代表。民国时期，是中国新闻出版发展史的大跨越时期，和当时很多著名刊物相比，河南大学创办的刊物可谓沧海之一粟，然而，对当时河南社会而言，作为文化传播工具，在进步思想传播方面则起着不可替代的重要作用。从表3-1中我们可以了解到民国时期河南大学所发行的部分进步刊物。

---

① 张民德：《河南大学1925—1949年刊印各种中文刊物概述》，《河南文史资料》1998年第1期。

表3-1　民国时期河南大学创办的主要进步刊物概览

发行机构或个人	发行时间	刊物名称
冯友兰等	1918.9—1920.1	《心声》
河南中州大学附中	1925.10	《青年评论》
河南中州大学	1926	《谔辉》
河南大学	1930.10—1931.3	《霜剑（半月刊）》
黄增祥等	1931.9—1932.4	《心音》
河南大学反日救国会	1931.10—12	《抗日血钟》
河南大学反日救国会	1931	《河大抗日救国旬刊》
河南大学学生救国宣传团	1936.1—4	《救国先锋》
河南大学医学院	1936	《捍北》
河南大学时事研究会	1936.11—1937.4	《时事研究》
嵇文甫等	1937.9—1938.5	《风雨》

资料来源：王琼编《全国主要图书馆馆藏河南期刊联合目录》，河南大学出版社1993年版。

在民国时期的不同阶段，河南大学通过创办进步刊物，以进步刊物为阵地，给河南民众，特别是给河南教育界打开了一扇了解进步思想和抗日形势的窗口，有力地宣传了各种爱国主义进步思想。河南大学在不同时期，紧扣时代脉搏，创办了很多爱国进步刊物来宣传爱国主义思想启迪民众觉醒，以上所列举刊物，仅仅是民国时期河南大学所创办刊物的极少一部分。但从这些代表性的刊物中，可以提炼出在外忧内患的时局下，河南大学师生以笔墨为武器，通过对爱国文化的传播来推动中国社会进步，抵抗外侮的热情和决心。也正因为如此，在本书中，笔者拟选择几个代表性的刊物为样本，对民国时期河南大学通过创办刊物对爱国主义文化的传播做一介绍。

二　进步刊物对爱国主义思想的传播

从河南大学创办进步刊物的阶段看，以1930年为分水岭，大体可以分为两个时期。1930年之前，由于河南大学在建制上处于不断变化时期，因此，这一时期虽然有刊物创办，但数量较为稀少。1930年以后至抗日战争全面爆发前,河南大学不但在人才培养、科研和社会服务等基本的教育职能方面得到了长足的发展,而且,河南大学师生也更加注重进步刊物的创办,这一时期,在河南大学师生的共同努力下,河南大学各类爱国刊物如雨后春笋蓬勃发展起来。其中,影响较大的有《心音》《抗日血钟》《风雨》《时事研究》等刊物。

(一)《心音》杂志对爱国主义思想的宣扬

《心音》创刊于1931年初期。《心音》杂志在创刊之初,就以"宣传革命理论,揭露社会黑暗和鼓励人们的斗志"为宗旨,以探讨学术的名义,宣传革命理论和进步思想。

1929年,河南大学文学院社会系学生沈世祺(沈东浦)和在河南大学求学的共产党员马霖、李步英、马景山等经常在一起阅读革命刊物,并参加各种进步活动。受到爱国主义的熏陶,沈世祺等联络文学院教育系的同学黄增祥(字寿山,河南青年协会社员)、阎润睿(字仲衡)、杨家宾(字晓晴),外语系的郑效孔(字佰鲁)、刘德珉(字伉石)、康永乐(字智府),语文系的郭等峦(字翠轩)和王元生(字念初),历史系的刘东任(伊卿),生物系的陈敬策以及法学院经济系的雷步云(字凌霄)等共计12名志同道合的同学一道,商议创办课外读书学习组织,组织名为"心心社",寓意为"志同道合、心心相印"。① 需要指出的是,到20世纪30年代,这12名同学几乎都成为河南教育界的中坚力量。"心心社"成立后,沈世祺等认为,要扩大爱国主义宣传,"心心社"应当尽快出版自己的刊物来作为宣传阵地。在这种认知下,经过多方面协调和准备,确定把"心心社"创办的刊物的名字命名为《心音》,初步规划是每学期出版1期,由黄增祥任主编,康永乐任副主编,并拟订委托开封新豫印刷所印刷,开封文郁书局及各省各大书局代理销售。②

《心音》杂志的诞生看似具有一定的自发性质,但并不能把其看作是一个学生自发创办的刊物。从《心音》杂志创办伊始,就得到了河南大学校内外学者的帮助、支持和指导。《心音》杂志在筹备过程中,时任河南大学文学院院长的李廉方先生不仅对办刊的形式和规范悉心指导,而

---

① 张天定、李建伟:《河南大学出版志》,河南大学出版社2012年版,第457—458页。
② 张天定、李建伟:《河南大学出版志》,河南大学出版社2012年版,第458页。

且在其他各个方面给予了巨大帮助。1931年《心音》杂志创刊时，李廉方为杂志题写了刊名，此外，河南大学教师郑若谷、曾经揭露曹锟贿选事实的学者邵次公等，也均对杂志的创办给予了大力支持。①

《心音》虽然宣称是一个文学性质的学术杂志，但在出版方向上，则站在人民大众的立场上，以抨击国民党政权的黑暗统治为主线，从社会发展、文化教育、文学艺术等角度宣传爱国主义思想。

在1931年的创刊号上，即发表了沈世祺从日文《改造杂志》节译的《苏联第一次五年计划之成就与第二次五年计划之展望》，较为详细地对世界第一个社会主义国家在第一个五年计划中的成就，并对苏联第二个五年计划的发展进行了展望。虽然沈世祺没有直接表达自己的思想观点，但译文的内容鲜明地表露了他的思想倾向。②同时，为了唤起河南大学师生的抗日爱国热情，在各期不定期地刊登宣传抗日爱国的散文或者诗篇。比如，在1931年第2期就刊登了雷步云的诗歌《荒城四首》，其中就有"白山黑水有无图，廊阙方将篝火呼，难救平阳覆帜厄，当年悔混一车书"的诗句，表达了东北三省被日寇占领，但政府却无所作为的愤慨。《心音》的创刊和发行，引起了社会各界人士的关注，读者称赞它是"闪烁在黑暗中的火花"，是"迸发出心灵的激情"。③

由于《心音》以宣传各种爱国思想为主题，因此，《心音》发行后不久即受到河南省国民党党部调统室各方面的限制。而"心心社"的主要成员则因被列入"通共嫌疑"，在行动上受到国民党的监视。在这种情况下，"心心社"被迫停止了活动。本来，"心心社"计划在《心音》发行一段时间后，即把刊物先改为双周刊，然后再改为周刊。但在严酷的社会环境下，《心音》第3期虽然已经编辑，但未及付印就被迫停刊了。虽然《心音》杂志停刊了，但无论对爱国思想的传播，还是对参与编撰的学生都产生了极大的积极影响。其后，主要参与者王元初即于1933年前后奔赴革命圣地延安，走上了革命道路。

（二）《抗日血钟》对抗日爱国思想的传播

"九一八"事变之后，中国上下掀起了反对日本帝国主义侵略的高

---

① 张天定、李建伟：《河南大学出版志》，河南大学出版社2012年版，第458页。
② 张天定、李建伟：《河南大学出版志》，河南大学出版社2012年版，第459页。
③ 张天定、李建伟：《河南大学出版志》，河南大学出版社2012年版，第459页。

潮。为了宣传抗日思想，让河南知识分子和广大民众了解中华民族已经到了最危急的关头，激起广大河南知识分子和民族抗日的决心和信心，河南大学成立了"河南大学反日救国会"。"河南大学反日救国会"成立后，由大会聘定河南大学教授和河南教育界名流王毅斋、李廉方、李醴泉、郝象吾、张邃青、李道祥、郑若谷、李敬斋等作为编辑委员，成立了"河南大学反日救国会编辑委员会"，决定发行出版以抗日爱国思想为主要宗旨的通俗爱国刊物《抗日血钟》来对河南知识分子和广大民众进行抗日爱国思想的传播和教育。①

《抗日血钟》是作为"河南大学反日救国会"的宣传刊物而问世的，是"河南大学反日救国会"从事抗日爱国活动的重要组成部分，其目的是为了从思想传播的角度来对抗日爱国进行宣传。因此，在《抗日血钟》的"创刊号"上，就公开了"河南大学反日救国委员会编辑委员会组织条例"，对编辑委员会的宗旨、组织以及编辑委员会主要组成人员进行了一一规划和说明。在宗旨上，强调以"扩大反日宣传、编印各种刊物以资鼓励全国民众共赴国难为宗旨"。② 编辑委员会在组织上分为总务部、编辑部和出版部三个部，其中，总务部下设文书股、会计股和事务股三个股，由郑成章任部长，张了且任会计股主任，黄警凡任事务股主任，汪全真任文书股主任；考虑到编辑工作的复杂性，把编辑部分设为定期刊物编辑股和不定期刊物编辑股，编辑部主任由黄增祥担任，李廉方先生则亲自担任定期刊物股编辑主任，不定期刊物编辑股则由黄增祥兼任；由于编辑委员会把印刷和出版放在出版部内，因此，在出版部则分别设立了印刷股和出版股，印刷股由陆伯麟任主任，校对股主任则由刘雨民担任。因此，编辑委员会在组织上形成了三部七股的格局。同时，为了广泛联络河南大学校内外的知识分子扩大对抗日爱国思想的宣传，又成立了"河南大学反日救国委员会编辑委员会特约人员"这一组织，选择河南大学校内外74名知识分子担任特约人员，其中，特约撰稿人34名、

---

① 东旭：《编后的话》，《抗日血钟》1931年第1期。
② 河南大学抗日救国委员会编辑委员会：《河南大学反日救国委员会编辑委员会组织条例》，《抗日血钟》1931年第1期。

纪事编辑员 17 人、抗日消息编辑员 23 人。[①]

　　与《心音》一样，由河南大学教师发起创办的宣传抗日爱国思想的期刊《抗日血钟》虽然也仅仅出版发行 6 期，就因为经费紧张而被迫停刊。但因为该刊物为当时河南大学著名学者所创办，在一定程度上，自刊物创办开始，在河南学术界就具有巨大的影响力，而且，在宣传抗日爱国思想方面，也具有巨大的号召力。整体上看，《抗日血钟》以宣传抗日爱国思想为主线，从不同角度对抗日爱国主义思想进行了传播。从现存《抗日血钟》6 期的目录上，能够直观和清晰地看到河南大学广大爱国师生以《抗日血钟》为阵地来对抗日爱国思想进行的宣传（见表 3-2）。

表 3-2　　　　《抗日血钟》1931 年 1—6 期文章要目

刊号	目录内容
第 1 期（创刊号）	1. 河南大学反日救国会告全国同胞宣言 2. 如何救亡 3. 中倭斗争之一幕：白江口之役：纪念乡先哲刘仁轨 4. 日本报纸抨击内阁（自九月十九日起至十月十日止）：公然做强盗而犹以为不足 5. 河南大学反日救国会告全国同胞宣言 6. 倭寇来了！ 7. 各国对于中日事件之舆论及对于中日两国之换文 8. 上海日侨请日本政府要求取缔反日运动：强横口吻无理取闹 9. 原来是主张直接交涉 10. 以暴力停止暴力 11. 肉弹 12. 血钟第一声 13. 河南大学反日救国会委员会编辑特约人员一览表

---

　① 河南大学抗日救国委员会编辑委员会：《河南大学反日救国委员会编辑委员会组织条例》，《抗日血钟》1931 年第 1 期。

续表

刊号	目录内容
第1期（创刊号）	14. 赴敌战歌 15. 冒牌无抵抗主义 16. 爱国的痛苦 17. 左右为难 18. 中国人不当怕日本 19. 从煊泰局长说到"第三个冷静" 20. 国联行政院关于满洲问题之会议纪要（九月十九日） 21. 从经济的观点上分析日本此次出兵中国 22. 昭和听着！ 23. 河南大学反日救国委员会编辑委员会特约人员一览表
第2期	1. 假洋鬼子与蓬头鬼 2. 割来竹枝词 王部长携妻赏月；狗熙洽屈膝受封；袁鑫堂靦颜称臣；宗昌母誓死劝子；春荣部杀贼捐躯；梁指挥守备有方 3. "热"的等差 4. 对日宣战的理由 5. 日本出兵中国与最近太平洋之形势 6. 日本对华之根本方策 7. 破涕为笑 8. 倒埋（小品） 9. 国联行政院于满洲问题之会议纪要（续） 10. 奴才博士：超次但博士在倭奴卵翼之下接充倭奴土肥原之却而为沈阳市长了…… 11. 走狗的生活 12. 日本果足畏乎 13. 本校反日救国委员会会务纪要：九月二十四日，开本会筹备会于校中会议室决议要项 14. 中国东北数千里地尽为日帝国主义铁蹄踏遍（转载） 15. 梁怪：发明世界有三条大路可走的梁怪 16. 我们主张抗日的理由 17. 赴敌

续表

刊号	目录内容
第 2 期	18. 国联行政院关于满洲问题之会议记录（十月十一日至十月二十日） 19. 日本对华根本方略（未完） 20. 日本在华各地投资总额（一九二九年统计） 21. 河大反日委员会议纪录：第四次至第六次会议记录（十月六日至十月二十日） 22. 辽吉惨案之认识 23. 头：王大！请好好保护你的尊头 24. 日本出兵与最近太平洋之形势
第 3 期	1. 国联行政院关于满洲问题之会议纪要（十月二十一日） 2. 踏着萧公典烈士的血迹前进 3. 骨鲠在喉 4. 预防毒气之节要常识 5. 日本人口问题与武力侵略之检讨 6. 日本对华之根本方策（续） 7. 萧公典之死 8. 五分钟热度（转载） 9. 日本人口问题与武力侵略之检讨（附表）
第 4 期	1. 河南大学反日救国会于民国二十年总理诞辰纪念告劳苦民众书 2. 暴日炮击天津矣 3. 我也来谈一个"对日宣战"的理由 4. 日本对华之根本方策（续） 5. 依赖国联的结果 6. 时代的黄昏 7. 介绍赵欣鱼（转载） 8. 时候到了（集李石曾译夜未央句）

第三章 地方文化的改良者:传播和传承先进文化 / 173

续表

刊号	目录内容
第5期	1. 写在前面的几句话 2. 河南大学反日救国会为援助马占山告全国同胞宣言 3. 河南大学反日救国会为援助马占山告工农商学兵 4. 追上我们的前锋——马占山将军 5. 平凡的马占山 6. 马占山失败以后 7. 由嫩江事件论及日本在东三省之侵略政策 8. 从天津事变到国际法上的自卫权 9. 日本对华之根本方策 10. 马将军歌 11. 本校反日救国会致南京四全大会援助马占山电 12. 本校反日救国会请张副司令援助马占山电 13. 张副司令履电
第6期	1. 河南大学反日救国会为反对划锦州为中立区之宣言 2. 河南大学反日救国会为开封各界对日宣战大会告市民最后决心 3. 国难中外交上的两条大路 4. 国际联盟规划中立区的一个实例 5. 满洲事件与国际言行之谬误 6. 日本对华之根本方策（续） 7. 介绍张壁（转载） 8. 前线进行曲（青年义勇军曲）

资料来源：河南大学反日编辑救国会编撰：《抗日血钟》1931年第1—6期。

从《抗日血钟》刊发文章的目录上，可以看出该刊物在传播导向上的几个显著特点。

首先，较为深刻地批评了当时政府部分官员的不作为和日本帝国主义的凶残，富有前瞻性地预测到日寇入侵中国的态势会继续扩大。从创刊伊始，即以"河南大学反日救国会编辑委员会"的名义首先在创刊号上发表了"河南大学反日救国会告全国同胞宣言"。在该篇文章中，除了指出日本帝国主义的凶残和无耻，还鲜明地指出中华民族到了最危急的关头，应当发动全民族抗战，才是争取抗战胜利的唯一出路。文章指出：

>亲爱的全国四万万同胞们：
>
>悲惨可怕的末日快到了！亡国灭种的滔天大祸要临到我们的头上来了！……穷凶极恶的日本白色帝国主义者，最近乘我们中国洪水泛滥，内部混斗的时候，我国国民正处于九死一生痛苦万状的情形下，他们的当局竟无心肝地遣派了数万强盗式的日本丘八。在日本正式军官的指挥之下，悍然不顾破坏东亚和平之罪，当本月十八日我国东北边防大人们正在啸聚一堂、歌舞纵乐之际，迥向我国固有的领土东三省作战，随时中国的许多领土就被占领了！……我们无辜的同胞被屠杀而死于日本帝国主义铁蹄之下的已达数万余名，其余被杀而灭迹的不知有多少了！同胞们！这固然是我们守土大员没有相当的准备和能力，但是日本白色帝国主义者，这种仇杀我们的传统政策，造成多么重大的恐怖啊！亲爱的同胞们啊！日本军队对于我国这种暴行，是他们外交上预定的计划，而且他们的野心是毫无止境的，恐怕要不了多少时候，就会逼近到内地的国民身上来了！中国内地国民流血的日子是逃不脱了！但是，亲爱的同胞们，你们请听啊，全国的血钟在响了！我们古老的有血性的民族，到底是不懂什么是屈服的，我们要执戈而起，为国捐躯，这是我们目前必须要尽的紧要的天职！……亲爱的同胞们！时至矣！事迫矣！再不要抱着从前的老样子，以为国事由政府负责，我们国民无权去过问的；这种样子只有等亡国，这种态度是亡国奴的态度！是一种很可耻的态度！①

可以看出，从《抗日血钟》创刊号就可以看出，自创刊伊始，河南大学的爱国教师就把宣扬抗日救国思想、强调中华民族已经到了最危急的时

---

① 河南大学反日救国会编：《河南大学反日救国会告全国同胞宣言》，《抗日血钟》1931年第1期。

刻，全国各族人民要全面团结起来反抗日本帝国主义的侵略作为刊物的基本基调。

为了在最广大范围内宣传抗日爱国思想，在编辑《抗日血钟》时候，河南大学师生较为精细地规划了刊物的体裁和文风，把学术性的文字和通俗性的言论融为一体，以便适宜河南社会各个阶层的人士阅读。

为了便于让懂得粗浅文字的广大民众了解日军的凶暴，特意选编了由黄增祥编写的小剧本《倒埋》，用浅显易懂的小剧本形式，讲述了一个年轻的中国女子携带幼童逃跑途中，在遭遇到日本侵略者后，日本士兵企图对女子进行凌辱，由于女子不从而后女子和幼童双双被日军倒提双腿头朝下活埋的故事。从而向人们传播了如果不坚决抵抗日本侵略者的入侵，不仅没有尊严可言，而且连起码的人身安全都不能得到保障的观念。而其中的一些台词，则从另一角度表现了知识分子对当时政府不抵抗政策的义愤，富有前瞻性地看到日本帝国主义者会进一步扩大侵略态势的这一野心。比如，当中国少女说出"我们并不是弱者！我们有四万万同胞！我们有数百万兵士！我们有热血！我们的怒气会把你们吞没！"①这句话的时候，日兵狂妄地说："你们有数百万士兵，但是他们只会到乡里欺诈百姓，为他们的官长争地盘拼个你死我活，此外，他们有甚用处！他们恰像一群恶狼，盘踞一块好地，只知道搜集上面的物品，决不知道将她保护……日本能占你们的东北，也能占据你们的中原！我敢说，三年之后，整个的中国，会如东北般变为第二个朝鲜。……"② 而在以"资清"为笔名所撰写的几首"竹枝词"中，则通过"割来东北补倭天，鸭绿江中血浪前。举竟王郎勤国事，携娇赏月到湖边"，③ 表达了当时国民党政府当权者在大敌紧逼的民族危亡之际仍对国事漠不关心这种态度的愤慨。除了选编一些通俗性且富有教育意义的抗日故事外，针对广大知识分子对抗日局势的关心，河南大学抗日委员会编辑委员会的人员也从不同的角度选取或编写与抗战政策相关的有学术性味道的文章，从各个方面和中日两国国土、人口、实力等方面分析了日本侵略中国的深刻原

---

① 守贤：《倒埋》，《抗日血钟》1931 年第 2 期。
② 守贤：《倒埋》，《抗日血钟》1931 年第 2 期。
③ 资清：《割来竹枝词：王部长携妻赏月》，《抗日血钟》1931 年第 2 期。

因和国际社会对待日本侵略中国的态度，宣传了中国必胜的这一信念，以促使一些处于游移态度的知识分子转变观念、坚定抗日的决心。如在第1期上刊载的"从煊泰局长说到第二个冷静""国联行政院于满洲问题之会议纪要""各国对于中日事件之舆论及对于中日两国之换文"，第二期上刊载的"日本出兵中国与最近太平洋之形势""日本对华之根本方策"，第五期上刊载的"由嫩江事件论及日本在东三省之侵略政策""日本对华之根本方策"等均属于这方面的文章。

为了让河南知识分子和广大民众了解日寇占领东北的严重性，向广大民众宣传中华民族已经到了最危急的关头。《抗日血钟》紧密跟踪"九一八"事变之后抗日之形势，及时向河南各界人士介绍日寇对中国侵略的最新情况以及中国军队的抵抗状况，同时，与当时很多政府举办的主流媒体相左，不是和它们一样称赞"不抵抗政策"，而是激烈抨击在"九一八"事变之后中国政府继续执行的软弱退让政策。如在第四期的"暴日炮击天津矣"一文中，不但简明扼要地介绍了"九一八"事变以后土肥原到天津诱降溥仪的经过，而且，再次指出了面对日本侵略者的又一次挑衅，政府却以"实力自卫"为口号一再退让的事实。一针见血地指出："沈阳之失陷也，一再镇静，一再退让，至于今日，除引起日本更野蛮更扩大之暴行外，有何结果？当时亦曾一再邀请各国公使领事，在美酒佳肴之欢宴中，说明开脱之责任，除博得'有礼貌的中华民族一语'外，至今究有何补？事实俱在，不盲者自能见，不唵者能言，虽愚者亦能知也。"① 同时，详细地介绍了马占山将军在东北抵抗日军侵略的事实和经过，详述了由于黑龙江地方官员早把省库饷款一卷而空导致了马占山孤军无援、弹尽粮绝而不得不饮恨撤退的悲凉状况，对马占山将军抵抗日寇失败的根本原因进行深层次分析。强调："马占山将军没有失败！失败的只是其他一般勇于内战而怯于御侮的军人！只是不争气的中国人！"② 《抗日血钟》的这些言论，不仅反映出了河南大学师生在当时"不抵抗政策"这种阴霾氛围下所表现出的清醒头脑，也无疑是当时很多处于懵懵懂懂状态的河南民众的一剂清醒剂。

---

① 号兵：《暴日炮击天津矣》，《抗日血钟》1931年第4期。
② 铁胆：《马占山失败以后》，《抗日血钟》1931年第4期。

对于在大学工作和学习的知识分子而言，教书育人、学习和从事科研工作是他们的本分，而在祖国危亡时刻用自己的知识作为武器传播爱国思想则是他们的责任。从这个维度看，"九一八"事变爆发以后，河南大学的广大师生，不仅在教育过程中通过自己辛勤的劳动恪守着自己的本分，也通过举办《抗日血钟》等刊物来坚守着自己的社会责任。不仅通过教书育人和学习文化知识让民国时期河南大学的校园内响起阵阵"读书声"，也让学生在读书之余关注校园外面的"风声和雨声"。而且，更广泛层面上看，通过《抗日血钟》等进步刊物的创办，让河南民众在关心自己"家事"的同时，也开始关注与民族危亡相关的"国事和天下事"。

第二节 改进地方社会风俗

民国时期，由于中国几乎一直处于战乱扰攘的状态下，虽然各种教育思潮和教育实验纷纷扬扬，但从中国整个民众的情况看，文化程度低下，识字率不高是普遍存在的现象。晏阳初当时就痛心地指出："吾国民数虽号称四万万，但未受教育的，竟多至三万万以上，其智识力如何不待言。产业不兴，生活艰窘，穷民饿殍，遍地皆是，其生产力如何不待言。举国之人，勇于私斗，而怯于公战，轻视公义，而重视私情，其团结力公共心如何更不待言。以如是的国民，来建设二十世纪的共和国家，无论采用何种主义，施行何种政策，一若植树林于波涛之上，如何可以安定得根！"[1] "全国三万万以上的文盲，名为二十世纪共和国的主人翁，实为中世纪专制国家老愚民。当今世界为民族智识的战场，以目不识丁的民族和饱受教育的民族相竞争，瞎子斗不过明眼人这是何等显明事理"。[2] 晏阳初的话清晰地指陈了对民众进行普及教育和改变社会陋习的复杂性、艰巨性和必要性。

---

[1] 吴相湘：《晏阳初传》，岳麓书社2001年版，第69页。
[2] 晏阳初：《平民教育概论》，《教育杂志》1927年第19卷第6期。

具体到居于内陆的河南而言，文盲占据了全省人数的80%以上。[①] 识字率低下不仅导致了社会风俗落后，而且很多人更是连生存的一技之长都没有。在这种现状下，如何提高河南民众的识字率，改变河南社会风俗是当时河南地方政府面对的一个重要问题。河南大学的很多优秀毕业生以河南省立民众教育馆（前身为河南教育馆）为平台，致力于改变河南社会风俗，在河南近代普通民众移风易俗方面做出了巨大贡献。

需要指出的是，一直到1928年上半年，河南省仍没有专门的民众教育管理和普及机构。1927年，在冯玉祥第二次主豫期间，冯玉祥邀请著名学者和民众教育家江问渔担任河南省教育厅厅长。江问渔莅任后，在冯玉祥的鼎力支持下，不遗余力地对河南教育进行改革。在对河南教育进行改革的同时，江问渔也把民众教育提到了日程上来。

1928年2月，河南省教育厅决定"筹设一大规模之省教育馆，以补学校教育之不足"，[②] 希望通过设立这一机构能够对河南民众进行各种通俗和普及教育，使之成为改变河南民众社会风俗的重要机构，1928年5月7日，河南教育馆正式成立，并约定由教育厅长兼任馆长，但设置主任一职主持常务工作。其时，除了厅长兼任馆长外，馆内常设主任一人，事务员二人，书记兼会计一人，勤务六人。每月经费共计251元。1931年2月，河南省议会议决将河南省教育馆改制为河南省民众教育馆，进一步扩大职能，并决定取消以往教育厅长兼任馆长之规定，把以往的主任改组为馆长。针对广大民众展开有关健康、识字、修身、生活技能等的推广工作以及进行爱国主义教育，等等。自河南教育馆创设开始，直到抗战全面爆发前，就一直与河南地方政府配合，通过制定各项行之有效的规章制度和开展各种各样丰富多彩的活动，有效地实施了一系列改进河南社会风俗的工作。

河南省立民众教育馆的人员构成中，河南大学毕业生占据了很大比例，而主要负责人则几乎全部被河南大学毕业生所包揽。馆长兼教区委员为河南大学文学院毕业生沈世祺，教导部主任为河南大学法学院毕业

[①] 杨晓晴：《二十二年度河南省立民众教育馆工作报告》，开封：河南省立民众教育馆总务部1934年版，第9页。

[②] 《豫教厅创办教育馆》，《中央日报》1928年2月29日第3版。

生刘宗旺，总务部主任为河南大学教育系毕业生杨晓晴，展览部主任为河南大学文学院毕业生郑伯曾，推广部主任一度为河南大学教育系毕业生、后来对豫剧改良做出巨大贡献的樊粹庭担任。另外，展览部干事李少勋、牛叔久（即牛庸懋），总务部干事郭翠轩等也都是河南大学毕业生。[1] 这些毕业生利用自己的学识，结合河南社会发展的实际，为改良河南社会风俗，发展河南民众教育做出了巨大贡献。

一 樊粹庭对全省民众教育的贡献

樊粹庭（1905—1966），名郁，字粹庭，1905年3月10日（农历乙巳二月初五）出生于河南省遂平县潘庄村。1919年，樊粹庭14岁的时候，考入河南留学欧美预备学校第三次英文科学习，1923年，在河南留学欧美预备学校毕业后，适逢河南留学欧美预备学校升格为中州大学，樊粹庭即转入中州大学教育系学习，并于1928年[2]毕业于河南中山大学教育系。[3] 作为河南大学的优秀毕业生，樊粹庭被人们所认知和熟悉，主要是他对豫剧改良的贡献上。在河南现代文化史乃至中国现代文化史上，樊粹庭因为对豫剧改革的里程碑式贡献而被称为"现代豫剧之父"。其实，自河南大学毕业后，樊粹庭在致力于豫剧改良之前的一段时间一直在河南省立民众教育馆工作，且对河南民众教育的实施做了一系列开创性的工作。但由于樊粹庭对豫剧改良的巨大贡献，使人们对樊粹庭对河南文化贡献的关注，基本上聚焦于他对豫剧的改良这一方面，这也在一定程度上遮掩了他对河南民众教育所做的贡献。其实，由于樊粹庭较早进入河南民众教育馆工作，且在致力于改变河南社会风俗的一些方面，特别是在河南民众教育的制度建设方面堪有筚路蓝缕之功。通过樊粹庭对河南民众教育发展的贡献，一定程度上也是河南大学对河南民众教育贡献的一个缩影。因此，有必要透过繁杂的史料来吹沙见金，专门就樊

---

[1] 杨晓晴：《二十二年度河南省立民众教育馆工作报告》，开封：河南省立民众教育馆总务部1934年版，第2—3页。

[2] 关于樊粹庭先生毕业时间，有些著作叙述为1929年毕业于河南大学。但在樊粹庭先生儿子樊琦先生撰写的《樊粹庭生平年谱》中，则指出"1928年，二十三岁，6月，樊粹庭毕业于河南中山大学文学教育系"。在本文中采用樊琦先生的这一说法。

[3] 樊粹庭：《樊粹庭文集·手札评鉴》，张大新编校，河南大学出版社2012年版，第434页。

粹庭对河南民众教育的贡献作一系统介绍。

(一) 较为系统、全面地对河南民众教育组织架构进行规划

1929年樊粹庭从河南大学教育系毕业后，即步入河南教育馆开始从事民众就教育工作。入馆后不久，通过对河南省民众的生存状况和受教育程度进行大量实地调研，樊粹庭起草拟定了《民众教育建设纲领草案》（以下简称《草案》），就笔者目力所及，这也是民国时期河南省有关民众教育建设的最早的系统性纲领，对于河南民众教育的制度性建设，具有一定的奠基作用。该《草案》分为民众教育总则、学校式民众教育和社会式民众教育三个部分，其基本内容如下：

甲：民众教育总则
1. 民众教育之宗旨；
2. 民众教育基础原则；
3. 民众教育的目标；
4. 民众教育行政组；
5. 民众教育经费之来源；
6. 民众教育之分期进行步骤；
7. 民众教育之种类。

乙：学校式民众教育
1. 民众学校之宗旨；
2. 民众学校之任务；
3. 民众学校实施的步骤；
4. 民众学校教师；
5. 民众学校的校舍；
6. 民众学校之课程；
7. 民众学校之招生方法；
8. 民众学校教学；
9. 民众学校之指导方法；
10. 民众学校之测验；
11. 民众学校之毕业标准；

第三章 地方文化的改良者:传播和传承先进文化 / 181

丙:社会式民众教育

1. 通俗教育馆;
2. 民众图书馆;
3. 实业馆;
4. 职工教育馆;
5. 美术馆;
6. 革命纪念馆;
7. 民众讲演团;
8. 民众武术团;
9. 民众音乐团;
10. 中山俱乐部;
11. 民众报社;
12. 茶社。①

在《草案》当中,樊粹庭不仅对民众教育的宗旨、基础原则、目标、分期进行步骤进行了详细说明和规划,而且,也对河南实施民众教育的种类进行了初步界定。

在民众教育的宗旨上,樊粹庭以孙中山先生提出的三民主义为基础,把"充实人民生活、扩植社会生存、发展国民生计、延续民族生命和促进世界大同"作为河南省民众教育的基本宗旨。依据这一宗旨,樊粹庭把民众教育的目标分为民族主义教育目标、民权主义教育目标和民生主义教育目标三大类别。在樊粹庭看来,在民众教育上要实现民族主义这一教育目标,不仅要使广大民众具备民族地位的基本常识,而且要让广大民众具有恢复民族地位的心理基础。而要使河南民众具备这些基本常识、恢复这些心理基础,其前提是让广大民众识字,"能够运用构成民族重要的'文字'原素"。而在民权主义的民众教育目标方面,樊粹庭强调要通过各种各样的教育,使河南民众能够具备民权常识、了解民权的重要性,通过具备民权常识,才能有保障民权的实力和作为国家主人翁的气概。樊粹庭认为,对民众进行民生教育是民众教育不可或缺的重要组

---

① 樊粹庭:《民众教育建设纲领草案》,《河南教育》1929 年第 2 卷第 1 期。

成部分。因此，民生主义民众教育的基本原则，一方面在于增进民众生活上所必需的常识，另一方面则在于培养在社会上生产的能力。基于这种认识，樊粹庭认为，要让河南广大民众了解并真正信仰民生主义。也只有在了解并信仰民生主义的基础上，才能让广大民众了解民生凋敝的根本原因及解决的主要途径，让广大民众不能局限于仅仅维持生活这一层面，更要有改进生活的信心和决心。

正是在以上认知的基础上，樊粹庭认为，在实施步骤上，应当分期进行，以循序渐进为实施的基本原则。

首先，樊粹庭把河南民众教育的实施分为三个阶段。第一阶段是调查阶段，要对河南全省各地民众情况进行较为精确的调查，通过分类统计后，初步制订教育计划，并制定教育的实施标准。经过调查后，先根据各地实际情况建设通俗性的图书馆和美术馆，能让民众接受最为直观的基本文化教育。前两期所规划的任务基本完成后，樊粹庭认为，第三阶段主要是实施前两个阶段已经确立的民众教育的各项计划，并采用各种行之有效的办法进行推广，同时，也要推动河南全省各个地方组建各种民众教育机构，并充实其设备。

其次，在以上认识的基础上，樊粹庭把河南民众教育划分为"学校式民众教育"和"社会式民众教育"两个类型。"学校式民众教育"应当注重"各种成人学校""夜校""半日学校""来复日学校""露天学校""闲日学校"和"盲哑学校"的建设。①

在此基础上，樊粹庭分别对"学校式民众教育"和"社会式民众教育"的宗旨、任务和步骤也作了较为详细的规定。

樊粹庭认为，民众学校是学校式民众教育实施的主要渠道，因此，一定程度上，要确保民众学校能够从客观的"影响源"变为使广大民众接受的具有主观和主体性质的"实质性影响"，就应当把"除文盲"和"兴新民"作为民众学校的基本宗旨。为了实现这一基本宗旨，樊粹庭认为，民众学校作为"学校式民众教育"推广的重要平台，其主要任务分为三个方面。第一，使人民能认识和应用普通的文字；第二，应当给予民众以相当的公民的训练；第三，应以增进民众的谋生智能为鹄的。基

---

① 樊粹庭：《民众教育建设纲领草案》，《河南教育》1929年第2卷第1期。

于这种认识,樊粹庭认为,要让广大河南民众接受民众学校、愿意到民众学校学习,并非一个一蹴而就的过程,而是一个让民众由不知到知道、由不认可到认可的循序渐进过程。而要让民众真正认识到民众教育的重要性,愿意到民众学校接受一定的教育,前提是对建设民众学校的客观社会环境进行宣传。樊粹庭认为,应当以河南行政规划为基础,分区实施民众学校的建设和推广。通过组织演讲队、利用河南各个地方基层政府的推动、举行民众教育运动大会、发放劝学单等形式来对民众学校改善广大民众民生的重要性进行宣传。在此基础上,樊粹庭对民众学校创办过程中开展调查和办理的途径等做了较为系统的规划。在樊粹庭看来,建立民众学校,课程、教材、教学方法乃至测验固然是必不可少的环节,但关键在于教师的选用上。樊粹庭认为,民众学校的教师除了具有一定的文化水平外,应当把从事民众教育事业的态度放在首要地位。具体来说,在行为上应"力求美良";在社会交际能力上应"洞悉人情世故";在胸襟上应"宽空大量";在工作上应"具有刚毅忍耐之精神和研究精神";等等。①

樊粹庭认为,较之于"学校式民众教育","社会式民众教育"的推广推进更为广泛,方式也更加灵活。因此,应当通过建立较为完备的社会式民众教育机构来对民众教育加以实施。基于这一认识,樊粹庭主张,在建立较为完备的"社会式民众教育"基本架构的基础上,应当编织起覆盖各个方面的社会式民众教育网络。也正是在这种认知的基础上,樊粹庭对"社会式民众教育"所属的十几个机构进行了细化,以保证各个机构能够最大成效地推广和实施民众教育。而在整个"社会式民众教育"网络的编织上,樊粹庭最为关注的应当是如何使民众教育能够真正和广大民众的实际需要结合起来。比如,在通俗教育馆中,樊粹庭就把"民众问事处"作为较为重要的机构来设置,以帮助普通民众解决各种急需事宜。在民众图书馆建设中,则强调要把对民众进行日常生活常识的灌输作为重要宗旨。因此,在图书馆的具体工作中,除了日常的每天开馆外,也把每天教授民众识字、写书信、便条等日常事务作为重要工作。②

---

① 樊粹庭:《民众教育建设纲领草案》,《河南教育》1929 年第 2 卷第 1 期。
② 樊粹庭:《民众教育建设纲领草案》,《河南教育》1929 年第 2 卷第 1 期。

因为樊粹庭在大学时代就对戏剧抱有浓厚的兴趣，因此，在河南省立民众教育馆开始从事民众教育事业后，如何通过戏剧来进行民众教育，也一直是樊粹庭较为关注的一个重要方面。正因为如此，樊粹庭把组建民众剧团作为实施民众教育的重要机构，希望以戏剧的艺术形式来在民众中进行广泛的教育。此外，樊粹庭认为，卫生是普通民众民生的重要环节和不可或缺的组成部分，要使河南广大民众懂得基本的卫生知识，就需要通过民众教育来广泛传播基本的卫生知识。基于这种认识，樊粹庭主张在民众教育馆设立"卫生教育部"，以便传播卫生常识，要通过日常宣传教育，让普通民众了解到肠热症、霍乱、痢疾、破伤风、白喉、疟疾、疥疮、脚气、咬病（狂犬病）等的防治方法。同时，樊粹庭认为，要通过演讲、张贴标语和利用幻灯片宣传等形式，让普通民众学会灭蝇、填除污水池塘、注意厨房厕所洁净以及学会使用常用时令症的预防药水等事项。

在对河南民众教育组织架构进行较为全面规划的同时，樊粹庭充分发挥自己的特长，通过艺术形式这一广大民众最为喜闻乐见的方式来对河南民众实施教育，为改变河南普通民众的习俗、传播爱国主义精神，推进河南文化进步做出了不可忽视的贡献。

（二）以艺术形式实施民众教育

为了在民众中广泛宣传爱国主义精神，让广大民众能够意识到自己的地位和责任，在当时有限的条件下，樊粹庭主要通过编排戏剧和放映幻灯片、电影等艺术方式来身体力行地推行民众教育。

1929年，樊粹庭到河南民众教育馆工作不久，为了鼓励广大知识青年从事乡村教育，传播先进思想，在从事繁重的日常工作之余，利用闲暇时间编写了三幕戏剧《一个热心乡村教育的青年》，利用戏剧的形式来传播进步思想，以更为直观的形式实施民众教育。该剧本以乡村师范毕业生、一个富有革命性的青年赵志坚为线索，宣扬了革命的艰巨性和必要性。虽然该剧本以"一个热心乡村教育的青年"为题目，但在整个剧情和台词中，主要宣传浅显的革命道理，强调要改变民生，就要实施民众教育，而要实施民众教育，又必须改变旧的社会制度。在该剧本中，首先说明了实施民众教育和革命的关系。比如，该剧主角赵志坚拜访乡村劣绅段鸿业时候说道：

>现在我们中国虽说暂时统一了，可是革命基础还没稳固，要想稳固革命基础，除非唤起民众，使民众明白革命是什么？自己的地位是什么？自己的责任是什么？可是，我们国内四万万同胞，就有三万万四千万目不识丁的，像这种情形，怎么能使他们明了一切呢？所以说"教育"这两个字，的确是我们应当进行之急务。又因为中国最多的是农民，所以办农村教育尤其特别重要。我想我先在我们村上试办两种学校：一种是乡村小学校，凡是我们村上的儿童到了入学的年龄，都有到这学校来求学的权利，一切书籍衣食，概由学校供给，不另收费。这样，穷人家的子弟才有进学校的机会。一种是为利于人民的职业及知识起见，设立各种民众学校；然乡村大半是农民，我们只设立农民补习学校及女子补习学校也就够了。以后再拿我们的村子作中心，推而至于全区、全县、全省、全国都能施行这两种教育，到那个时候，中国的教育一定能普及；革命的基础一定能巩固。①

从该段台词可以看出，借赵志坚之口，不仅抒发了自己希望实施义务教育的强烈愿望，也鲜明地指出了扫除文盲是实施革命的重要基础。同时，从整个剧本的台词看，樊粹庭关于民众教育的思想，似乎已经开始摆脱仅仅停留在社会改良的层面上这一认知。虽然他仍然没有意识到帝国主义的侵略和封建势力的压迫剥削才是造成农民贫困和无法接受知识的根源，但也开始意识到要想真正让农民接受教育，改变中国广大民众贫穷、愚昧和落后的状况，其根源应当是要通过革命来铲除旧的社会制度。

在剧本中，当段鸿业之子段光祖派人刺杀赵志坚导致赵志坚受伤、段光祖来假惺惺地探望的时候，由于赵志坚等都还被蒙在鼓中，以为是土匪所为。赵志坚就对段光祖说："唉！不怨天，不尤人。究竟土匪的罪恶，不是他们自己的罪恶，是社会给他们造成的罪恶；社会的罪恶，也不是铁根难移的，只待我们去拔除它。我们恨，也只有恨社会，它不该

---

① 樊粹庭：《一个热心乡村教育的青年（三幕剧）》，《河南教育》1929年第2卷第3期。

造成一个人的罪恶;我们怨,也只有怨自己,为何不努力除掉罪恶的根苗?"① 而段光祖则回答道:"是呀!你说的真对!土匪是哪里来的呢?还不是因为国家政治的紊乱,社会制度的不良,才产生出这些铤而走险的暴徒来危害人类;不但土匪,其他一切危害人类的,也未尝不是由于这种原因,所以我们要想为自己除害,为人类除害,为自己谋幸福,为人类谋幸福,便要彻底的革命,努力去牺牲,推翻一切不适宜的旧制度,重建起一切适宜的新制度,使社会得到永久的和平,人类得享永久的幸福,才是我们革命者应有的抱负。"②

众所周知,作品是作者思想和价值观最为集中和显著的反映,从这一剧本的台词中也可以看出,樊粹庭所秉持的民众教育主张,在实际上已经有着要求通过革命来改变旧制度,以此来改变广大民众民生的强烈诉求。

除了组织人员把编写的剧本搬上舞台来向河南民众传递进步的思想文化外,樊粹庭致力于用幻灯和电影等先进手段来实施民众教育,一定程度上,樊粹庭可谓是河南电化教育的开创者之一。

早在1928年,樊粹庭刚刚进入河南省立民众教育馆不久,即建议购置幻灯放映机和广播器材等先进器材来实施民众教育的推广工作。在幻灯放映机购置后不久,樊粹庭和同仁一道制作了各类幻灯片在开封一些民众学校放映,通过幻灯片把一些通俗的文字和知识较为直观和形象地展现出来,深受广大民众欢迎,在民众教育上取得了意想不到的良好效果。樊粹庭和其同仁在实施河南民众教育过程中把幻灯片放映应用其中,一定程度上"为河南省电化教育事业的开创奠定了初步的物质基础"。③ 1930年以后,樊粹庭开始担任推广部主任一职。1931年,为了最大限度地在河南民众中传播现代科学文化知识,改变河南广大民众特别是广大农民在生产和生活方面的陋习,樊粹庭计划采用电影这种更为先进的手段推广民众教育。在樊粹庭的斡旋下,河南省立民众教育馆与河南省教育厅协调后,决定在上海购买一台发电机和电影放映机,利用电影作为

---

① 樊粹庭:《一个热心乡村教育的青年(三幕剧)》,《河南教育》1929年第2卷第3期。
② 樊粹庭:《一个热心乡村教育的青年(三幕剧)》,《河南教育》1929年第2卷第3期。
③ 张振江主编:《薪火集:河南大学名人传》(上),河南大学出版社2002年版,第490页。

工具，把新观念传播到河南广大民众当中。樊粹庭赴上海和当时的中国教育影片分馆取得联系，购置各种电化教育设备，包括16毫米摄影机、16毫米无声放映机、35毫米放映机及发电机各一部。与推广部的同仁克服了各种困难，自己尝试拍摄教育影片多部，与此同时，还在上海、北平、天津等地购买《苦学生》《冰清玉洁》《卓别林》等影片，与推广部的同事栾蕴玉、曲达武、关智民等共计6人，在全省各个县巡回放映，宣传现代科技、卫生等基本知识。[1] 据樊粹庭自己叙述，1931年至1934年，为了传播新观念，改变河南民众的陋习，他携带着电影放映机，走遍了河南75%以上的县。[2] 由于当时河南的电影院只有开封一所，很多民众根本不知道电影是什么东西，樊所到之处，颇受地方民众欢迎，通过放电影的形式，河南省立民众教育馆有效地对地方民众进行了较为直观的教育，在改变河南民众生产和生活方面的陋习、普及现代生产和生活的常识方面起到了极大的积极作用。

二　沈世祺和杨晓晴等对省立民众教育馆的机构改革

从1933年开始，沈世祺出任河南省立民众教育馆馆长。沈世祺担任河南省立民众教育馆馆长以前，河南省立民众教育馆共设有讲演部、编辑部、科学部、图书部、艺术部、体育部、推广部及总务部八个部门。沈就任以后，通过调查发现，原有八个部门之间的职能存在着骈赘现象，由于不同部门职能重复导致一些工作没有针对性，因此工作效率亟须提高。基于这种情况，沈世祺除了将原来的一些部门加以整合外，又采取了一些措施来增加相应的工作机构，以提高工作效率。[3]

首先，沈世祺把原有推广部下属的民众听讲处从体制上进行改造。原有的民众听讲处仅仅是平时对民众进行讲演的机构，而对民众的一些实际需要则没有太多帮助。因此，沈在民众听讲处原有的基础上，增设了民众询问处、民众代笔处以及民众识字处等机构，以便有针对性地对

---

[1] 樊粹庭：《樊粹庭文集·手札评鉴》，张大新编校，河南大学出版社2012年版，第435页。
[2] 樊郁：《樊粹庭自传》，《河南文史资料》1992年第2期。
[3] 杨晓晴：《二十二年度河南省立民众教育馆工作报告》，河南省立民众教育馆总务部1934年版，第3页。

民众进行帮助。①

其次，对原有的各部进行改造。沈世祺把原有的八个部精简为总务、教务和展览三个部门，其他的部门改制为活动事业委员会、编辑委员会、工商施教区委员会、经费稽核委员会等机构，以防人浮于事的现象发生。②

最后，针对开封中山市场经商人员鱼龙混杂，很多店主连账都不会算的现实，沈世祺组建了工商施教区委员会，以针对性地对这些店主进行教育，提高他们的知识水平。③

在对省立民众教育馆各个机构进行整合的基础上，沈世祺与其他河南大学的毕业生一起，展开了一系列改进河南社会风俗和传播爱国知识的工作。

（一）利用各种民众易于接受的形式改进民俗和传播爱国知识

考虑到河南大多数民众文化知识短缺的现实，以沈世祺、杨晓晴等为主的河南省立民众教育馆成员，采用多种便于广大民众接受的形式来进行改进民俗和传播爱国知识的活动。

第一，创办通俗刊物传播各种生活常识和知识。由于"民众教育的对象偏重成年人，凡成年的男女民众，不论贩夫走卒显宦豪商，都是民众教育的对象"④。因此，沈世祺和杨晓晴等河南省立民众教育馆的负责人在对民众的读书习惯进行了抽样调查后，认识到民众不仅没有良好的阅读习惯，而且也没有适合民众阅读的书籍。基于这一现实，他们确立了办民众刊物，既不能高深，也不能太长，而是要用各种浅显的文字，把各种常识灌输到民间去的办刊理念。在这一理念下，河南省立民众教育馆编印了适合一般大众阅读的通俗刊物《市民周刊》和《民众书报》等。

《市民周刊》的办刊宗旨是适应民众阅读，增进民众常识。刊物的内

---

① 杨晓晴：《二十二年度河南省立民众教育馆工作报告》，河南省立民众教育馆总务部1934年版，第2页。
② 杨晓晴：《二十二年度河南省立民众教育馆工作报告》，河南省立民众教育馆总务部1934年版，第3页。
③ 杨晓晴：《二十二年度河南省立民众教育馆工作报告》，河南省立民众教育馆总务部1934年版，第3页。
④ 高践四：《三十五年来中国之民众教育》，载商务印书馆编《最近三十五年之中国教育》，商务印书馆1931年版，第171页。

容主要以谈话、各种常识、文艺、问答、新闻、识字及格言为主。文字力求浅显，选题力求能够涵盖包括家事和天下事等方方面面。刊物可以根据形势的需要发行专号或者特大号等。如"一二八专号""年俗专号""妇女节纪念专号""总理逝世七周年纪念专号""造林运动专号""革命先烈纪念专号""儿童节纪念专号""小学演讲竞赛会报告专号""新生活运动专号""象棋竞赛会报告专号""国际现势特大号"以及"卫生专号"等。① 在1933年第18卷第2期的"卫生专号"上可以看到河南省立民众教育馆为普及民众卫生而做的努力（见表3-3）。

表3-3　　　　《市民周刊》1933年第18卷第2期要目

谈话	常识	家事讲座	卫生指导	识字
1. 卫生和救国 2. 公共卫生 3. 个人卫生要则 4. 怎样扑灭苍蝇 5. 容易中毒的食物 6. 铲除蚊虫 7. 水果的维他含有量 8. 夏末秋初的三大传染疾病	1. 清凉饮料的鉴别法 2. 怎样保护我们的牙齿	家庭主妇应用的卫生常识	1. 商人也需要讲卫生吗？ 2. 卫生民歌选 3. 民众卫生谜语选 4. 妨害卫生的惩罚方法 5. 反对苍蝇歌 6. 打倒蚊子歌	派心屑俯

资料来源：杨晓晴《二十二年度河南省立民众教育馆工作报告》，河南省立民众教育馆总务部1934年版。

与《市民周刊》相比较，《民众书报》则更为通俗和浅显。办理《民众书报》的缘由是考虑到"在文盲占百分之八十的国度里，实施民众教育是多么困难"② 这个事实。因此，《民众书报》在编排上主要采取图

---

① 杨晓晴：《二十二年度河南省立民众教育馆工作报告》，河南省立民众教育馆总务部1934年版，第8—9页。

② 杨晓晴：《二十二年度河南省立民众教育馆工作报告》，河南省立民众教育馆总务部1934年版，第9页。

画的方式（类似于连环画），把一般人们所应该了解和掌握的基本常识，用图画的方式表述出来，"使一般不识字和识字少人们，得有领会民众教育的机会"。① 为了便于教育广大民众，《民众书报》也编辑出版了很多专号。如"九一八专号""新年同乐专号""改革年俗专号""冬季卫生专号""春季卫生专号""防疫专号""戒烟专号""戒嫖专号""戒酒专号"和"戒赌专号"等。用通俗易懂的图画，向民众传讲爱国的思想和养成良好习惯、抛除恶习的重要性。如在"戒赌专号"上，就分为"渐成赌瘾""因赌误事""继而失业""债台高筑""被逼行乞"五部分，用直观和浅显的图画说明了赌博的危害。

这些刊物通俗易懂，比较亲切和浅显的行文方式使粗通文字的人们也都能够接受，且以生动的实例说明了陋习的危害性，对于改良河南社会习俗起了重要作用。

（二）用演讲和电影等形式广泛地宣传各种新的观念

刊物再通俗易懂，也需要识字才能够真正明白和了解，如果需要接受观念的受动者不识字，即使再浅显的刊物对于文化推广的对象也是徒劳的。民国时期，由于中国普通民众中很多是不识字的"睁眼瞎"，因此也就造成了通过刊物作为民众教育载体和渠道的局限性。与出版刊物相比较，语言具有更加直观的传递信息功能和交流功能。通过生动的语言传递，更加容易沟通情感，表达某种意愿，从而使听讲者更容易接受。当时，河南省立民众教育馆的人员意识到："中国是文盲最多的国家，差不多占全人类十分之七八，像睁眼瞎子的大集团，我们施教的对象就是他们。在他们面前，文字便失去了效力，于是不得不藉重于讲演。"② 正是基于这种考虑，河南省立民众教育馆也把讲演作为改变民众陋习、传播新型观念的重要方式。

从形式上看，主要包含了固定讲演和流动讲演两种形式。当时，由于宣传工具落后，且固定讲演是把民众"请进来"进行教育，宣传效果

---

① 杨晓晴：《二十二年度河南省立民众教育馆工作报告》，河南省立民众教育馆总务部1934年版，第10页。

② 杨晓晴：《二十二年度河南省立民众教育馆工作报告》，河南省立民众教育馆总务部1934年版，第12页。

相当有限。经过调查后，河南省立民众教育馆认为，要想最大限度地让最为广泛的民众从讲演中受到教益，必须走出去对民众进行宣传教育，因此，"流动讲演是唤起民众最普遍最有效的办法"①。基于此，除了固定讲演外，民众教育馆的工作成员主动走到省会开封以及其他县，主动送上门去对民众进行教育。

讲演内容分为党义类、家庭类、科学类和生产类四大类。这四大类别包含了很多丰富的内容。如党义类中，就包括了先烈小传、帝国主义侵略中国史、各种纪念日等，家庭类则包括了家庭卫生、儿童教育、妇女教育、家庭组织和现状等，而各种社会组织、工作组织和社会习惯都属于社会类别的演讲范畴。另外，为了破除人们敬鬼神的封建迷信思想，还用极为通俗的语言对各种自然现象的产生原因进行解释。可以说，演讲内容包罗万象且浅显易为人接受（见表3-4）。

表3-4　　　河南民众教育馆1933年下半年演讲内容概略

月份	内容
7月	1. 夏令四样害人的东西； 2. 儿童卫生； 3. 疾病的传染及预防方法； 4. 霍乱及其预防方法； 5. 蚊虫与疾病的关系； 6. 抗毒素是什么； 7. 蚊虫的生长； 8. 疟蚊的形态； 9. 灭蚊的方法； 10. 生秃疮的原因； 11. 秃疮的治疗； 12. 什么叫作公共卫生； 13. 公共卫生的方法。

---

① 杨晓晴：《二十二年度河南省立民众教育馆工作报告》，河南省立民众教育馆总务部1934年版，第18页。

续表

月份	内　容
8 月	1. 孙中山先生传略； 2. 廖仲恺先生传略； 3. 建立北美洲的华盛顿； 4. 朱执信先生传略； 5. 发明铁路的人； 6. 发明留声机的人； 7. 发明电话电报的人； 8. 造字的人； 9. 造纸的人。
9 月	1. 中村事件的发生； 2. 帝国主义下的满蒙； 3. 日本为什么侵略中国； 4. 列强对华的三种侵略； 5. 日本侵略中国的现状； 6. 我们怎样回应国难； 7. 国难给我们的觉悟； 8. 国难怎样应付； 9. 对于国难的感想； 10. 救国的几种方法； 11. 以热血收回我们的失地； 12. 航空救国； 13. 泯雪国耻； 14. 实业与救国。

续表

月份	内 容
10 月	1. 日本是我们最大的仇人； 2. 还回山河的责任在国人； 3. 大家愿一致抗日； 4. 对日本实行经济绝交； 5. 抗日的方法； 6. 日本侵略东三省的经过； 7. 东北日军近日配布状况； 8. 日本在东北的文化侵略； 9. 日本在东北的铁路计划； 10. 日本在东北的军事设施； 11. 日本在东北的积极政策； 12. 不识字的痛苦； 13. 上了不识字的当； 14. 不识字的人是睁眼瞎子； 15. 不识字人的故事。
11 月	1. 大家要用国货； 2. 国货不振的原因； 3. 国货与仇货的区别； 4. 不用国货即是不爱国； 5. 列强在华经济侵略； 6. 日本对华的经济侵略； 7. 中日之战； 8. 五九所给我们影响； 9. 中俄之战； 10. 中英之战。

续表

月份	内容
12月	1. 国历的由来； 2. 国历的方便； 3. 国历和废历的比较； 4. 我们为什么要实行国历废除旧历； 5. 鬼神的由来； 6. 宗教的种类； 7. 敬神不如敬父母； 8. 买香不如买书； 9. 中国的神道； 10. 世界的神道； 11. 河伯娶亲的故事； 12. 敬神不能救穷。

资料来源：杨晓晴《二十二年度河南省立民众教育馆工作报告》，河南省立民众教育馆总务部1934年版，第12—15页。

河南大学毕业生在主持河南省立民众教育馆期间，除了创办通俗刊物以外，用这一更为通俗的方式向广大民众宣传各种新的观念，对于河南广大民众价值观念的转变，起到了重要作用。

（三）通过创办民众学校来提高民众识字率和传播新观念

民国时期，民众学校是对民众进行教育和传播新文化的重要场所。河南省立民众教育馆也通过设立民众学校，把各种新文化传播到民间去，进而改变民众的思想观念和生活方式。

然而，由于民众教育对象的复杂性，可能给民众教育工作的效果带来很大的负面影响。民国时期民众教育代表人物高践四所引用的一段话生动地刻画出了民众教育的复杂性和难度："公民者皆工农商贾各执一业，以自养者也。且年在25岁以上则皆有家室妻子之累。令其仆仆朝夕、裹书笔、趋校舍，势必不行。今猝然而招之曰：'来，吾教汝为公民。'则众以为谑。且笑且走曰：'吾齿已长，吾不能咿呀复习童子业。'其愿者曰：'吾非不愿受教，吾禾在田，一日不治则草薉薉出；三日不治则蓬蓬出；五日不治则没胫，而吾禾病且死矣。吾不能！吾不能！'呜呼！信如是也，吾公民学堂尚可行耶？虽然吾见夫乡之人矣，晨起趋市，谓之趁墟集。入肆陈茗，且围坐喧杂一室，日中而返。或为叶子戏，连日夜不倦。问其人，则年方壮；问其家，则有田数十亩。于法当为公民者也。与之言学，则曰：'吾有职业，不可以抛荒。'与之言戏乐，则掉臂而从之。"① 较之于高践四所引用的这段话，当时河南民众教育所处的形势则更为复杂。一方面，由于河南地居中原，在当时混乱的环境下，处于四境环战的境地，大多数人民为了温饱苦苦挣扎，即使有学习新文化的愿望，也迫于生计几乎没有时间来从事学习。另一方面，无论是否有时间进入民众学校学习基本的民生常识，在大多数普通民众的观念里，进入学校学习仅仅是儿童的事情，与一般的成年人应该毫无关系。

在这种情况下，以沈世祺为代表的河南省立民众教育馆的工作人员不是守株待兔，而是采取主动送出去的办法，让广大民众切身体会到民众学校对自己的益处，从而通过在普通民众中传播新文化来促使民风的改变。也正如省立民众教育馆的主要负责人杨晓晴所言："民众不知识字读书的重要，以为这都是小孩子的事情，我们大人有事做、有饭吃、有钱花，还读什么无用的书？……我们既然到这里，对于招生的方法就不能不有所改良。过去一般民众学校招生总以为有学校还没有人来上么？读书是好事情，谁不来呢？实际上这是他们失败的地方。所以我们抱定深入民众，到民众队伍里去做宣传。"②

河南省立民众教育馆不仅采用讲演、组织宣传队等方式，把进入民众学校学习和普通民众的民生充分结合起来，向民众宣传民众学校的好处，而且还组织人员，印发传单，编成脍炙人口的顺口溜教人吟唱，通过吟唱了解民众学校的好处。如《民众学校十大好》：

第一好　不管年轻与年老；第二好　奉送书籍不费钞；
第三好　普通文字认识了；第四好　能够记账看书报；

---

① 高践四：《三十五年来中国之民众教育》，载商务印书馆编《最近三十五年之中国教育》，上海商务印书馆1931年版，第155—156页。
② 杨晓晴：《二十二年度河南省立民众教育馆工作报告》，河南省立民众教育馆总务部1934年版，第21—22页。

第五好　新的知识全知道；第六好　商人可有新头脑；

第七好　生意经络比人高；第八好　工人手艺日日巧；

第九好　衣食住行都有靠；第十好　一生快乐不烦恼。①

经过广大工作人员的努力，有相当数量、不同职业的人们到省立民众教育馆所设立的民众学校来学习。

针对学生成分复杂、又早过了学习最佳时间的特点，河南省立民众教育馆对他们"量体裁衣"，专门制定了适合这些"学生"学习的实用性教材。在习字上，主要帮助他们进行基本字的学习和练习，在学习生字的过程中帮助他们学会运用字典去进一步学习生字。鉴于很多人平时算账和记账要靠别人帮忙、不会简单的口算和运用算盘的情况，专门开设了珠算的运珠和记数法、珠算加减乘除的口诀及应用法、珠算定位法和九遍九的打法以及笔算加减乘除的运用方法，帮助进入民众学校的小商小贩们提高了日常生活中的计算能力，从而在部分程度上实现了"商人可有新头脑"的目标。

随着河南民众学校逐步走向正规，在班级上课时间和课程目标上制定了更加明确的规则。②

在班级上课时间上，首先根据年龄把受教对象分为成人班和儿童班。成人由于白天要工作，因此，就把成人的学习时间放在夜晚，儿童的学习时间放在白天。

在国语的教学目标上，强调养成阅读浅显书报的能力、运用日常应用文字之能力、练习写作文以表达己意以及能当众演说及讲演故事；在算术科目标上，则强调通过对正确数的观念的培养，养成解算日常生活中数量问题之能力和计算的敏捷性；常识科包括了公民训练和常识知识。20世纪30年代，随着日寇侵略的进一步加剧，中华民族的危机进一步加深。在这种恶劣的状况下，唤起一般民众"民族—国家"的认同感和爱国意识也成了文化传播的重要组成部分。因此，河南民众教育馆的常识

---

① 杨晓晴：《二十二年度河南省立民众教育馆工作报告》，河南省立民众教育馆总务部1934年版，第21—22页。

② 杨晓晴：《二十二年度河南省立民众教育馆工作报告》，河南省立民众教育馆总务部1934年版，第101—104页。

科，开设了民众个人与国家的关系、培养尽力社会、服从公意和忠于团体精神等这些和"民族—国家"内容相关的公民训练课程。另外，也根据现代卫生知识，开设一些关于个人和家庭卫生常识的课程。

与创办通俗刊物和举行演讲一道，河南民众教育馆下设的民众学校通过采取各种合乎实际的措施，有效地向广大民众传播了新文化和新思想。

(四) 利用代笔处和问询处解决民众实际困难

民国时期，河南民众中有很多是不识字的"睁眼瞎"。由于目不识丁，这些人根本无法用文字的形式来完整和准确地表达自己的意思。比如，在给别人做工的时候，因为没有签订合同而误入陷阱白白吃亏；逢年过节的时候，由于不会写对联而四处求人等现象比比皆是。

针对这种情况，为了帮助民众解决实际困难，河南省立民众教育馆的工作人员专门成立了民众代笔处，无偿对民众进行服务。

代笔的内容主要包括包工单、合同、戳记、呈文、履历片、账款、对联、信件等。从1933年8月代笔处成立，到1934年6月，帮助河南民众代笔各类事项共计662件，① 帮助解决地方民众的实际困难。

由于河南很多民众文化水平偏低，封建迷信思想可谓根深蒂固。冯玉祥回忆自己在河南主政的经历时候就说，整个河南民间弥漫着浓厚的迷信烟雾。② 因此，很多民众在生活中遇到困难的时候不是找人算命，就是求神拜佛，但最终还是无法解决各种问题。

基于这种现实，为了破除封建迷信，帮助广大民众解决实际困难，河南省立民众教育馆成立了问询处。杨晓晴就说："我们固然不是专家，没有精深的学识，人情世故不一定尽通晓，但我们根据书籍的记载、经验的获得以及专家的研究，所以我们自信自己的一切比之泥菩萨、假神仙，懂得的多。"③

问询处主要帮助民众阅读看不懂的信、看不懂的书、不明白的事情

---

① 杨晓晴：《二十二年度河南省立民众教育馆工作报告》，河南省立民众教育馆总务部1934年版，第31—32页。
② 冯玉祥：《我的生活》，岳麓书社1999年版，第336页。
③ 杨晓晴：《二十二年度河南省立民众教育馆工作报告》，河南省立民众教育馆总务部1934年版，第35页。

以及算不清的账目等。① 通过这一活动,有效地解决了部分河南民众的实际困难,对于破除封建迷信也起到了一定的积极作用。

河南大学的众多毕业生利用自己的聪明才智,积极参与改进河南社会风俗的活动中,为改变民国时期河南社会的各种陋习做出了积极的贡献。河南大学所培养的这些人才对改变河南社会风俗的贡献,在一定意义上也是河南大学对改变河南社会风俗的写照。

第三节　樊粹庭对豫剧的改良

豫剧作为中华民族的艺术瑰宝,在当前中国传统地方戏剧中占据着重要位置。到 1997 为止,已经在全国 16 个省、市、自治区拥有 230 个豫剧专业表演团体,单从表演剧团数量上看,豫剧已居于全国各类地方剧种的首位。② 20 世纪五六十年代,豫剧代表作如古装剧《花木兰》、现代剧《朝阳沟》等在全国几乎家喻户晓。

然而,直到 20 世纪 30 年代,豫剧可谓是在全国各种戏剧的夹缝中苟延残喘,并没有占据什么样的地位,而且被时人诟病为粗俗艺术和乡土野戏。也正因为如此,在樊粹庭改革豫剧前,事实上并没有"豫剧"这一名称,人们都把河南这种"乡土野戏"称为"河南梆子""豫梆"或"靠山吼",等等。豫剧之所以能在当今中国戏剧界占据重要地位,从被人批评为"乡土野戏"到登上大雅之堂,从由被叫作"河南梆子"的"乡土野戏"发展成为和"京剧""昆剧""越剧"等剧种几乎平分秋色、广为流传的一大戏剧流派,成为一种雅俗共赏的戏剧文化,与樊粹庭对豫剧的改良有着密切的关系。

樊粹庭自河南大学毕业后,相当长时间里一直在河南省立民众教育馆从事民众教育的推广工作。1934 年前后,基于豫剧在中国戏剧界极为落后这一现实,他把自己的事业重心放在对豫剧的改造和推广上,并邀请豫剧演员陈素真、赵义庭、张子林等在开封创建了豫声剧院。樊粹庭

---

① 杨晓晴:《二十二年度河南省立民众教育馆工作报告》,河南省立民众教育馆总务部 1934 年版,第 35 页。

② 韩德英、杨杨、杨健民:《中国豫剧》,河南人民出版社 1999 年版,第 177 页。

汲取了京剧等剧种的优点，对豫剧的表演、化妆、剧目等进行改革。抗战爆发后，以豫声剧院演员为主体创建"狮吼剧团"。从1935年起，樊粹庭自己开始编写剧本，在20多年的时间里共创作、改编剧本58部，被时人称为"樊戏"。自1937年开始，樊粹庭为了改善豫剧表演的诸多缺陷，博采其他戏剧流派的长处，到很多地方去观摩学习，把其他很多戏剧流派的表演方式融入豫剧当中，推动了豫剧由"乡土野戏"向现代剧种的转化。樊粹庭作为民国时期豫剧改良的先驱而彪炳于中国戏剧史。①也正如有学者所言："20世纪30年代，内忧外患把中华民族推向了存亡的边缘，以'重大担负者'自任的河南大学学子樊粹庭冲破种种阻力，甘心下'埋头工夫'……对植根中原沃土的祥符调施行全方位的改造和重塑，引导豫梆戏弃旧图新、步履稳健地步入现代化的进程，进而将其打造为声誉日隆的国内第一大地方剧种，在戊戌变法以来的百年戏剧变革大潮中树立起成功的典范。"②

一　豫剧改良前的缺陷

改良以前的豫剧主要在河南省农村流行。豫剧当时的缺点主要从台词、演员素质、演出场地、化妆、单调的说唱动作等方面表现出来。

当时豫剧主要靠口传心授，并没有什么现成的剧本。在这种情况下，不仅很多剧目的台词粗俗不堪，而且与主题无关的很多无聊土语被加进来插科打诨以博得观众一笑。

通过《陈州放粮》《封神榜》等剧目的片段，就可以看到当时台词的粗俗状况。

在《陈州放粮》中，扮演皇帝和包公的演员的对白如下：

> 扮演皇帝的演员上场引子："孤王生就个朝廷命，二十三岁我就坐朝廷。"

---

① 石磊：《中国豫剧第一批创作剧目："樊戏"研究》，中国戏剧出版社2003年版，第1—2页。
② 张大新：《樊粹庭在豫剧现代化进程中的卓越贡献》，《岭南师范学院学报》2017年第38卷第1期。

> 皇帝："宣包黑上殿。"
> 包公："臣包老爷见驾。"
> 皇帝："黑啦，叫你陈州放粮，你去是不去？"
> 包公："在家闲着也是闲着，只要管臣盘缠，怎着不去？"
> 皇帝："你要去，千万不要害孤的百姓。"
> 包公：要害百姓，是个鳖羔！
> ……

包公辞别皇帝上路，路上经过一片麦地的时候唱："放粮路过荞麦地，捉个鹌鹑是母的。"① 而在《封神榜》中，则把插科打诨发挥之淋漓尽致：

> 扮演赵公明的演员唱："赵公明骑梅花。"
> 扮演黄龙真人演员接唱："你骑梅花我骑啥？"
> 扮演赵公明的演员唱："我的老虎你骑吧。"
> 扮演黄龙真人的演员唱："我骑老虎我害怕。"

从这两个戏剧的片段台词上，可以窥见当时豫剧台词的粗俗程度。② 而一些长期在民间流行的梆子戏中，其台词就不是能用"粗俗"来形容，而真的可以称为"下流"了。如在《姚刚征南》中，旦角唱道："我一见小姚刚无从搭话，不由得小奴家骨酥皮麻。他头戴着锁子盔，身穿连环甲，胯下白龙马，银枪手里拿。嗳呀咳，娘的心，他是谁？他是谁家的个白娃娃！"③ 这些台词的确是粗鄙不堪。

也正因如此，当时有人就对豫剧的这种状况进行了尖锐的批评："角色粗鲁、行头破烂、说白纯系土音，唱词俚俗不堪。余历观广州戏、潮州戏、桂林戏、福州戏、黄陂戏、漳厦戏、乐平戏，以及绍兴、宁波、扬州、武林诸戏，或行头鲜艳，或唱念做派有研究之价值，或剧情穿插

---

① 徐慕云：《中国戏剧史》，上海世纪出版集团 2008 年版，第 114 页。
② 佚名：《河南梆子之可笑》，《北晨》1931 年第 1 卷第 44 期。
③ 徐慕云：《中国戏剧史》，上海世纪出版集团 2008 年版，第 114 页。

有足动人之处,惟河南梆子绝对一无可取焉。"① 虽然该批评把豫剧几乎彻底否定,但也部分反映豫剧改良前的事实。在樊粹庭对豫剧改良前,可以说整个知识分子阶层几乎均对豫剧持完全否定态度。当时有的报刊甚至尖刻地评价道:"究其内容,无非败俗风化,所谓公子遭难,小姐养汉,鄙俚之怪剧。"② 台词无聊且没有什么教育意义在一定程度上是当时豫剧的硬伤。著名豫剧表演艺术家陈素真提及豫剧改良前的情形就中肯地说道:"豫剧在地方戏中是最次的,既无河北梆子、山西梆子那样出色的技术,也无秦腔、川剧等文雅的戏词,和昆剧、京剧就更没法比了。一些词句粗俗,表演也土野。……我绝非故意贬低豫剧。这个剧种在一些方面实在是庸俗粗野的。"③

从演员素质看,樊粹庭对豫剧改良之前,河南豫剧界演员的整体素质不是很高,且吸食鸦片成风。演员上台前敞胸露怀,趿拉着鞋子,化妆后还叼着纸烟。④ 演员在台上极不严肃,笑场、误场、饮场屡见不鲜,后台打闹、敬神、赌博、抽大烟等无所不有。当时河南戏剧界有男角叫李剑云,因为唱腔好而红极一时,被号称为河南豫剧界的"五朵云"之首。人们用"地有两顷五,够不上叫声壮妞叔"(李剑云艺名壮妞)来形容李剑云红的高不可攀。然而,由于李染了吸食鸦片的恶习而坏了嗓子,不久就穷困潦倒地死于一座桥下。⑤ 像李这种吸食毒品的名角在当时的河南戏剧界非常普遍。

演出场地极为简陋也是影响豫剧发展的一个重要消极因素。在豫剧改革之前,主要是在乡村随便搭个高高的台子,演员在高台上进行演出,因此也被河南民众称为"高台戏",其演出条件之简陋程度完全可以称为"乡村野戏"。据陈素真回忆:"夏天顶着火一般的烈日,晒得出油,热得呕吐。冬天是冒着风雪,冷得颤抖,冻得发僵。我演高台戏时很害怕,

---

① 徐味纯:《开封郑州间最近剧事》,《戏剧月刊》1932年第3卷第11期。
② 佚名:《梆子戏之陆离观》,《河声日报》1915年6月26日第3版。
③ 陈素真:《情系舞台——陈素真回忆录》,中国人民政治协商会议河南省政治协商会议文史资料编印室1991年版,第70页。
④ 陈素真:《情系舞台——陈素真回忆录》,中国人民政治协商会议河南省政治协商会议文史资料编印室1991年版,第35页。
⑤ 陈素真:《情系舞台——陈素真回忆录》,中国人民政治协商会议河南省政治协商会议文史资料编印室1991年版,第74页。

不习惯。台板有的板缝离得宽，我人小脚也小，一不留心，脚就踩入板缝中了。我吃了这个亏，很害怕。"① 与农村相比，豫剧在当时河南城市的演出条件之简陋也令人唏嘘。永乐舞台位于省会开封，当时算是河南省演出条件比较好的场所了。据陈素真回忆，当时她在开封演出的永乐舞台是用席子搭建的棚子，到下雨天就无法上演。演出的时候，上边在演出，下边沏茶的、卖零食的、说话的、在过道上来回走动的人很多。条件差和场子混乱，一般当时有点身份的人怕失了身份是不去看戏的，看戏的都是出苦力的劳动人民。② 简陋的场地与其他缺陷交织在一起，限制了当时精英阶层对豫剧的认可度，从而在更为广泛的层面上限制了豫剧的传播和发展。

与其他剧种相比，改良前的豫剧在化妆上也是比较落后的。比如，旦角脸上不搽脂粉，只贴两块长鬓，用胭脂涂一下手心；小生鼻梁上抹一道红；花脸前额剃光半拉头；唱红脸的带个黑布条，不穿厚底靴，也无水袖；所有行当的戏衣全是绒线或洋布做的。③ 陈素真也回忆道："戏装全是布的，没有绸缎之类的道具。只有极个别唱小旦的，有干爹干妈捧场，给做几件花裙袄。演戏时，除了正角以外，一般连彩裤也不穿，更不穿靴子了。旦角也不穿彩鞋，全是自己的便鞋上场。"④ 民国时期有学者在河南采风的时候就对豫剧演员的化妆评价道："衣衫褴褛，面形菜色，诚被南人所云'三只破箱子，十个叫花子'者也。而本地人叫好之声，连连不绝，莫明其好处何在也。"⑤

除了以上缺陷之外，过于强调演唱，没有丰富多彩的动作辅以配合，音乐伴奏也较为单调，所有这一切叠加在一起，也使"河南梆子"根本无法登大雅之堂。当时在戏剧界就流传着"一清二簧三越调，梆子班子瞎胡闹"⑥ 这样的谚语。

---

① 陈素真：《情系舞台：选摘之二》，《中国戏剧》1994年第6期。
② 石磊：《中国豫剧第一批创作剧目："樊戏"研究》，中国戏剧出版社2003年版，第33页。
③ 《樊粹庭文集》，张大新编校，河南大学出版社2012年版，第425页。
④ 陈素真：《情系舞台——陈素真回忆录》，中国人民政治协商会议河南省政治协商会议文史资料编印室1991年版，第74页。
⑤ 胡朴安：《中华风俗志》（下编），河北人民出版社1988年版，第524页。
⑥ 刘克定：《祖言：中国戏曲谚语说要》，中央编译出版社2018年版，第86页。

豫剧的很多缺陷汇集在一起，在导致当时很多人对豫剧轻视的同时，也限制了豫剧自身的发展。对豫剧进行改良从而推动豫剧的发展已经是一个刻不容缓的任务。当时一些有见地的戏剧评论家对豫剧这一剧种并不是一概否定，而是认为应当进行改进以得到发扬光大。徐慕云就认为，对于河南梆子这种历史悠久的戏剧，应当加以提倡。绝不能因为它没有雕琢，就被认为是不堪入人的耳目，以至于像破烂鞋子一样被扔掉。[①] 而有的学者在看了河南梆子后则更为中肯地评价道："世果有心人，删其芜辞，叟其曼声。孰谓梆子便非乐府也邪。"[②] 这不仅是对河南梆子的全面评价，更是表达了希望有人能够对河南梆子进行改良的殷切期望。樊粹庭在20世纪30年代的一则日记上，则谈到了自己改良豫剧的决心："上午在寓看报未出，某报登有论梆剧一段，认为'冀晋陕三省虽较昆弋皮簧价值较低，然尚为不失为正当戏剧。……惟河南梆子未免近于粗俗，唱词亦欠文雅，说白完全土语，又觉鄙俚，使人听之殊觉不耐，所以河南梆子虽亦梆子，实不能与冀晋陕梆子并论也。'……观此，可见省外人士对豫省梆子轻视之一斑，负改革之任，谁愿当之，以洗此之辱也耶！"[③]

然而，想要对豫剧进行改良，一方面需要有聪明才智且能真正投身到该项事业中的对戏剧了解的知识分子，正如常香玉在回忆录里面所言，"豫梆进入城市以前，大规模改革与创新的条件是不具备的，因为农村里缺乏必要的物质基础和懂戏的知识分子"。[④] 另一方面，作为一种地方文化，想要对豫剧进行改良，势必需要社会各方面的支持配合。一定程度上，樊粹庭自己的知识储备和爱好以及当时河南社会环境，也正好给豫剧改良提供了相对适宜的充分条件。

二 樊粹庭对豫剧改良的基础

从樊粹庭本人看，之所以能够投身到豫剧改良工作中来并取得巨大成绩，不仅得益于他在河南大学学习过程中所养成的对戏剧的浓厚兴趣，

[①] 徐慕云：《中国戏剧史》，上海世纪出版集团2008年版，第114页。
[②] 冀野：《观河南梆子戏答客问》，《庠声》1932年第4期。
[③] 转引自韩德英、杨杨、杨健民《中国豫剧》，河南人民出版社1999年版，第141页。
[④] 常香玉、陈小玉、张黎至：《戏比天大——常香玉回忆录》，中国戏剧出版社1990年版，第130页。

也与在河南大学学习时候所获得的深厚学养和人脉资源有着密切的关系。

热爱戏剧艺术是樊本人其后能够投身到豫剧改良中去的先决条件。关于樊粹庭对戏剧艺术的热爱，有一个广为流传的故事。樊粹庭在河南大学求学期间，出于对戏剧的痴爱，经常在学习之余求教于开封等地方的艺人。但是，随着对戏剧的日益了解，由于当地的艺人无法满足他对戏剧探索的需求，因此，他萌生了到外地求教戏剧名家的念头。其父亲得知后，专程从遂平到开封以死相逼。若干年后，樊粹庭在和王景中先生闲聊时候曾经感慨道："人常说韩信是'成也萧何，败也萧何'。我是'成也迷戏，败也迷戏'，我爱戏入迷。父亲为了反对我搞戏，用吞服安眠药和脱离父子关系威胁我。"[①] 樊粹庭虽然在父亲的压力下继续在河南大学求学，但在大学期间繁重学习之余，仍投拜当时河南著名老京剧艺人贺桂福等学艺，与当时河南很多戏剧演员成为朋友，还专门寻找机会登台演戏，从中学到了传统戏剧中的很多真谛。夜里在同学们休息的时候，自己偷偷跑到操场上练嗓子和身段。[②] 同时，利用河南大学在河南比较优越的条件，樊使用学校所拥有的当时在河南为数不多的钻石针留声机，闲暇时候听取谭鑫培等名角的唱段。[③] 在河南大学组织的娱乐活动中，樊所饰演的泼辣的姨太太形象使他当时被称为"校园内的梅兰芳"。[④] 可以说，樊粹庭自己对戏剧艺术的痴迷，加上通过在河南大学的学习积淀的深厚文化知识素养和戏剧功底为他以后对豫剧进行改良奠定了基础。也使他不仅具备了懂戏，而且善于编剧和导演的才能。

同时，因当时河南文化事业主要由省教育厅主管，中原大战后到抗战前河南省教育厅的历任厅长几乎都曾经担任过河南大学校长，这无疑为曾经在河南大学求学的樊粹庭在政策等各方面会提供了便利。而当时开封市警察局局长是樊的大学同窗，樊对豫剧进行初步改革的豫声剧院所在地相国寺的保安队长是樊的学生。积极参与樊进行豫剧改良工作的豫剧表演艺术家陈素真后来就回忆道："樊粹庭当时年纪不大，官也不

---

① 《樊粹庭文集·手札评鉴》，张大新编校，河南大学出版社2012年版，第297页。
② 樊粹庭：《樊粹庭自传》，《河南文史资料》1992年第2期。
③ 石磊：《中国豫剧第一批创作剧目："樊戏"研究》，中国戏剧出版社2003年版，第18页。
④ 石磊：《中国豫剧第一批创作剧目："樊戏"研究》，中国戏剧出版社2003年版，第21页。

大，但他的门路却很多。省府的几大厅长，不是他的仁伯义叔，便是他的老师学生。警察局长是他的同学，保安队长是他的学生。开封东华门谍报机关的两大负责人，一名刘艺舟，是樊先生在留美预备学校时期的同班同学，一名尚振声，也是他的同班同学。"[1] 他的这些在警界的同学和学生无疑会从治安上对他的改革措施予以保障。从这些方面可以看出，樊在河南大学的学习经历无疑又为他以后对豫剧进行改革提供了广泛的人脉资源。

值得说明的是，河南省地方政府对豫剧改良的支持也为樊粹庭进行豫剧改革在政策上提供了保障。针对豫剧的种种缺陷，河南省政府以及主管文化事业的河南省教育厅从1930年起相继出台各种文件，要求对各种剧目进行整顿。

1930年，河南省政府发出相关文件，认为河南省当时流行的很多剧目，不是"诲盗诲淫"，就是"说神说鬼"，批评这些戏剧既不能陶冶民众的性情，也对改良社会风俗无所裨益。因此，要求各县组织专门人员，把流行的戏曲搜集齐全，交给河南省教育厅戏曲编审委员会进行逐件审查，详细修正以后再重新颁发，从而达到改良河南社会风化，增进民众高尚情操的目的。[2]

1933年，根据河南省政府指令，省教育厅又制定公布了一系列相关规程，成立戏曲改良委员会，首先对河南省会开封的各种戏剧进行审查和过滤，并在报纸上把能否上演的剧目公布。而后，依据河南省相关规程，河南各县也相继成立了戏曲改良委员会。[3]

正是在这各种相对有利的外界环境下，樊粹庭对豫剧进行了一系列改革。

三 樊粹庭对豫剧改革的贡献

樊粹庭对豫剧改良所做的贡献，以1937年初为界限，大致可以分为

---

[1] 陈素真：《情系舞台——陈素真回忆录》，中国人民政治协商会议河南省政治协商会议文史资料编印室1991年版，第77页。

[2] 河南省政府：《河南省政府年刊》，河南省政府内部资料1931年，第119页。

[3] 韩德英、杨杨、杨健民：《中国豫剧》，河南人民出版社1999年版，第140页。

两个阶段。第一个阶段大致从1934年到1936年，主要表现为樊粹庭对豫剧演员生活作风、剧院建筑模式和内部风格以及豫剧台词由庸俗化向高雅化转化等方面的改革。第二个阶段则主要是在1937年到1938年开封沦陷前，以从演员的道具和动作等方面的改革为主，通过对京剧等剧种中有关方面的吸收和内化，使优秀豫剧演员的舞台表演水平在细节上得到质的提升，为豫剧成为中国现代戏剧艺术中的一大流派从内涵的层面奠定了基础。

在第一阶段的改革中，樊粹庭主要基于自己对戏剧艺术的认知，一定程度上是从外围的层面来对豫剧进行改革。在笔者看来，主要应当包括通过制度建设从生活作风的角度来提高演员的素质、对剧院进行改造以及通过创作剧本来推动豫剧台词精致化、高雅化等几个方面来进行改革。

第一，采取各种措施提高演员素质。1934年年底樊粹庭接管永乐舞台后，做的第一件工作是把永乐舞台所属的所有演员召集起来学习，请专门老师讲课，每天学习两个小时，学习的中心内容就是"礼义廉耻忠孝仁义"这八个字，通过学习首先使演员的素质开始有了初步提高。在此基础上，针对以往演员的各种表现，樊又制定出了相关的前台和后台的制度。[①] 陈素真回忆道："这些制度对于豫剧来说，真是翻天覆地的大革命啊！"[②] 制度制定后，针对一些演员甚至是名角的不良行为，樊粹庭毫不手软地进行了处罚，虽然采用的是罚跪、打板子等比较粗暴的方式，但通过樊的治理，这些演员的坏毛病都给革除了。"更惊人的是多年吸毒品的人，居然在20天中全戒了"。[③] 演员素质的提高为樊粹庭以后的豫剧改良在人才方面奠定了最为核心的基础。

第二，把简陋的场地改造成在当时设施先进的剧院。如前所言，当年陈素真在永乐舞台演出的时候，场地简陋也是影响人们观看的一个重

[①] 陈素真：《情系舞台——陈素真回忆录》，中国人民政治协商会议河南省政治协商会议文史资料编印室1991年版，第74页。

[②] 陈素真：《情系舞台——陈素真回忆录》，中国人民政治协商会议河南省政治协商会议文史资料编印室1991年版，第74—75页。

[③] 陈素真：《情系舞台——陈素真回忆录》，中国人民政治协商会议河南省政治协商会议文史资料编印室1991年版，第74页。

要原因。为了提高演戏场地的品位，利用组织剧团演员学习的时间，樊粹庭把永乐舞台改造成了具有现代气息的豫声影院。当陈素真走进被樊粹庭改造过的豫声剧院时候，"眼前一亮，全变了。原先的木杠，木板，大席全没了，变成一色豆绿的长连椅了。地，不但墁上了砖，而且还是前低后高，即使坐在最末一排，戏也看得清清楚楚"。① 在20世纪30年代的河南，樊粹庭对戏院布局的改造堪称是革命性的，其改造的舞台的先进程度几乎到20世纪90年代初都不算过时，正如陈素真在20世纪90年代所言："冉看舞台，除了没有前边和中间两道拉幕，一切同现在的舞台一样。三十年代的樊先生，竟然能把戏剧舞台设计装置成和现在的舞台大体一样，只这一点，我认为就了不起。"② 环境的改善使上层人士首先在直观上开始能够接纳豫剧的表演环境，"戏院子变了，制度变了，观众也变了。同乐时的观众，极大多数是工、农、小商、学生、士兵、市民，是劳苦之人。到豫声之时，台下的池座上，变成了衣冠楚楚的上层人士了。每天的晚场，都有官员来看戏"③。樊粹庭对剧院建筑设计的改革，使豫剧演出开始在现实上登上了大雅之堂，加快了豫剧发展的现代化进程，为豫剧由乡野化到都市化迈进在宏观的物质环境上奠定了基础，也为豫剧演出场地树立了一个可资借鉴的样板，成为推动豫剧实现大规模改革的关键环节。经过在这方面的改革，"一向靠跑野台、赶庙会维持生机的'靠山吼'稳稳地占据了城市舞台，猥琐屑弱的'小土鸡'一跃而为翱翔云霄的'金凤凰'"。④

第三，利用自身知识素养创作剧本，使豫剧由传统的口传心授向有脚本转变。

1935年的一年时间里，樊粹庭创作了《凌云志》《义烈风》《三拂袖》《柳绿云》《霄壤恨》《涤耻血》《女贞花》七部作品，"这是中国豫

---

① 陈素真：《情系舞台——陈素真回忆录》，中国人民政治协商会议河南省政治协商会议文史资料编印室1991年版，第73页。

② 陈素真：《情系舞台——陈素真回忆录》，中国人民政治协商会议河南省政治协商会议文史资料编印室1991年版，第73页。

③ 陈素真：《情系舞台——陈素真回忆录》，中国人民政治协商会议河南省政治协商会议文史资料编印室1991年版，第73页。

④ 张大新：《樊粹庭在豫剧现代化进程中的卓越贡献》，《岭南师范学院学报》2017年第38卷第1期。

剧史上的第一批创作剧目，剧中所有的艺术典型均为豫剧所独有，这在豫剧发展史上当属前无古训之列，是从无到有的'零'的突破"。① 由于樊粹庭学过京剧，所以就大胆地把京剧的绸缎、彩鞋、水袖等引介到豫剧中来，开始初步改变了豫剧演员原来"形如乞丐"的形象。与此同时，樊粹庭的剧本剔除了旧有豫剧中的庸俗词段，添加了具有教育意义的思想内容，从而使豫剧起到了改变社会风俗的作用。而后，抗战爆发，樊又组织了"吼狮剧团"，通过戏剧演出来宣传爱国思想。

樊粹庭对豫剧的这些改良措施，初步使豫剧开始成为从"草根"到精英都喜欢的雅俗共赏的艺术，为豫剧传播和发展奠定了基础。在樊取得初步成功后，有人就评论道："梆戏为河南之地方剧……因不知改良之故，在开封仅能受一般平民阶级之欢迎。自樊粹庭君组织豫声剧院，即改良梆戏，如剧词之删改，场面之掉换，另外又创新剧数种，已成功者计有《女贞花》《涤耻血》等数种，颇受学界欢迎。"② 在新剧上演不久，为了对豫剧改良进行支持，当时主政河南的刘峙就携带家眷亲临豫声剧院观看，这无疑又在无形中扩大了豫剧的影响。樊粹庭对豫剧的改良，使京剧等当时堪称主流的剧种也开始对豫剧表示认可。《凌云志》上演后，有在开封采风的学者观看之后就评价道："《凌云志》为该社经理樊粹庭君所编……虽以梆戏演之，实无梆戏之庸俗，而有京剧之意味，可谓京剧化的河南梆戏。本地梆戏，向来作唱粗笨，未能免俗，加以人才不能集中，每感掣肘。今有豫声剧社，出而改进之，且有此诸名伶会串，可谓美且难并者矣。是则前途之成功，定可预测也。"③ 京剧四大名旦之一的程砚秋看了由樊粹庭编剧和导演、陈素真主演的豫剧《义烈风》之后，也对经樊粹庭改良后的豫剧给予了高度评价。程砚秋后来还专门题写了"青萍白璧原无价，海马云龙自不群"的条幅装裱后寄给陈素真。④ 这不仅表现出程砚秋对陈素真表演艺术的欣赏，更体现出了京剧界对改良后的豫剧已经开始认可和接纳。尤其重要的是，程砚秋的认可也扩大

---

① 石磊：《中国豫剧第一批创作剧目："樊戏"研究》，中国戏剧出版社2003年版，第35页。
② 瑞五：《再来谈谈开封的戏剧》，《戏剧周报》1936年第1卷第5期。
③ 豫英：《豫声剧社改良河南梆子》，《戏世界》1935年5月19日第2版。
④ 陈素真：《情系舞台——陈素真回忆录》，中国人民政治协商会议河南省政治商会议文史资料编印室1991年版，第73页。

了豫剧在戏剧界的影响力和在全国的传播程度。

如果说以上是在宏观方面对豫剧进行的改革，那么，从一定程度上说，这些宏观改革仅仅是构建起了豫剧从传统向现代转化的"毛坯"。而要使豫剧真正成为和其他剧种几乎平分秋色的"大剧种"，则更加需要从细节上对豫剧进行改良，对已经构建的"毛坯"进行"雕光饰"，才能实现豫剧发展的正规化，达到令人耳目一新的舒适效果。也正因为如此，虽然樊粹庭豫剧的改革取得了初步成功，但并没有沉浸在初步成功的喜悦中而止步不前，他清醒地认识到，要使豫剧真正向现代化方向发展、成为一种雅俗共赏的现代艺术，还需要进一步兼容并包，把其他剧种的优点吸收和内化到豫剧当中，克服河南梆子存在着身段表演严重匮乏的这一缺陷。戏剧作为一种较为直观的艺术表现形式，美感是其中非常重要的组成部分。而演员的装扮、表演中的动作以及在表演过程中的伴奏，则是把美感进行有效传递的基础。也正是在这种理念的基础上，自1937年初开始，樊粹庭大体上开始步入对豫剧进行改革的第二个阶段，这一阶段的改革主要以对其他剧种、特别是京剧表演艺术中的身段表演的吸收为重点。

这一阶段的改革大致也可以分为两个时期。第一时期主要是樊粹庭亲自到北平等地方学习观摩。1937年2月，樊粹庭到西安观摩秦腔，拜访了刘尚达，也与封至模结识。1937年5月4日，到北平专门学习京剧。当时住在正阳旅馆，每天看戏两场，为了吸收京剧的精髓，每天都把看戏的心得，包括舞台布置和演员的化妆和动作等专门记录下来。[①] 比如，在5月5日的日记中，樊粹庭就记录道："舞台布置，从暗黄色垂幕，及黄绸心古铜色镶边门帘均佳。"[②] 在5月7日的日记中，专门记录了戏剧中关于桌围的布置。日记中写道："梁（秀娟）之桌围用雅黄色缎，浅色淡豆绿镶边颇雅观。"[③] 较之于舞台布置，演员的表演动作是樊粹庭关注的重点。在5月12日的日记中，樊粹庭记录道："旦角反掌一指，指出之手势，武旦下场，左手背后好看。"在5月15日的日记中则记载道：

---

① 《樊粹庭文集：手札评鉴》，河南大学出版社2012年版，第499页。
② 《樊粹庭文集：手札评鉴》，河南大学出版社2012年版，第499页。
③ 《樊粹庭文集：手札评鉴》，河南大学出版社2012年版，第499页。

"柳（迎春）与薛（平贵）取笑时，以手背掩口颇佳。"①

第二时期则是通过带领陈素真北平学艺，把京剧的一些表演动作融会贯通到豫剧表演中，改变豫剧演员身段表演单调、乏味的缺陷。在豫剧的动作表演方面，樊粹庭总是感觉应当更加深入细致地学习京剧的动作精髓。因此，除了自己专门对京剧等剧种进行详细观摩外，樊粹庭还专门带着陈素真到北平学习京剧表演的动作。带着陈素真母女到北平后，樊粹庭联系当时的京剧名角李文溪、范富亭和赵绮侠等几位先生教授陈素真京剧表演的动作。比如，"趟马"这一动作在当今豫剧表演中已经是一个司空见惯的入门表演动作，但在樊粹庭带领陈素真学习这一动作之前，豫剧中并无这一动作元素。这一动作能够在豫剧中得以普及，则源于樊粹庭带领陈素真在北平拜师学艺。也正是陈素真跟着李文溪、范富亭和赵绮侠几位先生学习"趟马"这一动作后，趟马才被吸收到豫剧表演中来，②把这一动作真正融入豫剧中并加以定型和推广，丰富了豫剧表演动作，成为后来豫剧表演中的一个基本动作。陈素真先是跟着李文溪先生学习"趟马"，这仅是陈素真学习"趟马"的入门，其后，樊粹庭带领陈素真跟着范富亭和赵绮侠两位先生继续学习，陈素真又习得"趟马"的真要。陈素真回忆起跟着范、赵两位先生学习趟马的情景时候道：

> 在头一天，范、赵两位先生开始教我时，是在曼华家的院子里。他们问我李先生教你的什么，我说趟马。他们就让我把学的趟马走一遍看看。我说趟马我已经学会了，教我别的吧。赵老师一定要我走一遍，并把马鞭子递给了我。我心里说，又不相信我，我一走你们就信了。我很自信地接过马鞭，走了一遍，自认为一点没错，就很得意地往那里一站。范、赵两位看完我走的趟马，相视一笑，又互相谦让谦让。赵老师向我要过了马鞭，说，我走一遍给你看看。他走了一遍，我一看赵老师的"趟马"，我的脸象被人抽了两个耳光似的火辣辣发烧。这我才知道自己的见识太浅薄了，幸亏还没说出

---

① 《樊粹庭文集：手札评鉴》，河南大学出版社2012年版，第499页。
② 陈素真：《情系舞台（选摘之三）》，《中国戏剧》1994年第7期。

学的那个"枪下场"来。李老师教我的"趟马",已经比豫剧的"打鞭花"不知要高出多少倍了,再一看赵老师的"趟马",咳,那就没法比了。①

其后,陈素真把京剧的这一动作表演元素融入豫剧表演中,有力地推动了豫剧现代化的进程。豫剧表演艺术家崔兰田就评价道:"一套'趟马',对今天的青年演员来说,人人都会,不是什么高难绝技。但在当时的河南梆子的舞台上,谁能走一套规矩漂亮的'趟马',确实令人刮目相看。三四十年代的豫剧,以唱为主,很多优秀演员都是以唱闻名,身段表演大都比较粗糙简单。相比之下,陈素真那既不失河南乡土气息又带点京剧味道的台步、身段表演就显得高人一筹、出类拔萃。"② 除了'趟马'之外,陈素真还跟着范先生学会了大快枪、小快枪、两个枪下场、勾刀对刀、刀下场,等等。其后在艺术生涯中,陈素真自觉地把这些京剧动作有机地融入了舞台表演当中,有效地推动了豫剧由以唱为主到"说唱"和动作表演的有机结合。樊粹庭对陈素真的发掘和培养,是豫剧在舞台表演方面由传统向现代转化的重要环节。陈素真本来唱腔甚佳,因唱腔已经在河南大红大紫,经过在北平的学习,则使其演唱和动作表演得以较为完美的结合,其戏剧表演潜能进一步发挥了出来,舞台表演进一步丰富多彩。也正是因为樊粹庭对陈素真的悉心培养,不仅推动了豫剧在现代化进程中实现了质的飞跃,也为陈素真成为一个全国闻名的艺术家奠定了基础。若干年后,陈素真在回忆起樊粹庭对自己的培养的时候,曾感激地说道:"我有了樊先生的指导帮助,使我这个天生戏子命的演员,更能发挥我这天赐的演唱能力了。"③

此外,为了实现豫剧伴奏的高低相合,樊粹庭又陆续把二胡和笙等乐器引入豫剧表演的实践中,在戏剧艺术当中,伴奏是其中非常重要的组成部分,演员表演中的动作辅以多样化的伴奏,则是把表演美进行直

---

① 陈素真:《情系舞台(选摘之三)》,《中国戏剧》1994 年第 7 期。
② 崔兰田:《我的良师益友陈素真》,《中国戏剧》1995 年第 6 期。
③ 陈素真:《情系舞台——陈素真回忆录》,中国人民政治协商会议河南省政治协商会议文史资料编印室 1991 年版,第 77 页。

观和有效传递的重要环节，是增扩戏剧表演表现力的重要手段。传统的豫剧主要使用的伴奏乐器是二弦、月琴和三弦三种乐器。这三种乐器的主要特点是声音单调，且曲调低沉。而河南梆子的唱腔则以激昂和粗犷为主旋律，低沉单调的曲调对粗犷的旋律进行伴奏，无疑限制了豫剧演员唱腔的广度。在中国的地方戏中，山东梆子以其"高调"著称，以音色高昂、音域宽广、音调坚实、具有很强穿透力的板胡为主要伴奏乐器，因此，山东梆子也被称为"高调梆子"或"高梆"。樊粹庭在对很多地方的戏剧进行观摩比较后，大胆地把山东梆子的板胡这种音色高昂的乐器引入豫剧表演的伴奏当中，并作为豫剧表演的主要伴奏乐器。[①]

整体上看，正是樊粹庭对豫剧的改良，真正初步实现了豫剧的早期都市化，使豫剧开始从农村的"野戏"向城市舞台迈进。同时，也正是在樊的改良之后，豫剧才开始逐步被当时的京剧等流行全国的剧种所认可，从而在全国地方戏中占有一席之地并在以后发展中走在地方戏的前列。也正是因为如此，樊被当今豫剧界人士尊称为"现代豫剧之父"[②]。

樊粹庭对豫剧的改良，其深远意义不仅仅是推动了豫剧由传统向现代转化，推动了豫剧的广泛传播和发展，而且，在本质上促进豫剧发展的同时也推动了河南地方文化的传承和发展。作为河南大学的毕业生，樊粹庭对豫剧的改良在一定程度上也是河南大学对民国时期河南戏剧文化发展贡献的一个灿烂写照。

第四节　对殷墟发掘的贡献

从1928年10月至1937年6月，中央研究院历史语言研究所对安阳殷墟进行了15次发掘。殷墟发掘是中国近代学术史与河南文化史上的一件大事，无论是对于中国文化史、中国考古学的发展以及河南传统文化的研究，都具有重要意义。

在抗战以前，这一浩大的文化工程进展过程中，河南大学始终通过

[①] 该段内容参考和借鉴了河南大学河南地方戏曲研究所张大新教授在《岭南师范学院学报》2017年第1期所发表的论文《樊粹庭在豫剧现代化进程中的卓越贡献》，在此致谢。

[②] 王振伟：《现代豫剧之父——樊粹庭》，《当代戏剧》2005年第3期。

各种方式参与,为殷墟的发掘做出了重大贡献。

具体来说,河南大学对殷墟发掘所做出的贡献,主要通过两个方面体现出来。一方面,在殷墟发掘初期,有效协调了中央研究院与河南省图书馆的纠纷,从而保证了殷墟发掘工作的顺利进展。另一方面,河南大学部分师生直接参与到殷墟发掘工作中去,推动了殷墟发掘的展开。

一 协调中央研究院与省图书馆纠纷

中央研究院与河南省图书馆的纠纷,其导火索是已经发掘出土的殷墟文物在什么地方保存这个问题的争执上,这在实际上牵涉到后续是由谁发掘这一关键问题。由于殷墟的发现和发掘是当时轰动中外知识界的一件大事,因此,由出土文物在何处保存所引发的纠纷也格外引人注目,成为中央研究院和河南省图书馆之间的一桩"公案"。在这一事件中,河南大学的相关教师积极介入其中进行调解,消除了双方的误会和隔阂,有效地推动了殷墟发掘的顺利进行。

(一) 殷墟发掘过程中中央研究院与省图书馆纠纷之产生

中央研究院与河南相关部门的纠纷,是在安阳殷墟第一次发掘以后开始的。

董作宾在1928年10月领导的安阳殷墟发掘工作,被称为安阳第一次发掘。[1] 当时,中央研究院与河南省政府协商后请求地方政府保护,并由河南省派张锡晋和郭宝钧协同视察,发掘两旬后停工,且认为还有继续发掘的价值。[2]

第一次发掘几乎风平浪静,但随后的一个小插曲却为日后的纠葛埋下了伏笔。

当时河南省图书馆馆长兼民族博物院院长何日章向河南省教育厅要求,把安阳第一次发掘的龟甲兽骨等器物存放在开封。河南省教育厅立即就此事向国立中央研究院发函商议。中央研究院在一定程度上对河南省政府的建议表示赞同,认为研究院工作人员在全国各地发掘的古物,陈列的主要地点就是首都和被发掘的地方。河南省关于所发掘出的文物

---

[1] 李济:《安阳》,上海世纪出版集团2006年版,第44页。
[2] 傅斯年:《本所发掘安阳殷墟之经过》,《安阳发掘报告》1930年第1期。

陈列于开封古物陈列所的建议，可"酌情办理"。① 需要指出的是，在双方达成这个协议的时候，后来主持发掘工作的李济还没有回国，因此，李在以后的发掘中可能对这个协议内容不太清楚。但是，也正是可能李氏不太清楚这个协议，致使后来他在主持安阳第二次发掘时候的一个举动，导致了中央研究院与河南省地方政府之间纠葛的发生。

1928年，李济从美国归国，在广州逗留的三天时间里，与当时在广州的傅斯年进行了会晤。傅斯年向李济介绍了董作宾在安阳第一次发掘的情况并请李氏加入。这次晤面后，李氏即开始于1928年至1929年冬季着手拟订中央研究院历史语言研究所考古组的发掘计划并赴开封拜访了以前从未谋面的董作宾。两人在正式见面后达成一致，于1929年春节后在安阳再进行一次发掘，由董负责契刻文字，李负责其他遗物。②

1929年春天，中央研究院历史语言研究所任命李济为主任，对安阳殷墟进行第二次发掘。当时，中央研究院致函请求河南省政府在这次发掘中提供各种帮助，河南省政府也一一兑现。在发掘的两个月时间里取得了相当显著的成果。该年5月，由于安阳发生军事冲突，负责保护发掘的士兵和安阳县县长都逃得不知去向。在这种情况下，李济将这次发掘的所有文物和第一次发掘的部分文物带回北平中央研究院编号研究，还有一部分存放于安阳洹上村中学以及安阳城内的第十一中学。而后，李又将存放在安阳城内第十一中学的部分文物运回北平。③

李济把部分文物运回北平，在傅斯年看来，这是因为"为器物编号，乃一至细至繁之事，不假以日月，则田野之劳工尽弃，不在所中（指历史语言研究所。笔者注）为之，则不得一切之襄助。编号之后，又须照相，影拓，摹绘等等。尤烦难者，为陶片之凑成，人骨之整理。此项工作每每一件须一人数日之力。至于化验陶铜质料，度量人骨寸厘，尤为科学上烦难之事。若学者之讨论，图书之参考，更须在北平本所内位置，方可济"。④

---

① 傅斯年：《本所发掘安阳殷墟之经过》，《安阳发掘报告》1930年第1期。
② 李济：《安阳》，上海世纪出版集团2006年版，第50页。
③ 傅斯年：《本所发掘安阳殷墟之经过》，《安阳发掘报告》1930年第1期。
④ 傅斯年：《本所发掘安阳殷墟之经过》，《安阳发掘报告》1930年第1期。

从考古学研究的角度看，傅氏的说法无可厚非。考古学本身是一门系统科学，只有专门的专业技术人员经过科学手段鉴定才能进行更深层面的研究。但李济当时把东西运往北平时，仓促之间可能没有和河南省教育厅及时沟通，从而导致了河南省教育厅认为中央研究院违背了此前的协定而对其后的发掘工作进行抵制。也即是被李济后来称之为的"政治性干扰"[1]。而后，当时局相对稳定，中央研究院在安阳进行第三次发掘的时候，河南省图书馆馆长兼民族博物院院长何日章携带河南省教育厅命令赶赴安阳，阻止中央研究院发掘工作，并试图组建发掘队自行发掘。[2]

针对李济把文物运往北平这一举动，河南省图书馆馆长何日章认为中央研究院考古组违反了最初的协议。据何日章所言，在河南省图书馆与中央研究院的接洽过程中，中央研究院的答复是"所请以提出古物留存开封陈列一节，自可酌量办理，请令饬河南图书馆馆长会同本院特派员董作宾遵照办理"。何日章以此为依据，数次与董作宾接洽，但何日章认为董作宾以说自己并无全权为借口"始终延宕"。其后，中央研究院也的确在没有对河南省图书馆知会的情况下，把发掘文物运往北平。何日章认为，把文物运往北平，事前没有通知河南省派出参与发掘的委员，事后也没有通知河南省政府，这显然存在着失信的一面。在这种认知下，何日章提出聘请罗振玉和袁复礼担任考证，组织委员会从事工作，并呈报河南省政府规定了以下几条殷墟发掘的规则：

1. 准予河南图书馆暨民族博物院自行发掘、陈列开封公开研究；
2. 中央研究院特派人员不遵照函商协定，将发掘头骨器物潜行运去，只得先行谢绝考古组之发掘，再与中央研究院交涉，请其履行协议；
3. 令行安阳县长协助河南民众博物院办理，并阻止别人发掘。[3]

河南图书馆的这些规定，实际上是要把中央研究院考古组完全排斥出去，

---

[1] 李济：《安阳》，上海世纪出版集团2006年版，第54页。
[2] 傅斯年：《本所发掘安阳殷墟之经过》，《安阳发掘报告》1930年第1期。
[3] 何日章：《发掘殷墟甲骨经过：何日章之报告》，《益世报》1930年1月13日第16版。

由河南省图书馆暨民族博物院独立发掘。

李济虽然一再强调"事关学术,绝无权利可图"[①]等,但由于未通知河南省图书馆这一事件使河南方面的误解太深,李济的辩解根本无济于事。当时河南新闻界的报道更为犀利,认为中央研究院是把发掘的文物"潜运出省……不顾信义,违反协定"。[②]无奈之下,李、董二人于1929年10月22日返回北平。

(二)对各方纠纷之调解

在李、董二人返回北平的两天后,傅斯年即为此事专门从北平到南京恳请国民政府解决。国民政府立即致电河南省政府,强调要对中央研究院的发掘工作进行保护,禁止何日章的"任意发掘",以免对以前的发掘造成破坏而前功尽弃。由于当时河南省所要进行的发掘工作是由河南省教育厅所主管,因此,傅斯年就动用私人关系,找到和时任河南省教育厅厅长李敬斋要好的张道藩和段锡朋帮忙。张、段二人立即分别给李敬斋发去函件,李敬斋的回复亦非常客气。在这种情况下,无论是南京国民政府还是中央研究院都认为发掘工作的障碍已经完全消除。[③]

然而,傅斯年经过反复考虑后,为了消除和河南省相关部门知识界之间的误会和隔阂,还是决定亲自去河南省会开封,和河南省政府与河南省教育厅进一步沟通。

傅斯年汴梁之行的决定,无论是南京国民政府还是在中央研究院内部的同仁看来都认为是多余的。但傅斯年认为:"此事虽已解决,然吾等立足点必请河南人士尽知之。中央研究院须与地方有至融洽之感情,凡地方认识意见之可容纳者,当不避烦难者而行之。"[④]傅的这种考虑得到了当时中央研究院院长蔡元培的支持。基于此,傅斯年于1929年11月21日从南京出发,四天后到达开封。到达开封之后,傅才发现自己开封之行的决定是多么的正确,而南京国民政府和中央研究院都过于乐观了。

从李济把文物运往北平的事件上看,其本身就使河南省很多人士不

---

① 傅斯年:《本所发掘安阳殷墟之经过》,《安阳发掘报告》1930年第1期。
② 佚名:《安阳甲骨文字将自动发掘——中央研究院不遵协定潜运出境,何日章呈请自掘已有眉目》,《河南教育日报》1929年10月18日第6版。
③ 傅斯年:《本所发掘安阳殷墟之经过》,《安阳发掘报告》1930年第1期。
④ 傅斯年:《本所发掘安阳殷墟之经过》,《安阳发掘报告》1930年第1期。

能接受。加上何日章在河南文化界地位颇高,在河南各个领域的人脉资源极广。傅氏到达开封后,发现这一纠纷在事实上并不乐观,事态已经超出了蔡元培等中央研究院同仁的想象。而当傅斯年找到李敬斋的时候,因为牵涉面比较广,李氏在回答上亦只是采用春秋笔法。① 因何日章仍然坚持己见,傅斯年多方周旋,初步与张钫、张鸿烈和李敬斋达成了解决纠纷的五项办法,其具体内容为:

1. 为谋中央学术机关与地方政府之合作起见,河南省政府教育厅遴选学者一人至二人参加国立中央研究院安阳殷墟发掘团;
2. 发掘工作暨所获古物均由安阳殷墟发掘团缮具清册,每月函送河南省教育厅存查;
3. 安阳殷墟发掘团为研究便利起见,得将所掘古物移运适当地点,但须函知河南教育厅备查;
4. 殷墟古物除重复者外,均于每批研究完结后暂在开封陈列以便地方人士参观;
5. 俟全部发掘完工研究结束后,再由中央研究院与河南省政府会商分配陈列办法。②

该"五项办法"在讨论的时候,何日章提出了不同意见,第一,要求第一条的"一人至二人"改为"一人至三人";第二,要求第四条去掉"暂"字;第三,去掉第五条中的"分配"二字;第四,要求在第四条"开封"后面加入"民族博物院"字样。③ 傅斯年对前三条均无异议,但认为河南民族博物院并不具备陈列殷墟文物的技术和条件,因此,并不赞同何日章提出的第四条修改意见。由于傅斯年和何日章在存放河南民族博物院问题上无法达成一致,因此,该"五条办法"无法通过,也导致殷墟后续发掘计划继续陷入停顿状态。

在傅斯年抵达开封与河南省教育厅接洽通融的将近一个月时间里,

---

① 傅斯年:《本所发掘安阳殷墟之经过》,《安阳发掘报告》1930年第1期。
② 傅斯年:《本所发掘安阳殷墟之经过》,《安阳发掘报告》1930年第1期。
③ 傅斯年:《本所发掘安阳殷墟之经过》,《安阳发掘报告》1930年第1期。

一直住在河南大学（时称河南中山大学——作者注）。河南大学便趁此机会邀请傅氏做报告。1929年12月5日，傅斯年应邀在河南中山大学做了与甲骨文发掘的演讲，也在一定程度上给广大师生普及了有关考古学的现代知识。① 傅斯年在讲演中，丝毫不提及与河南省图书馆的纠纷一事，而是给广大师生讲授有关现代考古的基本知识。同时，依据河南大学旅居北平教授徐旭生、冯友兰等的建议，傅斯年在报告中提出了中央研究院历史语言研究所与河南大学在文物发掘上合作的意向。傅斯年的讲演，让河南大学师生领略到傅个人的学术魅力之外，也开始对考古学以及中央研究院历史语言研究所在安阳发掘的目的有所了解，进而对傅的努力有所同情。②

傅斯年在汴盘桓数日，由于河南省图书馆馆长兼河南民族博物院院长何日章等坚守己见，加之教育厅厅长易人，李敬斋去职，事态毫无进展，无奈之下傅斯年决定返回南京，但由于当时道路暂时不通，加上河南文化界人士张嘉谋、河南中山大学徐侍峰等的一再挽留，就又在开封逗留一些日子。在此期间，徐侍峰等通过多种渠道向何日章数次游说，但均无结果。傅斯年在一次与河南大学教授张鸿烈③以及河南地方名流张钫偶然谈话的时候，二张认为可由河南省政府出面解决，傅采纳了二张的建议。其后，傅斯年采纳了他们的建议，决定直接与河南省政府接洽沟通。

中央研究院在安阳进行发掘，原本就是由河南省政府指定张钫、张鸿烈和李敬斋三人作为代表与中央研究院签署协议的。由于李氏去职，河南省政府就委派张钫、张鸿烈和河南中山大学校长黄际遇（黄当时正代理着河南省教育厅厅长一职）和傅斯年接洽。张鸿烈认为，因为河南大学北边止住兴建碑林，而碑林本来就是用于河南大学研究文物的场所，因此，关于第四条存放民族博物院的争议，不妨采用一种变通方法，即把殷墟发掘之文物改为陈列于河南大学北边已经兴建起的碑林。这一办

---

① 《殷墟古物纠纷——傅斯年赴豫解决》，《大公报》（天津）1929年12月4日第5版。
② 傅斯年：《本所发掘安阳殷墟之经过》，《安阳发掘报告》1930年第1期。
③ 张鸿烈曾于1919年8月至1922年9月担任河南留学欧美预备学校校长，1922年9月至1927年6月在河南留学欧美预备学校升格为中州大学后一直担任中州大学校长，1927年6月至1927年12月担任河南中山大学校长，在河南省教育界地位颇高。

法最终得到各个方面的认可。在张钫、张鸿烈以及黄际遇的努力下，河南省政府于1929年12月28日签发了第3897号公函，认可傅斯年与张钫、张鸿烈以及黄际遇共同协商达成的安阳殷墟的"新五项办法"：①

  1. 为谋中央学术机关与地方政府之合作起见，河南省政府教育厅遴选学者一人至三人参加国立中央研究院安阳殷墟发掘团；
  2. 发掘工作暨所获古物均由安阳殷墟发掘团缮具清册，每月函送河南省教育厅存查；
  3. 安阳殷墟发掘团为研究便利起见，得将所掘古物移运适当地点，但须函知河南教育厅备查；
  4. 殷墟古物除重复者外，均于每批研究完结后在开封碑林陈列以便地方人士参观；
  5. 俟全部发掘完工研究结束后，再由中央研究院与河南省政府会商陈列办法。②

经过修改后的"新五项办法"不仅为中央研究院在安阳殷墟的考古工作铺平了道路，也为河南大学与中央研究院考古所合作奠定了基础。一定程度上，河南大学所培养的最早的现代考古人才，即得益于该修改后的"新五项办法"。

  在中央研究院安阳发掘前期这个一波三折的插曲中，孰是孰非超出了本研究的议题，在此笔者不加妄断。但从整个过程中可以看出，在平息这一波折的过程中，无论是河南大学旅居北平的教授徐旭生、冯友兰和傅佩青，还是河南大学校长黄际遇，教授徐侍峰和张鸿烈等人，都给予了极大的帮助，从而保证了中央研究院在安阳考古发掘工作的顺利进行。傅斯年自己事后也说："在此波折中，政府及学界同仁同情者甚多，不尽遑举。其尤为感谢者，在河南省政府方面，为……张幼山先生（张鸿烈）、黄任初先生（黄际遇），在河南学界中，尤为感谢张中孚先生和徐侍峰先生，其在北平者，为李敏修先生、徐旭生先生、傅佩青先生和

---

① 文字着重符号为笔者所加，为协议中要求修改之处，下同。
② 傅斯年：《本所发掘安阳殷墟之经过》，《安阳发掘报告》1930年第1期。

冯芝生先生（冯友兰）。"① 如笔者前面所言，张鸿烈、黄际遇和徐侍峰均为河南中山大学教授，黄际遇当时是河南中山大学教授兼河南省教育厅代理厅长。徐旭生、傅佩青和冯友兰等都曾经在河南留学欧美学校或者后来的河南中州大学执掌过教鞭，与河南中山大学关系非常密切。从这件事情更可以清楚地看出，正是由于河南大学部分教授与河南省其他人士的协同帮助，才保证了中央研究院其后在安阳第四次发掘的展开和以后历次发掘的推进。从更深层面看，无疑是河南大学对民国时期河南传统文化嬗递所做的巨大贡献。

二　参与殷墟发掘工作

河南大学参与殷墟发掘工作，首先得益于董作宾于1928年11月中旬在曾经任教的母校——河南大学（时称河南中山大学）对殷墟发掘工作的演讲。

1928年10月13日到30日，董作宾曾经参与中央研究院在河南安阳小屯的殷墟第一次试掘工作。同年11月中旬抵达开封，应母校邀请进行演讲，演讲由河南大学教授徐侍峰主持。演讲题目为"安阳小屯发掘之经过"。当时河南大学并没有开设考古学课程，故学生对于考古学并没有太多的了解。因此，很多学生都是抱着好奇心而来，不过，也正是因为好奇，学生把整个教室都挤满了。在讲解过程中，董作宾详细给学生讲解了在发掘过程中如何挖坑、如何发掘以及如何整理等程序，并给在座师生绘图说明。② 在演讲过程中，董作宾"举出几片文字较多的甲骨拓片，写在黑板上，一边写甲骨文，一边译成楷书，两相对照，使同学们由楷书识记甲骨文，虽然仅是了了的几个干支与卜贞等字，但对文学院同学来说，真是被引入了一个新大地，其中有无尽无限的光明前途"。③

第一次殷墟发掘以前，在田野从事考古工作对中国学术界而言几乎是一项崭新的工作。很多人对于什么是考古，考古要做些什么事都不了

---

① 傅斯年：《本所发掘安阳殷墟之经过》，《安阳发掘报告》1930年第1期。

② 周恒：《记河南大学学术研究》，载陈明章主编《国立河南大学》，台北：南京图书出版公司1981年版，第38页。

③ 石璋如：《河南大学与考古事业》，载陈宁宁主编《河南大学忆往》，河南大学出版社2002年版，第84页。

解。当董作宾准备去殷墟进行第一次发掘时候，他的朋友们都笑他自找麻烦，认为雇几个人去挖出来，给点钱收过来就行了。①李济就感叹道："这种很富于常识的忠告，自然可以代表一般人对于考古学的态度。……就技术方面说，掘古物较采矿复杂得多；非有若干年的预备绝不敢轻于一试。现在的中国学者，有好些对于考古学尚有一种很普遍的误会。"②正是由于考古学在当时中国是一门新兴的科学，因此，董作宾在河南大学的讲座对于以后河南大学部分学生从事考古工作甚至成为考古大家而言，具有引领入室之功。董作宾的演讲激发了当时河南大学很多学生对于甲骨文的兴趣，从而促使以后很多学生直接投入殷墟发掘工作中。其中，有些甚至成为闻名中外的考古学家。如后来被称为甲骨文"活档案"的著名考古学家石璋如，当时就是在座聆听董作宾报告的河南大学文学院学生。

傅斯年在到达开封解决中央研究院与河南相关部门争端以前，接受了徐旭生、冯友兰等人提出的中央研究院与河南大学合作进行殷墟发掘的建议，傅在河南大学进行演讲的时候，就把这四条建议对河南大学师生提了出来："（一）汴大史学及其他与考古学有关涉各科之教授，如愿来彰工作，极为欢迎。（二）其史学国文各系学生愿来练习者，请由汴大校长函送，当妥为训练，代检成绩，以替上课。（三）汴大可设考古研究所，吾等当时常来汴讲演，并备顾问。其研究完后古物存放之地，吾等主张以首都及本地（即安阳）为归，然重复品多，正可分置一部于汴大考古研究所中。其一切布置及费用如玻璃架及古物装护等，亦属不赀，中央研究院愿担任之。（四）以后如更有可以赞助之事，力所能及，无不竭力。"③

其后，随着中央研究院与河南地方纠纷的解决，为了保障各方面都有一个满意的结果，中央研究院与河南省政府签署了《拟定安阳殷墟发掘办法》等协议，其中，把河南省相关部门与河南大学师生参与殷墟发

---

① 李济：《现代考古学与殷墟发掘》，《安阳发掘报告》1930年第1期。
② 李济：《现代考古学与殷墟发掘》，《安阳发掘报告》1930年第1期。
③ 傅斯年：《本所发掘安阳殷墟之经过》，《安阳发掘报告》1930年第1期。

掘工作以明文形式确定下来。①

随后,河南大学在校学生或已经毕业的学生便积极地参加到殷墟的发掘工作中来。具体的参与方式主要有两种。第一种是河南省教育厅指派当时河南大学已经毕业的学生参与发掘,在发掘过程中得到学习和锻炼。第二种是河南大学函送在校学生参与殷墟的发掘工作。②

河南省教育厅首先委派许敬参等参加安阳第四次发掘工作。许敬参是河南大学国文系毕业生。许当时已经在河南博物馆工作,每天都能够接触到一些文物,又精通古文字和书画,在当时是比较合适的人选。1931年春季,许敬参参加了中央研究院在河南安阳小屯村殷墟的第四次发掘。而后,由于河南博物馆的工作事由,许敬参返回开封。河南省教育厅又派遣已经在教育厅工作的河南大学毕业生冯进贤到安阳参与殷墟发掘工作。"由于其业务甚忙,仅参加了第四次、第九次和第十一次等,鉴于时间不能连续,成绩虽不算甚佳,但已启河大研究发掘考古之门"。③同时,依据傅斯年在河南大学演讲时候所提出的中央研究院与河南大学合作的方法,河南大学与中央研究院协商一致后,在1931年春季对殷墟进行第四次发掘的时候,河南大学校长许心武函派河南大学学生刘耀④和石璋如赴安阳参加发掘和学习。对河南大学的这一要求,傅斯年表示赞同。该年4月21日,刘耀和石璋如赴安阳参加殷墟发掘工作。在这次发掘工作结束以后,按照傅斯年所言和事先的约定,发掘团把他们的成绩单以公函的方式送往河大。鉴于刘耀和石璋如的优秀表现,在下一次发掘开始之际,发掘团通知刘耀和石璋如等继续前往参与发掘工作。从第四次开始参加,到抗战爆发以前安阳第十五次发掘为止,石璋如全程参加了其后的发掘。刘耀也参与了数次发掘。⑤

刘耀与石璋如后来都成为著名的考古学家,与他们参与殷墟发掘工

---

① 傅斯年:《本所发掘安阳殷墟之经过》,《安阳发掘报告》1930年第1期。
② 石璋如:《河南大学与考古事业》,载陈宁宁主编《河南大学忆往》,河南大学出版社2002年版,第90页。
③ 周恒:《记河南大学的学术研究》,载陈明章主编《国立河南大学》,台北:南京图书出版公司1981年版,第42页。
④ 刘耀即是我国著名历史学家和考古学家尹达,河南安阳滑县人。
⑤ 对石璋如和尹达参与殷墟发掘过程记载最为详细的是胡厚宣所著,1955年由上海学习生活出版社所出版的《殷墟发掘》一书。

作打下的基础有着密切的关系。

例如，经过参与多次殷墟发掘工作后，1932年春天，刘耀在河南大学读书的时候，独自进行了浚县大赉店史前遗址的发掘工作。根据发掘结果，他先后在《中国考古学报》第一期和第二期上发表了《河南浚县大赉店史前遗址》和《龙山文化与仰韶文化之分析》两篇论文，除了系统介绍自己的发掘结果外，在第二篇文章中指出了瑞典考古学家安特生（Johan Gunnar Andersson）在考古中的错误。后来，考古学家夏鼐通过在甘肃的发掘，证实了刘耀所下结论的正确性。① 一个河南大学未毕业的学生，在考古学上能达到这种成就，实属可贵。直到66年后，石璋如还认为刘耀在这次考古中所取得的成绩"使人大为钦佩，这个成绩，可以说是他在研究上的第一大贡献"。② 刘耀取得这一成绩，除了自身天赋和努力外，究其缘由，也与河南大学对殷墟的科学发掘的认同和支持有着密切关系。这不仅是民国时期河南大学对河南传统文化发现和传承的杰作，更是河南大学与河南社会良性互动的显著成果。

另外，在殷墟发掘工作的大部分时间里，河南大学教授马元材（马非百）都一直参与其中，并做出了很多力所能及的工作。

马元材当时身为河南大学教授，虽然所从事的主要是历史教学和研究工作，对于考古并不精通。然而，就河南大学参与殷墟发掘工作而言，马元材却在另外一个方面做出了巨大贡献。

马元材当时兼任河南省教育厅秘书，因此，他受河南省教育厅的指派，担任首席接待委员，从事接待和保卫工作。在安阳殷墟发掘过程中，他多次参与，负责和地方联络及保卫工作，不遗余力地促成了发掘工作的顺利进行。③ 正是因为多次参与了殷墟发掘工作，"更加丰富拓宽了他的知识领域，丰富充实了他教学科研的内容，使他由著名的历史学家又成为著名的考古学家，开辟了他以考古资料论证历史的新途径"④。

---

① 石璋如：《刘耀先生考古的五大贡献》，转引自中国社会科学院科研局编《尹达集》，中国社会科学出版社2006年版，第442页。

② 石璋如：《刘耀先生考古的五大贡献》，转引自中国社会科学院科研局编《尹达集》，中国社会科学出版社2006年版，第442页。

③ 郭胜强：《河南大学与甲骨学》，河南大学出版社2003年版，第128页。

④ 郭胜强：《河南大学与甲骨学》，河南大学出版社2003年版，第128页。

从安阳殷墟发掘历程上看，河南大学不仅在各个方面帮助协调，从而有效地解决了殷墟发掘过程中外部因素的困扰。而且，河南大学的毕业生和在校师生积极投身到殷墟的发掘工作中，为殷墟的发掘付出了自己的心血和汗水。同时，参与这次活动，对河南大学师生而言，也是极大的训练和提高。比如，石璋如在安阳第十五次发掘时候，已经成长为发掘的"领导人"。通过安阳殷墟发掘的参与，使石璋如、刘耀等河南大学的学生有机会接受当时全国考古学领域一流学者的教导，在学习中积累了相当丰富的经验，为河南大学以后投入河南其他地方的考古事业中并取得相对丰硕的成果做了很好的准备。河南大学通过对中央研究院安阳殷墟发掘的各种帮助和积极参与，为河南乃至中国传统文化的发现做出了自己的贡献。

本章小结

在面临内忧外患的民族危亡关头，河南大学师生用自己的独特方式，通过办理各种先进爱国刊物，以炽热的爱国热情，或发表通俗性诗歌，或发表杂文，或发表专论，或发表小说和散文等形式来传播爱国主义思想，抨击帝国主义、封建主义和官僚主义。这些刊物成为河南大学在中国社会特殊历史时期传播爱国主义文化的重要平台。

河南大学毕业生以河南省立民众教育馆为平台，通过创办刊物、讲演以及巡回河南省各县进行电影放映等手段，传播了新的观念和思想；通过创办民众学校等方式最大可能地提高民众的识字率；利用设立代笔处和问事处等方式，帮助底层民众解决实际困难。所有这些活动，有效地促进了河南社会风俗的改进。

河南大学毕业生樊粹庭对豫剧改良所做的贡献不仅改变了豫剧被称为乡土野戏的落后状况，使豫剧开始从农村走向城市，而且也奠定了豫剧作为中国影响较大的地方戏剧的基础，在豫剧现代化进程中树立起了一座在河南文化史乃至中国文化史上令人敬仰的丰碑。樊粹庭不仅因为他自己对豫剧发展的杰出贡献而彪炳于河南文化发展的史册中，在一定程度上，他对豫剧发展的突出贡献，也是河南大学对河南文化发展所做出巨大贡献的一个缩影和写照。

河南大学通过参与调解中央研究院与河南省有关部门的纠纷，保证了其后殷墟发掘工作的顺利开展。而河南大学部分师生直接参与殷墟发掘工作，更使得民国时期殷墟发掘这一影响中国文化发展的重大事件以特殊的形式永远定格在河南大学的百年发展史册上，也成为河南大学推动河南文化发展的另一缩影。

第 四 章

地方经济的建设者：立足现实 促进社会经济发展

民国时期的河南是一个农业大省，农业经济是当时河南经济的主体，几乎占据了河南经济的全部份额。1932年，河南省建设厅组织专家对河南农村调查后，在报告中较为客观地对这一情况进行了叙述。该报告指出："河南全省……十分之九以上的土地和人口，全是农村和农民。同时河南全省一千三百六十三万二千余元的岁入预算下，田赋及地丁附加共占七百五十二万六千余元；如果再把多数间接取之于农的契税、盐税等算入，财政税源也几乎可说全都靠农村。这样，农村对于河南，和农村对于整个中国一样，实在占着非常重要地位。如果说中国可以说'以农立国'，河南更是'以农立省了'。"[①] 作为民国时期河南省的最高学府，河南大学立足河南经济发展落后的客观现实，把科学知识和河南经济发展现实联系，为促进河南农村经济的发展做出了力所能及的贡献，从而为河南大学在民国时期河南经济发展史上留下了可书可写的一页。

由于当时河南大学农学院与河南经济发展的联系最为直接，因此，在对河南大学与河南经济关系的研究中，虽然也会涉及河南大学其他学院对河南经济发展的贡献，但主要以河南大学农学院为主体，来对河南大学与河南经济的发展做一探究。需要指出的是，在河南高等农业专科学校发展为河南大学农学院之前，留存史料极为有限，因此，在关于河南大学与河南经济的研究中，大体上以河南中山大学时期作为起点进行

---

① 洪永权：《河南农村的经济问题》，《河南政治月刊》1932年第4卷第12期。

探究。虽然河南大学对民国时期河南社会经济发展所做贡献良多，但因为大学自身功能所限，更为显著地体现在采用多种方式促进河南农业发展和致力于去除蝗虫灾害这些方面。

第一节　采用多种方式促进地方农村经济发展

20世纪二三十年代，中国农民生活贫苦，农业生产凋敝，农村经济处于崩溃的边缘。1932年，在国民政府第四届第三次全体会议上，冯玉祥、熊克武、李烈钧等提出了"救济农村"的提案。该提案认为，中国生产力的80%都集中在广大农村，但由于外国经济的入侵和国内政治紊乱等原因，农村经济正在濒临崩溃，如果不予以救济，国家将永无宁日。马超俊、孙科、伍朝枢等也提出了《救济农村案草案》。该提案认为，农村的凋敝以及农村经济的崩溃，将导致社会政治、经济、文化等的崩溃。强调"农村问题已成为当前我国最严重之问题，而救济农村亦实为我国当前最迫切刻不容缓之工作"①。该提案在客观上显示了当时中国农村经济极其凋敝、急需救济和改良这一事实。具体到河南而言，与提案中所列举的事实相比，情况更为恶劣，行政院农村复兴委员会在对河南农村调查后发现，河南"农村中贫困的程度日益加深，富农变为中农，中农变为贫农，贫农沦为无产者的事实，已似狂涛一般不可遏止"②。除了人为的"兵灾"和"匪灾"外，自然灾害频发，比如，1928年到1931年4年的时间里，"旱灾""蝗灾""水灾""雹灾""风灾""霜灾""疫灾"等自然灾害连续不断。根据河南省旅平赈灾会的统计，仅仅在这4年中，当时河南全省109个县每年连续发生灾荒的次数，最少的6次，最多的竟达到15次。③然而，"河南一般农民资本的缺乏，及生产技术的幼稚，是很显然的现象；因为缺乏资本，技术幼稚，所以经营方法无从改良，农具只好因陋就简，种子只好将就使用，肥料不能施用，病虫也不去驱除，

---

① 马超俊、孙科、伍朝枢等：《救济农村案草案》，《国民政府训令》京字第53号。
② 行政院农村复兴委员会：《河南省农村调查》，上海商务印书馆1934年版，第18页。
③ 方华：《灾荒中的河南农村》，《新创造》1932年第1卷第1—2期合刊。

当然生产就无希望发达"。① 河南主要以农耕经济为主体，要推动河南农村经济发展，首先是要改变河南广大农民农耕技术极其落后，抑或说几乎没有农耕技术这种局面。

正是基于河南农村的这一恶劣情况，20世纪30年代初期，当河南局势稍微安定后，河南省政府在工作计划中，对农村组织、农业生产以及垦荒造林等事宜做出了具体部署。

关于农村组织，主要从三个方面予以强调：第一，编印各种浅显易懂的手册，相关部门派人员分赴各县，积极宣传，使一般农民了解各种合作社的积极利益与组织方法；第二，河南省政府支持各区农林局、河南大学、各职业学校及督察专员公署、各县政府等进行各种农村合作的发展与改进工作；第三，河南省各个有能力的部门应该协同乡村小学，指导农民，组织儿童农业团，以养成儿童农业生产之优良习惯。②

针对河南农业生产状况，河南省政府向河南各个部门提出了几点要求：第一，各有关部门应当倡导农民注意农作物品种的改良和耕作方法的改进；第二，各相关部门要协同各区农林局，在每个县选择合适地点，举办示范农场，让农民能够仿效；第三，各有关单位应当和相关部门合作，帮助农民从事各种副业。鉴于河南各县农业推广所职员稀少、经费短缺的现状，河南大学农业推广委员会建议河南省建设厅，除了对各县农业推广所增加经费、加强管理外，对于规模小的农业推广所应当加以合并，在专署所在地合并成较大的农业推广处，集中人力、财力，以利于推广工作就地进行。面对河南当时大量山地荒芜的现实，河南省政府认为，相关部门应当调查全省荒山面积，适宜垦荒的地方，指导农民垦荒并进行农作物栽培，不适宜垦荒的，则指导农民实施造林。③

河南大学立足河南农业技术极其落后这种事实，从20世纪20年代末期，就采用多种手段和方法，最大限度地发挥自己的力量，为河南经济发展做出了力所能及的贡献。

---

① 洪永权：《河南农村的经济问题》，《河南政治月刊》1932年第4卷第12期。
② 河南省政府秘书处：《河南省政府年刊》，河南省政府内部资料1933年版，第351页。
③ 河南省政府秘书处：《河南省政府年刊》，河南省政府内部资料1933年版，第351页。

一　成立农业调查和推广机构

由于河南广大农村贫穷落后，加上农民科学知识极为贫乏，只是固守着传统种田方法进行劳作，导致农产品产量普遍不高。正如有学者所言，"我国进出口货中，皆以农产品占大多数，只因农学不讲求，农业不改进，产品之数量既少而品质又劣，赖以抵补漏卮之输出农产品遂日益减少"[1]。正因为如此，农业推广工作在河南农村经济的各项活动中占据着极为重要的位置。通过农业推广，不仅可以普及基本的农业生产知识，改进农民生产方法，提高农民的生产技能，从而改善农民的生活；而且也可以从整体上提高河南的经济实力。因此，河南大学把在河南省实施农业推广作为推动河南农村经济发展的重心，为了使这一工作得以顺利实施，专门成立了农业推广部这一和河南农村经济发展密切相关的机构。

早在河南中山大学时期，河南大学就成立了农业推广部。其后，虽然机构名称在不同时期有所变更，且因为外界影响，在某些时期略有停顿，但其致力于河南农业经济调查和农耕技术推广、直接服务河南农村经济这一宗旨则始终未变，而且，随着河南大学各项组织发展的完善，其服务的范围日益扩大，服务的方式也日益多样化。

1927年秋季，河南中山大学与河南省政府协商后，河南省政府将前省立第一农业学校经费一万四千余元作为河南中山大学农业推广部的日常经费，由农学院王陵南教授主持工作，并聘请孟景斌、吴淑瑗、贺济民、张缉之等专门从事推广工作。

1928年，郭秉文莅临开封，倡议创办豫陕甘农学会来扩大农业推广事业。依据该倡议，把河南中山大学的农业推广部并入河南省农务处。但因计划过于庞大，反而无形停顿，而河南中山大学之农业推广部也随之不复存在，河南中山大学农业推广工作也暂时处于停顿状态。1928年夏，邓萃英开始执掌河南中山大学，邓萃英认为，农科和农民的生计之间的关系最为密切，而农业推广部是沟通学校和农民实际生产的桥梁，

---

[1] 章之汶、李醒愚：《农业推广》，上海商务印书馆1936年版，第15页。

应当予以恢复。在邓萃英的这种指导思想下，该年夏天恢复了河南中山大学农业推广部，1929年春季，进一步扩大了农业推广部的规模。①

河南中山大学农业推广部恢复成立之后，除了从事一些必要的日常工作和教育事业外，把推动河南农业经济发展作为农业推广部的重心。在具体工作安排上，则计划首先在开封县四个乡进行农业合作试验，待取得显著成效，再推广到河南各县。具体工作包括以下几个方面：第一，继续对农村经济情况进行调查；第二，宣传养蜂、养蚕的利益和方法；第三，在各乡适当地点组织合作试验场；第四，对东乡果木病虫害进行防除；第五，实地指导桃树、梨树、杏树、李子树等的树枝修剪和培养方法；第六，宣传农业合作利益。② 第三年应在没有省立农校和试验场的适当地方设立2个分处。同时，该年应在每个分处至少设2至3个分支处，到第四年每个分处须设立分支处2到3个，第五年每分处应再设立分支处1到2个，并在所在区域完全建立乡级推广区。

1930年，河南中山大学进一步完善了工作计划。除了继续延续以往的工作计划外，对农业推广也做了"第一个五年规划"。在该"五年规划"中把设置"推广分支处"作为在河南全省实施农业推广事业的前提和基础。"规划"拟定分5年时间在河南全省设置20个农业推广分处，每个分处再下设5到6个分支处，计划在5年时间达到112个农业推广分支处，使农业推广真正覆盖全省。

第一年（即1930年）以全省5所农校为依托，先设置5所推广分处，且每个分处至少要设置1个分支处。在第二年和第三年，这5个推广分处均应设置2个分支处，第四年每个分处均应设置1个或2个分支处，到第5年，这5个分处所在地方乡级推广区应完全成立。

第二年则和省立农林试验场合作，以省立农林试验场为依托，再设置7个分处。本年该7个分处中，每个分处至少成立1个分支处。第三年的时候，每个分处至少要设立2个分支处；第四年的时候，每个分处

---

① 佚名：《本校农业推广部之沿革及成立以来之工作概况》，《河南中山大学农科季刊》1930年第1卷第1期。

② 佚名：《本校农业推广部十八年对进行新计划大纲》，《河南中山大学农科季刊》1930年第1卷第1期。

要设立2至3个分支处；第五年的时候，这7个分处所在区域的乡级推广机构应完成成立。

第三年应在没有省立农校和试验场的适当地点设置两个分处，同时，每个分处至少要设置2个分支处。到第四年，这些区域的每个分处应再设立2至3个分支处，到第五年，须应再设置1至2个分支处并完成这些地方乡级推广区的建设。

第四年则应在距离省城较远的地方，和该地教育、农业和行政各机关进行合作，设置2个分处。同时，该年每个分处应至少设立2至3个分支处，到第五年，这些地方的每个分处应再设置2至3个分处，并于年底完成乡级推广机构的建设工作。

第五年则应该在河南偏远的地方再设立4个分处。因为已经有了4年经验的积累，因此，应当在第五年的一年之内，争取在这4个分处分别设立5至6个分支处，并争取在该年就在这些偏远地方把基层推广机构完全建立起来。

河南中山大学时期的农业推广计划，不仅在制度、内容和形式等方面确立了民国时期河南大学农业推广的基本框架，也为其后河南大学在河南全省实施农业推广奠定了较为坚实的基础。

在1931年的河南全省教育会议上，有与会人员提出："农业推广须有农业教育机关积极设施，凡农业生产方法之改进，农业技能之增高，农村组织与农民生活之改善，农业科学知识之普及，以及农民生产消费合作之促进，须全力推行……亟须组织一大规模之农业推广委员会，以专其成。刻下河南大学虽有农业推广部，但规模狭小，不足以惠此紧要，而须遵照教育部公布之农业推广规程，会同教育建设两厅，组织一农业推广委员会，以司其事。"[①]

其后，随着农业推广部各项工作逐步走向正规，1936年4月14日，河南大学就以河南大学农学院教授为主体，联合河南省农业专家，成立了"河南大学农业推广委员会"。除了响应河南省教育会议上的提案外，河南大学认为："本校为河南之最高学府，负有领导全省教育，及复兴农村，改良农业之责任，故本期除先行恢复并整顿推广处组织外，嗣复成

---

① 李敬斋：《河南全省教育会议报告》，河南省教育厅1931年版，第134页。

立'河南大学农业推广委员会'。"① 会址设在农业推广部,推广委员会秘书由农业推广部职员担任。委员会分设行政组和学艺组两个小组。行政组由河南大学校长、农学院院长、各系教授以及推广部主任等组成,以便于开展推广工作。学艺组的成员则由农学院院长、各系教授、农场主任、推广部职员及校外农业专家组成。为了把有限的经费用在农业推广上,规定除了外聘专家外,本校专家一律不予支给各项薪金开支。在成立大会上,即由与会委员统一达成四项对河南农业推广有所帮助的建设性建议:

一、由本会建议中国银行,贷款掘井并救济农村,增加生产案。查农村破产,深足引忧,补救之道,厥为增加生产;而增加生产效率最大且最速者,即系水利之设施。拟请中国银行,先行贷款四权村(模范推广区)掘井,以资提倡遵守,至贷款数目与方法,另拟详则。

二、建议由本会函请建教两厅,通令各关系机构,以后关于一切推广事宜,应与本会取得切实联络,以利工作。查推广工作,责重事繁,非与各关系机构切实联络,不足以集中力量,而收事半功倍之效;是以此后为谋工作便利起见,自应与各关系机构打成一片,切实合作,庶本省农业前途,或有突飞猛进之一日。

三、建议建设厅整理合作推广所案。查各县农业推广所,负全县农业指导改进之责,惟以内部组织简单,职员既少,经费更缺,长此以往,实效难期。拟请建设厅:或令增厚经费,严于整理考核;或仿农水局办法,加以合并,即就专署所在地,设一推广处,人力财力集中,成绩亦易表现,而各该县之原有农场苗圃,交由县府第三科办理,亦无不可。

四、建议建教两厅,训练现任各县农业指导员。查现任各县农业指导员,责重事繁,非有农业上健全人才,难以胜任;况值此非常时期,关于生产事业,更须积极设法促进,以培财力而固国本。

---

① 河南大学农业推广委员会:《本校农业推广委员会成立之经过》,《河南大学农学院院刊》1936 第1卷第1期。

各县农业指导员，在数年虽曾召集训练，惟时间既久，不徒人员变更已多，即知识亦未必尽适时需；且各县推广困难之点，无研究磋商之机会，更难期以交互改进，故施行短期训练，一方以推广新知，一方藉将推行困难，分别解除。①

除了提出建设性的农业推广建议外，为了保证以后工作有序和高效进行，河南大学农业推广委员会亦制订了农业推广委员会简章和复兴农业推广计划。在简章中，把解决河南省农业问题以复兴河南农村作为推广委员会成立的目的，为了达到农业推广的效果，决定随时随地与河南省各种农业机构进行联系和合作。在复兴计划书上，则强调要"除去积习，启发新知，扩大推广教育"②。

河南旱灾频仍，为了提高农业生产的效率，河南大学农业推广委员会建议中国银行对广大农村贷款以帮助农民挖井抗旱，以便保证农业生产的顺利进行。同时，河南大学农业推广委员会致函河南省建设、教育两厅，希望他们对各自相关的部门进行通报，以后凡是一切与农业推广工作相关的事宜，各个机构都能够与河南大学农业推广委员会做到互通有无，以达事半功倍之效。③

针对河南各县农业推广所职员稀少、经费短缺的现状，河南大学农业推广委员会建议河南省建设厅，除了对各县农业推广所增加经费、加强管理外，对于规模小的农业推广所应当加以合并，在专署所在地合并成较大的农业推广处，集中人力、财力，以利于推广工作就地进行。面对当时河南各县农业指导员短缺、农业知识缺乏的状况。河南大学农业推广委员会建议应当对各县的农业推广指导员加强培训。

此后，为了确保农业推广事业真正惠及河南广大农村社会和农民，河南大学农业推广委员会结合河南大学的办学条件，制定了更为详细的

---

① 河南大学农业推广委员会：《本校农业推广委员会成立之经过》，《河南大学农学院院刊》1936 第 1 卷第 1 期。
② 河南大学农业推广委员会：《复兴农业推广计划》，《河南大学农学院院刊》1936 年第 1 卷第 1 期。
③ 河南大学农业推广委员会：《本校农业推广委员会成立之经过》，《河南大学农学院院刊》1936 第 1 卷第 1 期。

工作计划。

首先,与中央农业推广委员会、河南省各县农林局、各区立农业学校以及各县农业推广所密切联系,充分了解各地农业发展的实际情况。与此同时,编辑发行各种与农村经济和农民生活密切相关的浅显宣传品,随时派员参加各种集会和广播演讲。其次,与河南省农林第一局合作,创办农民夜校并举办农产品展览会。最后,通过答复农民的各种疑问、扩大植树运动、报告气象预测、免费散发优良种子以及联合河南省建设厅培养农业人才等方式来从事农业推广活动。

从农业推广的内涵看,主要包括狭义的农业推广和广义的农业推广两层含义。狭义的农业推广,是指各类农业学术研究机构——包括大学的农学院、农科大学以及各种农事实验场所,通过对农作物的研究,把研究改良的结果用广大农民能够接受的合适方法介绍给农民,帮助农民获得农业生产上的新技能,以达到增产增收和提高农民经济收入的目的。广义的农业推广,则"除将农事改良方面之改良成绩推广于农民外,且教育农民、组织农民、培养领袖及改善其整个的实际生活"①。可以看出,无论是广义的还是狭义的农业推广,其基本出发点和落脚点均在改善农村生产和生活上。河南大学正是在努力履行这一理念的前提下,在进行了较为完善的农业推广规划、建立起较为完备的农业推广机构的基础上,从各个方面为河南农村经济的发展做出了自己的贡献。通过一系列计划和制度的制定,河南大学师生投身到河南农业推广工作中。

二 开展农业推广和改良的代表性事件概略

从现存资料看,自1929年开始,河南大学即受上海华商纱厂联合会委托,对河南省境内的棉花产业进行调查。实际上,河南大学并不是仅仅局限于单一的调查,而是采用了调查和推广农业知识相结合的策略。在现有资料记载上,该活动堪为河南大学在河南直接从事较大规模的农业推广活动和研究的滥觞。其后,河南大学农学院又针对河南实际情况,做了一系列的务实的推广活动和研究。

---

① 章之汶、李醒愚:《农业推广》,上海商务印书馆1936年版,第16页。

（一）采用多样化的农业推广方式，帮助农民提升生产和生活能力

河南大学为了提升河南经济水平，在自己有限的力量范围内做了大量工作。可以说，为了提升河南农民的生产和生活水平，河南大学采用了自己能想得到和做得到的各种方式。

第一，在辉县积极进行各种农业推广活动。河南大学在辉县做的一系列工作，是河南大学帮助河南农民提升生产和生活水平的代表性事件。在1930年百泉乡村师范成立之时，河南大学即决定和百泉乡村师范展开合作实施农业推广活动。其后，河南大学农学院与河南省第五区农林局、辉县县政府、中国银行、河南省立百泉乡村师范学校等有关部门合作，在辉县进行了农业推广相关的系统工作。

首先，从改进农民生活的角度出发，进行农业推广。如在辉县各个乡推广优良种子；对辉县山区进行调查后，指导地方农民进行造林工作；同时，协助河南百泉乡村师范学校指导乡村设立农村合作社。与辉县政府合作，办理特约示范农田。组织各种农产品展览并在辉县农村巡回展出。[1] 对农民进行科学知识和科学种田教育。与辉县政府合作，成立农具改良委员会，提高农民的工作效率。针对当时小麦、玉米、高粱等农作物病虫害严重的状况，专门组织了病虫害研究会，进行病虫害研究和治理工作。[2]

其次，对辉县百泉山区多种动植物进行调查和研究。1933年，河南大学校长许心武教授认为，应当把各种与经济密切直接相关的学科与试验紧密结合起来，以便从科学的角度来做救国的准备。在这一思路下，许心武致函百泉乡村师范学校，言明百泉所具有的多种动植物的价值，并与百泉乡村师范校长李振云函商联合办理百泉生物研究所。李振云本来就是河南大学毕业生，对河南大学感情甚笃，加上李振云也极为热心乡村建设。于是，以河南大学农学院专家为主体的河南生物研究所得以成立。该机构成立后，即对百泉境内的动植物进行了分类调查。并利用百泉所在地的动植物资源，开始展开以下几个方面的实地试验和研究。

---

[1] 佚名：《百泉设立乡建实验区》，《河南民众教育》1936年第1卷第3期。
[2] 佚名：《百泉设立乡建实验区》，《河南民众教育》1936年第1卷第3期。

(1) 对野生黄鳝体内的睡眠虫疾病和鱼类新型寄生虫等野生水产动物携带的寄生虫对人类的危害进行了研究。(2) 对百泉的药材进行采集和分类。(3) 通过搜集植物标本，对河南杨树害虫和桐树病虫害产生和多发的原因进行研究。(4) 试验人工繁殖鱼苗的经验。(5) 初步开展了河南鸡瘟病的研究。① (6) 对河南蚕病进行调查。通过在百泉所做的各项调查和研究，为河南大学农学院在河南其他地区进行桑蚕养殖推广工作奠定了基础。其后，河南大学依据所积累的经验，又在南召县开展了山蚕调研和养殖推广工作，即是得益于此时期的经验。②

再次，对辉县农民的日常生活进行帮助。河南大学农学院与百泉乡村师范学校合作，对和农民日常生活相关的很多方面进行帮助。针对农民粗陋的生活习惯，与百泉乡村师范合作成立了乡村生活改进会，针对农民之间经常发生纠纷的现象，与百泉乡村师范学校一道，成立了乡村调解委员会，对当地农村的各种纠纷进行调解。河南大学认为，保长和甲长的素质直接关乎农业额推广，为了提高保长和甲长的素质，专门成立了保甲长培训委员会。③

最后，与河南第五区农林局、辉县县政府、中国银行以及百泉乡村师范合作，积极推广优良种子，提倡村民普遍植树造林，指导各乡设立各种合作社，成立农业学校，组织各乡农业竞进团，成立乡民公共市场，等等。

在河南省政府与相关部门的支持和配合下，河南大学通过努力，在辉县进行了一系列卓有成效的与农业推广相关的工作。不管是农具改进、农作物种子改良，还是改变农民生活习惯、提高地方保甲长素质等活动，都对改善农民生活、改变农业生产条件发挥了积极作用。

第二，创办农民补习学校，是河南大学提升农民生活和生产水平的另外一种手段。著名平民教育家晏阳初认为，中国农村的问题千头万绪，但基本上可以用"愚""穷""弱""私"四个字来概括。而其中的

---

① 关于河南大学对鸡瘟病的研究，在后面进行详细说明。
② 河南大学农学院：《河大乡师合办百泉生物研究所经过报告书》，《河南大学周刊》1933年第20期。
③ 佚名：《百泉设立乡建实验区》，《河南民众教育》1936年第1卷第3期。

"愚",主要是指中国大多数农民,不但缺乏知识,简直是目不识丁。毋庸讳言,20世纪二三十年代河南农村几乎是晏阳初这一说法的一个缩影。河南大学农学院根据河南农村的现实情况,把实施"学校式教育"作为农业知识推广活动的重要环节。依据河南大学农业推广委员会的计划,为了救济失业农民和普及农业知识,从1936年秋季起,河南大学农学院开办了成人补习义务学校,向广大农民普及基本农业常识。1936年9月28日,成人补习义务学校第一次开课,[1] 由河南大学农学院教授何一平担任校长,农学院教师牛之藩、王北辰、孟宪达、张振州等担任教员。[2] 截至1937年3月13日,河南大学农民补习学校已经招收了两届农民学生,毕业学生七十余人。[3] 1937年3月15日,为了提升开封县四权乡乡民的生产和生活能力,专门针对该乡招收第三批学生。河南大学通过开办农民补习学校的方式,有效地传播了各种基础的农业科学知识,提升了河南部分农村农业生产力的水平。

第三,开展优良种鸡推广工作。河南大学农学院和百泉乡村师范合作成立百泉乡村生物研究所的时候,就把农民养鸡作为一项重要的调查工作。在对农村调查后发现:"养鸡为河南农民副产品之最重要者。因凡农家自一切小零用品,如油盐酱醋糖果等,均系由鸡蛋换来,故农民之鸡蛋等于市民之铜元。……每鸡产蛋平均每年一百枚,价值十千文之谱。"[4] 经过调查后河南大学农学院认为,对普通农户而言,养鸡看似是小事,但对农民的生计影响极大,在当时的农村,农户养有鸡子几乎等同于城市流通的货币。但是,在调查中发现,由于河南乃至北方各省之鸡,常患一种烈性的疾病,严重时候甚至全村的鸡子全部死绝。其结果,农户不仅不能换购日常必需之零用品,且各村农民的年损失合计估计在百万元以上。基于这种调查,河南大学农学院把改良家鸡品种、提高免疫力作为一项重要工作。其后,河南大学农学院联合河南省第五区农林局对鸡种进行改良,并挑选出"来克行鸡"在辉县进行推广。随后,农

---

[1] 佚名:《农学院:棉花丰收·补习学校开课》,《河南大学校刊》1936年9月28日第1版。
[2] 佚名:《河南农院农民补校举行开学典礼》,《河南民众教育》1937年第2卷第2期。
[3] 佚名:《河南农院农民补校举行开学典礼》,《河南民众教育》1937年第2卷第2期。
[4] 河南大学农学院:《河大实施种鸡推广》,《河南大学校刊》1937年3月15日第2版。

学院畜牧学系鉴于河南农村本地鸡抵抗瘟疫能力普遍较差,死亡率过高这一状况,决定先大批繁殖外来种鸡作为预备群进行试验。通过对预备群进行观察,发现该鸡种抗病率仍较低。基于这种情况,河南大学农学院又在开封附近选取种鸡40羽,对其中的"力行""红鸟""芦花""狼山"4个品种进行杂交,划分为4个区域进行,培育成了抗病力强、肉质佳且骨骼大的新鸡种。①

其后,在1937年初开始,河南大学农学院畜牧系决定将优化的"力行鸡"在开封四权村免费赠予部分农户,以进行推广和试验。为了能获得更加真实数据以便对鸡种进一步改良,在农户对种鸡的饲养上,农学院推广处特别作出了以下要求:

1. 接受本院种公鸡之家,须向本院推广处登记后,方能承领;2. 所领种鸡如果死亡,须向本院推广处报告,以便补领,但须将死鸡送来,以备检查及注册;3. 凡承领种鸡之家户,与其所在之村庄各户,概不准豢养土种公鸡,以防血液混乱;4. 凡承领种鸡各户,须于每年春季至少将鸡种卵化十枚以上,并每户至少须交本院畜牧系鸡种母鸡五羽,以备繁殖与保存;5. 凡每代所得杂种公鸡,盖不准留养,三月大时,即须卖出(只留母鸡);6. 每年所得杂种母鸡,非至下年母鸡育成时,不准出售,须一律留养。②

河南大学农学院的这一推广措施,较为有效地获得了普通农户日常饲养"力行鸡"的一手数据,虽然因为外部环境等因素,推广范围仅限于开封及豫北区域,但对优化河南农户饲养家鸡品种、提升家鸡抗病能力发挥了积极作用。

(二) 开展农作物病虫害防治的推广工作

由于河南农作物品种繁多,加上农村生产力低下,伴随而来的是各种病虫害繁多。例如,小麦的黄锈病、黑穗病、白发病,大豆的叶枯病,花生的青枯病、茎腐病、叶斑病,等等。广大农民可谓是束手无策,损

---

① 河南大学农学院:《鸡杂交育种试验》,《河大农学院院刊》1936年1月创刊号。
② 佚名:《推广处推广纯种种鸡》,《河南大学校刊》1935年3月15日第2版。

失惨重。面对这种情况,河南大学农学院涂治教授把以预防为主的抗病理论运用到实践中来,实施了抗病育种工作。在播种时节,即开始把病菌孢子接种到种子中,以此来测验各个品种的抗病能力。通过比较试验选取抵抗病菌强的优良品种来进行推广。涂治教授的这一方法取得的效果极好,不仅很快在河南省推广开来,而且,"全国有关农业研究者纷纷仿效,开抗病改进技术之先河"。①

即使在辗转迁移途中,河南大学每到一地,也积极实施和本地农业经济发展实际相结合的研究,把通过研究来改进地方农业经济发展作为自己的责任。

1938年搬迁到镇平后,在暂时安定的情况下,河南大学农学院利用暑假的机会,对镇平当地的农业生产情况进行了调查。发现虽然该地小麦和甘薯的产量和品质都不错,但栽培与储藏的方法比较落后,亟须改进。另外,通过调查,发现当地农作物所遭受的病虫害中,最大的危害来源于一种叫作豌豆象虫的害虫。为了帮助当地乡民消除这种病虫害,陈振铎教授立即着手开始了豌豆病虫害防治的研究工作。此外,河南大学农学院的师生经过田野调查发现,当地植物病害中亟待防除的,则有小麦黄锈病、甘薯软腐病、芝麻枯萎病、白萝卜黑腐病以及桐树冬季日烧性溃伤病等植物病虫害。针对这些植物病害,王鸣岐教授带领广大师生展开了积极的应对性研究并取得了良好的效果。②曾经亲历此事的周恒就回忆道:"农学院在镇平时,农田出现小黑甲虫,乡民深以为忧,损失颇严重。经王鸣岐教授指导助教和同学,用显微镜细心观察,发现幼虫生卵于花上,再蔓延于子粒。经指导防治,虫害尽除,乡民称快。"③

迁移到潭头后,农学院师生又对当地的小麦病害情况进行治理。从1942年到1943年,农学院与河南省农改所合作,研究当地小麦黄锈病的防治工作。从1943年开始,农学院受国民政府农林部粮食增长委员会委

---

① 周恒:《记河南大学的学术研究》,载陈明章主编《国立河南大学》,台北:南京图书出版公司1981年版,第52页。

② 河南大学农学院:《国立河南大学农学院概况》,河南大学农学院内部资料1949年版,第7页。

③ 周恒:《记河南大学的学术研究》,载陈明章主编《国立河南大学》,台北:南京图书出版公司1981年版,第53页。

托，对伏牛山各县小麦病害情况进行田野调查，并提出切实可行的解决方案，此项工作一直持续到1944年从潭头撤离。

1945年，河南大学复员回到开封后，针对当时开封、商丘和郑州等地小麦发现严重根腐病的情况，河南大学农学院积极和国民政府中央畜牧所、河南农改所合作，分别举行了小麦抗根腐病试验、小麦抗黄锈试验以及小麦抗药锈试验。[①] 1946年，面对许昌以及黄泛区各县小麦病虫害严重的情况，河南大学农学院组成"麦病防治队"分赴各地指导农民通过对麦种拌药来对病虫害进行防治。1946年在许昌拌种67.8万余斤，1947年在黄泛区拌种441万余斤，该项工作被认为是"河南数十年间最有效的麦病防治"。

（三）积极从事林木种植研究与推广工作

河南境内林木种类繁多，但始终几乎没有采取任何的科学分类和保护措施。为了对林木进行有效保护，河南大学农学院森林系的广大师生做了大量可圈可点的工作。

为了帮助广大农民科学植树，学会科学采育方法，以最少费用来获得最大收益，荣汉光教授以通俗易懂的语言撰写了《造林之常识》一文来讲述造林的基本知识。在该文中，不仅对不同品种树木植树的季节做了合理说明，而且详细说明了河南常见树木的适应环境、基本用途、成长期以及树木的"阳性""中性"及"阴性"等基本属性。此外，对植树过程中土壤的整理和其成熟期也做了较为详细的介绍。[②]

对河南林木植被进行调查研究也一直是河南大学农学院较为重视的一个方面，这一工作主要由农学院森林系来主持。

从1929年起，农学院的李构堂就对开封周边的经济林木进行调查，并加以详细分类，该项研究一直持续到1930年。[③] 在河南经济林木的培育中，河南大学农学院对河南白毛杨的育林推广贡献尤其突出。毛白杨又名"鬼拍手"，为河南主要树种之一。树形雄伟，木材也比较优质，但

[①] 河南大学农学院：《国立河南大学农学院概况》，河南大学农学院内部资料1949年版，第18—19页。

[②] 荣汉光：《造林之常识》，《河南中山大学农科季刊》1929年第1卷第1期。

[③] 李构堂：《开封经济林木略说》，《河南中山大学农科季刊》1929年第1卷第1期。

当时成活率极低，农民根据直观经验从事的传统育苗方法非常难以成活，育苗极为不易。在这种情况下，农学院邵伟德教授指导学生周恒数次进行毛白杨种子繁殖试验。先用显微镜观察种子生态，从开花到结籽，进行全程控制记录，以便掌握种子的成熟性和成熟过程。在对种子的成熟性和成熟过程掌握的同时，还要做种子储藏、温度、湿度等变化的观察。其后，对种子进行消毒等处理后再实际播种观察发芽率。通过反复试验，发现种子在绝对湿度5%左右、温度32℃以下，发芽率最好，其中最高可达76.4%。[1] 随后，在老师的指导下，周恒经过系统研究，发现毛白杨在生长环境方面适宜沙地种植，且耐湿性强、抗碱性弱；在生长高度上，10年左右生长最为迅速；在直径生长上，6年以后开始快速生长，至25年则开始生长缓慢；在病虫害感染上，五六年时期为最易感染期，这个时候最需注意防止昆虫侵入导致内部腐朽成空洞。除了以上结论外，发现毛白杨的适合采伐期为30年。[2] 经过一系列试验，有效解决了毛白杨繁殖过低这一难题，"为河南解决了毛白杨苗木繁殖问题"。[3]

同时，河南大学一直致力于对野生林木的调查和分类，以便能够推动政府和社会对这些林木进行识别和保护，典型的例子是对河南境内太行山林木的调查。太行山位于河南西北部，山区内植物众多，是我国重要的植物宝库。但因为交通梗阻、民智闭塞、无人经营之缘故，对于林木的分类和生长情况一直无人知晓。1932年春季，出于了解和保护太行山森林之目的，河南大学农学院森林系主任乐天愚带领森林系学生，两次到太行山从事森林调查工作。经过第一期调查，发现有经济价值的林木多达400余种。河南大学时任校长许心武意识到调查太行山林木生长情况对河南农林发展极为重要，再次派乐天愚带领师生对太行山森林生长状况进行进一步调查。乐天愚联合位于辉县的河南省第二区林务局等，并和该局局长高立德联合主持，组成大规模的调查团进一步对太行山林

---

[1] 周恒：《记河南大学的学术研究》，载陈明章主编《国立河南大学》，台北：南京图书出版公司1981年版，第55页。

[2] 周恒：《开封毛白杨生长之研究》，《河大农学院院刊》1936年1月创刊号。

[3] 周恒：《记河南大学的学术研究》，载陈明章主编《国立河南大学》，台北：南京图书出版公司1981年版，第55页。

木生长状况进行调查。① 此次调查不仅在河南省影响巨大,在全国也有较大反响,针对这次调查,当时著名的报纸《大公报》专门做了专题报告。

此外,河南大学辗转到达潭头后,农学院与河南省建设厅农改所联合组成嵩山测量队,由时任林学系主任李远材教授任总领队,对嵩山进行勘测,以根据这些调查作为整理嵩山山区植物分类的准备。王鸣岐教授为了解伏牛山区动植物生长情况和矿务蕴藏状况,与理学院教授傅茂宣和李俊甫一道深入伏牛山采集各种标本。通过这项调查,河南大学帮助该地方民众更多地了解了伏牛山区的农林财富,地方人民也扩大了采集和利用各种野生植物和菌类的选择机会。②

在调查和致力于保护野生林木的同时,人工培植苗圃和推广植树造林也一直是河南大学实施林业推广的重点。到1934年初的时候,河南大学农学院经万康民和孙季戚两位先生数载经营,已培植各类苗圃颇多,并于该年把培植苗圃中的一部分树苗计一万余株栽种在护城堤坝,对防风固土起到了一定功效,③ 同时,在开封市区、郊区以及陇海铁路沿线植树。农学院的师生不仅身体力行,而且通过张贴标语、发放小册子、巡回讲演、入户指导等形式宣传植树造林的重要性。

此外,为了鼓动农民种树,河南大学农学院可谓是"费尽心机"。农学院师生意识到,农民最关心的是所做的事情是否对自己有利,只有让农民意识到对自己有好处,才能最大程度地激发起他们植树造林的积极性。从这一观点出发,在对农民宣传种树好处的时候,基本上用的都是最为通俗易懂的语言,且把植树的好处和农民的切身利益密切联系起来。比如,在1937年3月,为了激发农民植树的积极性和主动性,就采用非常接地气的语言,向农民宣传植树对农民的好处:"春天农闲的时候,在庭前院后屋侧路旁场边池畔坌地上,费不了二锹两锄,就可栽一棵,要不了三年两年的工夫,就可森林化了农村。平时,有地方避暑,有枯枝落叶烧锅,一旦遇着添人口的时候,可卖一棵树,就可以不作难,为个

---

① 《调查太行山森林——河南大学农学院派员出发》,《大公报》1932年7月19日第5版。

② 河南大学农学院:《国立河南大学农学院概况》,河南大学农学院内部资料,1949年,第9页。

③ 佚名:《农学院春季植树造林》,《河南大学校刊》1934年3月1日第1版。

人福利计，应该努力造林！"①这样的宣传让广大农民喜闻乐见，较为有效地推动了河南广大农村植树运动的展开。

1937年，河南大学农学院与陕县专员公署合作，在陕县开办演习农场，希望既能够推动学生掌握实践技能，又达到推动陕县林业发展的目的，但开办未几，因抗战全面爆发，被迫停顿。除了以上这些工作外，即使在辗转流离期间，河南大学每到一地，只要条件允许，也努力开展植树推广工作。在镇平期间，河南大学农学院也积极从事苗圃培育和造林工作。通过和镇平县建设会协商，租得苗圃培育基地50亩，并接办镇平县立林场苗圃20亩，有效地促进了镇平当地苗圃培养和推广工作的开展。1939年2月开始，利用课余时间，在杏花山彭禹廷墓地周围山地造林200亩。②抗战复员回到开封后，1947年，河南大学农学院主持完成了当时工程较为浩大的中牟防沙造林工程。

为了促进河南农民生活的改善和农村经济的发展，河南大学农学院广大师生还针对不同农作物的生长特性和对环境的适应性，在深入调查的基础上，有目的地对不同粮食作物在河南省的生长状况、生长环境等进行了多方面的研究、改良和推广。其中，最具代表性的案例，是对棉花和小麦这两种河南重要的农作物的改良和推广上。

三　对棉花和小麦的改良和推广

河南位于黄河中下游，北部与东部大部分是由黄河冲积而成的平原，中部的许昌等地亦多为平原，西南为富饶的南阳盆地。西部、东南部和西南部则以山区和丘陵为主体。全境内不同的地质环境决定了河南农产品的多样性，因此种植方法和出现问题也各不相同的特征。河南大学针对河南农产品丰富多样，分门别类地对河南盛产的不同种类的主要农作物进行调查、实施推广。根据河南地质特征和农产品特色，河南大学农学院从事了大量的粮食作物改良活动，几乎涵盖了当时河南粮食作物的所有种类。由于当时河南就是棉花和小麦的重要产区，因此，河南大学

---

① 佚名：《造林工作极端形忙碌：告农民书》，《河南大学校刊》1937年3月15日第2版。
② 河南大学农学院：《国立河南大学农学院概况》，河南大学农学院内部资料，1949年，第7页。

农学院对棉花、小麦的调查和改良方面做了大量工作,其中成绩尤其值得大书特书。

(一) 实施棉作物的优化和推广活动

民国时期我国产棉区域,主要分布在河北、山东、山西、河南、陕西、江苏、浙江、安徽、江西、湖北、湖南以及四川等省份。河南大部分地方土壤肥沃,且以旱地为主,因此是当时全国的重要棉区。在抗战全面爆发前,河南棉花产量在全国已经排在第五位[①]。在河南农村生产力极为低下、生产方式也极为落后的情况下,河南棉花产量能位居全国前列,一定程度上与河南大学致力于优质棉花的改良有着密不可分的关系。

为了对河南棉花生产状况有一个明确的了解,自1929年开始,河南大学(时为河南中山大学)农学院农业推广处组织调查队,初步对河南省棉花种植和生产状况进行了详细调查。

当时在河南种植的棉花,主要由政府从美国购买而来,在民间俗称"美棉"。"美棉"本来为优质丰产的品种,然而,随着这些棉花品种在河南种植面积日益扩大,却出现产量大幅度减缩、质量大幅度下降等现象。河南大学农学院针对这种情况,专门组织了调查组,对这种问题进行了广泛而详细的调查。调查组在调查后,由刘祝宜执笔,对河南推广"美棉"过程中出现的问题、产生问题的原因以及改良措施进行了详细陈述。

经过调查后发现,"美棉"产量的减少,主要表现在产量退化、品质退化和成熟期晚等几个方面。产量退化主要表现在枝叶过多、果枝过少,果铃萎缩,衣分、衣指和籽指均呈降低趋势,比如,衣分已经降低到25.6%,这种现象导致皮棉的平均亩产不过20斤。品质退化是"美棉"在河南种植过程中发生变异的最主要特征。主要表现为失去了原有的细度和长度,且因为出现长短错杂变异现象,从而导致棉花纤维失去了其应有的整齐程度,造成了棉花纤维发生劣变。这种现象的发生,也造成了"美棉"中棉花纤维的长度甚至不如本土优质棉花的品质。同时,河南大学农学院的师生经过实地调查发现,"美棉"中的一些品种成熟过晚也是导致棉产量锐减的一个重要因素。比如"脱字棉""王棉"等,本来

---

① 河南棉业改进所编:《河南棉业》,竟成印刷所1936年版,第27页。

属于早熟类,应于每年10月1日前吐絮一半以上,到霜降时候,应当已经完全成熟。但是,河南各个地方种植的"美棉",大部分地方在霜降时候竟然仍是处于结铃未裂开状态。这种过长的生长期使已经在河南普及种植的"美棉"基本上无法躲过霜害和病虫害。①

经过实地调查后,河南大学农学院师生发现,没有对品种进行选择、没有对外来品种进行驯化以及各个产棉区对品种滥行杂交是造成产量锐减的重要原因。首先,从品种选择的角度看,因为"美棉"主要从外域引来,当时在一些推广人员的观念中,感觉只要是"美棉",就一定是优良品种,从而对"美棉"不加区分地任意推广。于是,在同一块地中把"美棉"中的"脱字棉""爱字棉""王棉""得胜棉"等优劣不等的品种放在一起种植,互相混淆,导致这些不同品种的棉花失去了原来的性状而退化。其次,从品种驯化的角度看,棉花本身就是那种在新环境下最容易发生"劣变"的物种,因此,在推广之始,即应当先行试验,对品种进行筛选。但在前期"美棉"的推广过程中,由于没有考虑到棉花容易"劣变"的因素,因此并没有对不同品种进行筛选而是无差别的直接推广,从而造成河南各地种植的"美棉"日益退化。最后,从实施品种试验的角度看,对"美棉"进行品种试验的确是优化棉花种子的重要方式。然而,在品种试验中,一方面忽略了棉花本身就是一个最容易自然杂交的物种,在品种试验中把所有品种种植在同一块地方,认为这样最容易比较优劣,但因为棉花杂交过于容易之故,不同品种放在一起种植反而造成原有物种失去本来的品性。另一方面,在进行品种试验前,因为忽视了留种这一环节,因此,所得的种子已经无法与原来的种子进行对比,而把已经变异的种子冠以原有的"脱字棉""王棉"等,但因为其品性已经发生了变异,又加速了棉花种子的退化。②

基于以上推广"美棉"中出现的一系列问题,调查组认为,"美棉"在河南种植推广,当时基本上是不算成功的。而这种失败的根本原因,

---

① 刘祝宜:《河南种植之美棉应急行改良论》,《河南中山大学农科季刊》1929年第1卷第1期。

② 刘祝宜:《河南种植之美棉应急行改良论》,《河南中山大学农科季刊》1929年第1卷第1期。

是在于轮种试验上的根本错误。要改变河南棉花种植落后的局面，根本途径在于实施驯化育种方法，使推广的棉种真正能够风土同化，同时，必须根据不同地方的具体自然环境，厉行地方纯种主义来对棉花进行配植。具体说来，应当从以下几个方面做起。第一，根据河南不同地方气候和土质等情况选定不同品种。比如，在豫北黄河流域，其气候和土质以"脱字棉"最为适宜，就应当以推广"脱字棉"为主。第二，在采购种子方面，由于河南的"美棉"已经因为前期轮种过程中出现退化现象，不宜继续使用，应抓紧购买纯种，根据河南不同区域风土进行驯化。同时，在购买外来种子的时候，必须进行消毒，以防蚜虫随种子入侵。第三，要严格执行田间去伪程序。调查组认为，田间去伪程序是棉种保优去劣的重要手段。实施田间去伪，就应当在开花期和吐絮前两三周分两次对所有棉株进行筛选，根据茎秆、枝叶、花铃等的形态来进行精细选择。第四，进一步对棉种进行纯化。在田间去伪后，要实行单株选择及遗传试验，使棉种完全达到风土同化，成为适宜本地生长的纯种棉花。①

在对河南棉花种植情况已经初步掌握的基础上，为了进一步对河南棉花种植进行改良，河南大学拟定继续对河南棉业的各种情况进行调研。其时，上海华商纱厂联合会急需掌握河南棉花生产、运输和销售等情况，且把这一调研任务委托给河南中山大学农学院。② 1929 年下半年，河南大学农学院扩大了调研范围，调研区域初步覆盖了济源、沁阳、获嘉、辉县、新乡、延津、滑县、浚县、汲县、淇县、汤阴、林县、安阳、临漳、武安、閺乡、灵宝、陕县、渑池、新安、洛阳、孟津、偃师、巩县、西华、太康、尉氏、郑县以及孟县等主要产棉区域。③ 在详细调研后，由河南大学农业推广部农业推广员冯翔凤和孟及人联合撰写了《本科农业推广部十八年度河南全省棉业调查报告》，该报告经进一步修订后，在《大公报》等报刊以《河南棉产概况》为标题刊发。较之于刘祝宜的《河南

---

① 刘祝宜：《河南种植之美棉应急行改良论》，《河南中山大学农科季刊》1929 年第 1 卷第 1 期。

② 周恒：《记河南大学的学术研究》，载陈明章主编《国立河南大学》，台北：南京图书出版公司 1981 年版，第 50 页。

③ 冯翔凤、孟及人：《本科农业推广部十八年河南全省棉业调查报告》，《河南中山大学农科季刊》1929 年第 1 卷第 2 期。

第四章　地方经济的建设者：立足现实促进社会经济发展 / 247

种植之美棉应急行改良论》，该调查报告的调查范围更为宽广，已经不仅仅是关于棉花种植问题，而是系统地从农业经济发展的角度，对河南整个棉花产业出现的问题进行了较为全面的思考。

首先，在调研的基础上对河南棉花种植的生长环境基础进行了详细分类。经过调研后发现，从土质上看，武安、临漳、安阳、林县、汤阴、淇县、辉县、济源、沁阳、孟县、巩县、偃师、洛阳、新安、渑池、郑县、尉氏、太康、西华等地方，种植棉花的土地以壤土和黏质壤土为丰，沙质壤土次之；浚县、滑县、延津、新乡、获嘉、温县、陕县、灵宝、阌乡等处，以沙质壤土为多、壤土及黏质壤土次之。而不同地方的土质决定了不同地方不同品种的产量。经过调查后发现，在武安、临漳、汤阴、辉县、获嘉、新乡、郑县、偃师、洛阳等处，每亩可产"中棉"130斤左右，"美棉"可收150斤左右；安阳、太康等县，每亩"中棉"可收40—50斤，"美棉"可收200斤左右；灵宝的"美棉"产量更大，每亩可达240斤左右。同时，经过实地考察，发现河南东部棉花种子尤其低劣，亟须改进。[①] 较之以往的调查，这一调查结果显得尤为重要。这一调研显示，整体上看，虽然对"美棉"等外来棉花品种的引进是一种趋势，但"中棉"也并非一无是处，在合适的土壤等地质环境下，如果对"中棉"进行改进和优化，"中棉"还是有一定的可取之处，而且，一些地方的气候和土质，也可以实施"中棉"和"美棉"间种。

其次，从种植成本和销售渠道的角度阐明了影响棉农积极性的因素。经过调研，河南大学师生发现，历年来河南屡屡遭受旱灾，加上战事迭兴、土匪遍地，对广大农民摊派重税已经成为棉农种植积极性的重要因素。"当时计每亩地丁征捐须三元之谱，人工种子须三、四元，肥料亦须三、四元，共计须十元左右。农民虽尽力田亩，代价是收成大半三分或五分，计价多不过五、六、七元，亏损竟及一半。而吏役之叫嚣催索，复大有其人，农家困难，已达极点"。[②] 河南大学师生经过调研后指出："河南产棉各县承兵燹踩躏之余，官府征派之繁，军队搜索之酷，为近年所未有，人民倾家荡产，不可数计。就每亩棉田，而出地租人工肥料制

---

① 冯翔凤、孟及人：《河南棉产概况》，《大公报》1931年4月20日第2版。
② 冯翔凤、孟及人：《河南棉产概况》，《大公报》1931年4月20日第2版。

洋八元外，捐派与将及半，以年五成之收，每亩所收不过十元上下，亏损竟至三元之多，农人经济之困窘可知。"① 同时，从销售上看，因为河南连年战乱和匪患，运输不畅，即使是丰产地区，产出棉花也因运费高昂而导致棉农无法把棉花卖出。各种因素交织在一起，严重挫伤了棉农种植棉花的积极性，这些也是造成河南棉业不振的重要因素。

最后，在对河南棉业进行系统调查的基础上，河南大学师生认为，河南棉业发展实在是个系统工程，不单是靠良种推广就能得以蓬勃发展。要想振兴河南棉业，则应从以下几个方面做起：

> 一须结束军事，肃清土匪，使农民有田可耕；二须恢复货运，减轻税率，使棉花价值太高，农民纯利增加；三豫东棉种太劣，应由棉业主管机关发施良种，其他各处棉种多杂，应告以保持良种办法；四各县植棉过稠，应由各该地建设局劝其改良；五产棉各县，犁地多浅，棉根不能充分发育，应由各地农场购买洋犁，作为提倡，价值过昂者，可指导农民合资购买；六各地花行行佣太重，应指导农民组织卖棉合作社，以免除花行之剥削；七各地抢花成风，有碍生产，应行禁止；八灌输农民棉作常识，使其对于常有之病虫害，有相当之防除方法；九豫省林木缺乏，山均童突，应急速提倡造林，为防水旱灾害之根本办法；十各地纺织业未加改良，出品低劣，洋布乘机盛行，输出渐减，损失颇大。应由政府广设工厂，改良纺织，并设立农工银行，轻利贷与农民资本，以维持家庭工业，否则，不惟棉业前途不堪设想，恐农民生命亦将难保矣！②

整体上看，河南大学农业推广部的这一报告，不仅帮助河南省内外与棉花种植密切相关的行业进一步了解了河南棉业的发展状况，其也通过调研，使河南大学自己进一步了解到河南棉产业的整体情况，从而能够更加有针对性地进行棉花种植产业的改良和推广。该报告虽然主要以河南

---

① 冯翔凤、孟及人：《河南棉产概况（续）》，《大公报》1931年4月13日第6版。
② 冯翔凤、孟及人：《本科农业推广部十八年河南全省棉业调查报告》，《河南中山大学农科季刊》1929年第1卷第2期。

棉业为主，其实已经远远超出了河南棉业经济的范围，仅仅从措施上看，就已经涉及河南的政治、经济、生态等一系列复杂的问题。在当时的社会环境下，河南大学能够意识到这些问题并明确提出这些问题，实属难能可贵。然而，很多问题在当时的社会环境下，更需要其他行业的合作和协调，因此，只靠河南大学自身能力，基本上无法得以解决。但是，在对涉及河南棉花产业的诸多事项大声呼吁的同时，河南大学仍在自己力所能及的范围内，尽最大力量做好自己能够做的工作。自1930年开始，河南大学农学院即与中国银行合作，在豫西主要产棉区灵宝县设置棉场，扩大实验，繁殖"斯字棉"及灵宝棉。同时，在开封繁塔寺设立开封农场，进行优质美棉的繁殖育种试验工作。① 一直到抗战全面爆发前，河南大学都在致力于农作物的推广，且形成了一套独特的"边培育边推广"的棉作物推广模式。到1937年5月，已经完成了"中棉"共计11个品种的比较试验、"美棉"12个品种的比较试验、中美棉株行试验、棉花种植肥料试验以及棉株遗传研究试验，等等。同时，繁殖"斯字棉"65亩、"脱字棉"12亩、"百万棉"10亩以及"金字棉"半亩，并计划把这些新品种在该年秋季继续在河南农村广泛推广，令人扼腕的是，随着抗战军兴，这一计划也随着河南大学的迁移而成为泡影。

（二）对小麦进行优化和推广

河南是一个农业大省，小麦、玉米、大麦以及高粱等粮食作物是河南最为常见的农作物。其中，到1936年，河南小麦产量已经占据当时中国小麦生产总量的五分之一，② 到抗战全面爆发前，河南已经是我国小麦的主要产区。在生产力落后、社会动荡不安的情况下，河南能够成为中国小麦的主产区，固然与河南居于中国大陆中部，气候温和，适宜小麦生长有密切关系，但也和当时河南广大农业科技工作者努力发挥自己的聪明才智，在河南农业生产力极其落后的情况下致力于粮食作物种植的改良和推广、改变"靠天吃饭"这一努力密切相关。而在当时河南农业人才匮乏的情况下，河南大学农学院广大师生不仅是河南省珍贵的农业

---

① 河南棉业改进所编：《河南棉业》，竟成印刷所1936年版，第114页。
② 葛春林：《河大农场22－14号小麦育种成绩报告》，《河南大学农学院院刊》1936年第1卷第1期。

人才，更是对小麦这一重要的粮食作物进行改良与推广的"领军人物"和主力军。

河南虽然种植小麦由来已久，然而，由于长期主要是农民根据自己经验种植，且当时河南小麦的品种庞杂，种子良莠不齐，经常发生病虫害而导致产量下降。在这种情况下，为了提高河南小麦的品质，增加产量，河南大学农学院较早就开始了小麦优良品种的选育工作。这一工作的代表事件体现在"22-14"号小麦的选育上。

早在1927年，河南大学与河南省建设厅合作，首先就近向河南省各县征集麦种共计28种。其中19种分别来自豫东、豫西、豫南和豫北数县，另外9个品种则根本无名可稽。在征集这些品种前，河南大学农学院已经从其他地方征集了54个品种。从1928年开始，河南大学农学院即开始实施小麦育种试验。河南大学农学院对这82个小麦品种进行单行实验、二行实验、五行实验、十行实验、两年高级实验，等等。在各级各类试验中，均要把分蘖、成熟之早晚、植株之高低以及病虫害程度等分类详细记载来作为选择优良小麦种子的根据。①

小麦育种试验的目的是选取最优品种小麦在河南省推广，以进一步提高河南小麦产量，因此，育种工作极为琐碎，且周期长达6年之久。

第一年实施穗行试验。主要在品种观察区内选出621棵单穗，分别为一行试验，每第十行种一对照行，按照成熟之早晚及植株高低依次排列。对照行选用的是开封农民常用的五花头小麦，共计种植690行。在生长期间，凡是关于发芽的百分数、分蘖的多少、麦秆的粗细、麦穗的形状、出穗的日期、成熟的早晚、各种黑穗病以及各种锈病的危害程度等，均要一一登记、比较，作为对种子是否保留的标准。经过反复筛选，共选留了328个品系，淘汰了其中二分之一品系，初步把"22-14号"小麦确定为优良品系。②

---

① 葛春林：《河大农场22-14号小麦育种成绩报告》，《河南大学农学院院刊》1936年第1卷第1期。

② 葛春林：《河大农场22-14号小麦育种成绩报告》，《河南大学农学院院刊》1936年第1卷第1期。

第二年则是进行二行试验。把穗行试验中筛选出的328个品系用作二行试验。每第五行种植一个对照行，系统排列，共计种820行。对照行的种子不再采用开封农民普遍使用的五花头品种，而是使用开封金陵大学南浸礼会合作试验场所改良的"124"号小麦。因为"124号"小麦产量高于"五花头"，用之作为对照，可以提高试验标准。这次试验的记录程序则和穗行试验相同。在当年收获后发现，"22-14"号小麦和对照组每亩相差133.2市斤，差异较为明显，故把该麦种升入"五行试验"。[1]

在第三年的"五行试验"中，共选用了"二行试验"中选留的168个品种与"22-14"进行比对。试验步骤与前面相同，在收获的产量中，"22-14"号小麦的最低产量与其他品种小麦的最高亩产量相差53.3市斤，故把"22-14"选为升级品种。[2]

为了全面比较小麦的品性，又在第四年进行了"十行试验"。经过"十行试验"，发现"22-14"号小麦产量确实高于其他小麦品种，即决定把该品种升入"高级试验"。在第五年的"高级试验"中，除了继续选用"22-14"外，还选取其他16个较为优良的品种进行对比，经过对比发现，"22-14"品种在各个方面仍优于其他品种。为了慎重起见，在第六年继续实施"高级试验"。经过第六年的重复"高级试验"，基本上确定"22-14"品种优于其他品种。[3]

由于前面六年的试验是在同一区域进行，虽然对于选育优良品种已经基本得到令人满意的结果，但对于不同优良品种在不同气候和地质环境下的适应性问题，仍然不能得出令人信服的结论。因此，高级实验成功后，为了便于农民使用和推广，又在河南不同地方进行了大区比较试验。经过大区试验，发现"22-14"在耐旱、耐涝、不同土壤环境方面适应性为最强，从而选择了产量最高的"22-14"号小麦。

在进行以上以产量为主的选育小麦种子的同时，也对不同种类小麦

---

[1] 葛春林：《河大农场22-14号小麦育种成绩报告》，《河南大学农学院院刊》1936年第1卷第1期。

[2] 葛春林：《河大农场22-14号小麦育种成绩报告》，《河南大学农学院院刊》1936年第1卷第1期。

[3] 葛春林：《河大农场22-14号小麦育种成绩报告》，《河南大学农学院院刊》1936年第1卷第1期。

进行了数期的抗病试验。中国北方小麦常发病状主要表现在"杆黑菌病"和"散黑穗病"两种病征。经过试验发现,"22-14"号小麦"杆黑菌病"的发病率为0.28%,而标准种小麦的发病率为15.29%,二者相差极大;"22-14"号小麦"散黑穗病"的发病率为0.08%,尚不及千分之一,而标准小麦发病率为0.74%,几乎达到百分之一。因此,"22-14"号小麦各方面优势极为明显。此外,在试验过程中,每年都要把不同品种小麦的生长周期和出粉率进行比较,发现"22-14"号小麦比以前河南省所推广的标准小麦种子更为优越。这一型号小麦实验成功后,河南大学与河南省建设厅合作,在1936年前后即开始在河南省进行初步推广,大大提高了部分地区小麦的产量。

在选育了"22-14"号小麦的同时,为了推动河南优质小麦品种多样化,河南大学农学院也积极开发其他优良小麦品种。比如,对"22-14"号小麦进行培育和优化的同时,李先闻教授率领师生,在河南大学农学院农场历时数年培育出"12-23"号优质白小麦。与当时河南流行的"1号"和"14号"小麦相比,该品种小麦抗病灾虫害能力强,麦仁皮薄、面粉洁白且出粉率也较高,在1936年冬季小麦种植时候即开始在河南一些地方推广。① 与此同时,为了扩大优质小麦的覆盖面,河南大学农学院继续致力于优质小麦种子培育,又于1937年初又育成了"41"号小麦。经与"22-14"号小麦比较,该小麦品质不在其下。"22-14"号小麦、"14"号小麦和"41"号小麦基本上使河南大学培育的优良小麦初步形成了体系。其后,河南大学农学院推广处为了实现普遍推广,专门于1937年6月制定了"两个三年"小麦推广计划,即前三年将这些优良小麦品种普及到全省各个重要乡镇,再三年则普及到全省各个农村。估计新品种普及之后,按增加量20%估计,每年能增加一千八百万市担。② 但日寇的全面入侵使河南大学农学院的这一规划也无奈终止。抗战复员后,河南大学农学院继续把从事小麦改良和推广作为自己应有的社会责任。考虑到不同地区土质和气候不同的特点,河南大学农学院对"22-11""12-13""4-1""18-17""18-18"等一系列优质小麦品种进行

---

① 佚名:《农场育出优良白小麦种》,《河南大学校刊》1935年5月30日第1版。
② 佚名:《农学院推广处推广麦种计划》,《河南大学校刊》1937年6月14日第3版。

了数次繁殖和育种试验，并在开封地区首先进行推广。[①]

从河南小麦的推广历程上看，河南大学农学院所做的小麦培育和推广工作，不仅为河南成为全国小麦产出第一大省奠定了坚实的基础，也为河南小麦产业的可持续发展做出了重要贡献，堪有"泽被后世"之功。时至今日，河南成为中国小麦的重要产出基地，为中国第一小麦生产大省，小麦产量占全国四分之一以上，正如河南农业大学国家小麦工程技术研究中心郭天财教授所言："中国每四个馒头，就有一个是河南生产的。"[②] 毋庸置疑，所有这些与河南大学先驱们在艰苦条件下对小麦推广所奠定的基础有着密切关系。

除了以上比较典型的事件外，针对河南农副产品种类繁多而产量不高的现实，河南大学农学院师生又对河南的其他一些农副产品进行了一系列试验，如大麦的"五行试验""高级试验"和"种子行试验"、粟子的抗病育种试验、花生的品种观察比较试验、大豆的六年育种试验、高粱的抗病试验，等等。同时，自1932年开始，已经开始对各种农作物进行轮作试验，并在1936年的时候初步获得了成功。根据河南大学农学院的规划，除了前面所说的"22-14"号小麦已经开始推广外，其他的如大麦、粟子、花生、大豆、高粱的优良品种和农作物轮作方式等拟定自1936年起历时2年左右时间在河南加以推广。[③] 可惜的是，在实验成功后还没有来得及推广，日军铁蹄已至，所以不得不中止实验向南阳镇平搬迁。[④]

在潭头期间，鉴于当时粮食极为短缺，河南大学农学院向国民政府第一农林部粮食增产委员会河南粮增团提出联合河南农业改进所合作研究粮食增产事宜。为此，除了河南大学农学院一年级新生外，农学院其余各年级学生和一部分教师都参与到此项工作中来，帮助粮食增产工作在豫西各县顺利展开。

[①] 河南大学农学院：《国立河南大学农学院概况》，河南大学农学院内部资料，1949年，第7页。

[②] 孙科、郑超：《每四个馒头就有一个是河南产！河南小麦丰收，全国就能吃上白面馍》，《河南商报》2018年9月22日第4版。

[③] 河南大学农学院：《本院农场作物试验概况》，《河南大学农学院院刊》1936年创刊号。

[④] 河南大学农学院：《国立河南大学农学院概况》，河南大学农学院内部资料，1949年，第7页。

农业推广是农业经济发展链条上的重要环节，也是推动社会经济发展的重要催化剂。河南大学通过农业推广在促进河南农业发展的同时，也为推动河南经济发展起了重要作用。河南大学所从事的农业推广工作，不仅体现出河南大学早期现代化过程中自身的不断成熟和完善，也使大学为社会服务这一现代高等教育的职能在自身与河南社会互动中进一步体现出来。

第二节　积极参与蝗灾治理

一　民国时期河南的蝗灾

新中国成立以前，河南除了兵祸不断外，历史上一直天灾频发，而水灾与旱灾尤甚[①]。这些水旱交织的灾害，在清末和民国时期更为严重。[②]在民国的38年中，河南几乎连年都被水旱灾害所困扰。其中，涝灾持续23年，旱灾持续22年。从表4－1中可以看到民国时期河南的被灾情况。

表4－1　　　　　　民国时期河南水旱灾害状况概览

时　期	水　灾	旱　灾
1912—1914	—	连旱3年，1912年为大旱
1913—1915	连涝3年	—
1916—1917	—	连旱3年

[①] 河南省水利厅根据不同时期河南旱灾情况，对旱灾标准做出了界定。主要分为旱灾、大旱灾和特大旱灾三个级别。旱灾指受灾范围为几个县，在时间上为夏秋有一个季节十旱或春冬有一个季节无雨大旱以及在这一季节出现夏秋旱蝗等害虫，造成农作物减产；大旱灾指受灾范围在两个分区（河南省水利厅根据河南地质条件把全省受灾情况分为豫西、豫北、豫东、豫南和唐白丹五个分区）以上，春夏、夏秋或秋冬连旱，持续数月干旱导致整年均旱或夏秋有一季严重干旱，如造成农作物严重减产，人民逃荒外出，河水流量大减，在降水记载的数据中，年降水量少于350—450mm者。特大旱灾指受旱面积大造成全省性干旱，干旱持续时间长，造成农作物绝收和赤地千里等。参见河南省水利厅水旱灾害专著编辑委员会编《河南水旱灾害》，黄河水利出版社1999年版，第5页。

[②] 河南省水利厅水旱灾害专著编辑委员会编：《河南水旱灾害》，黄河水利出版社1999年版，第5页。

续表

时 期	水 灾	旱 灾
1918—1919	连涝2年。其中，1919年为大水	—
1919—1920	—	连旱2年，1920年为大旱
1921	大水	
1923—1926	连涝4年，1924和1926年为大水	—
1928—1930		连续3年大旱
1930—1932	连涝3年，其中1931年为特大水	
1932—1937	1933年黄河大水	连旱6年，1936年为大旱
1937—1939	连涝3年，1938年花园口决堤	
1940—1945	—	连旱6年，1942年为特大旱
1947—1948	连涝2年	—

资料来源：河南省水利厅水旱灾害专著编辑委员会编：《河南水旱灾害》，黄河水利出版社1999年版，第5页。

从表4-1可以看出，民国时期河南水旱灾害呈螺旋式反复出现。大旱之后有大涝，大涝结束又出现大旱，或者二者同时出现。与水灾相比，旱灾对人民所造成的灾害更为严重。"水灾一条线，旱灾一大片"，水灾给人类带来的危害往往是瞬间性的，它主要是在很短的时间内给灾区人民严重地打击。[1] 旱灾则是"一种有条件的时间间隔，当干旱程度超出人们所能承受的短暂干旱的水平时，便成为干旱"。[2] 可以说，连绵数月甚至数年的旱灾对人们的打击是致命性的。而旱灾的另外一个让人感觉可怕的毁灭性伴生灾害就是相伴而来的蝗灾。

一般说来，蝗灾是旱灾的附加性灾害，"蝗灾往往伴随旱灾而生，而且加重了旱灾的危害。……旱灾中不一定有蝗灾，但蝗灾必定伴随旱灾产生，旱、蝗并发是常见的自然现象。由于干旱季节中湿度和温度的影响，蝗虫迅速繁衍，并有经常集成大群迁移的特点。若旱期短暂，不一定诱发成蝗灾。干旱的程度和旱期的长短，决定了农业致灾减产的大小，

---

[1] 苏新留：《民国时期水旱灾害与河南社会》，博士学位论文，复旦大学，2003年。
[2] 张晓等：《中国水旱灾害的经济学分析》，中国经济出版社2000年版，第6页。

蝗害的产生,对农业生产往往是毁灭性的,旱、蝗并发,必是重灾,收多收少在于旱,有收无收在于蝗,所以,蝗灾是旱灾伴发的重要灾害"。①而蝗灾给农作物带来的灾害更是毁灭性的,所到之处,可谓是赤地千里、颗粒无收。如白居易诗歌云:"始自两河及三辅,荐食如蚕飞似雨。雨飞蚕食千里间,不见青苗空赤土。"

1940年发生在河南的涝灾刚刚结束,大旱随之而来,伴随旱灾的又是大批蝗虫蜂拥而至导致的蝗灾,从而造成河南多个地方粮食绝收,人民则在生死线上无助挣扎。该年6月20日,尉氏县蝗虫成灾,遮天蔽日,蝗群腾空飞行队伍长达10多公里,历时30多分钟。豫东地区鹿邑县遭受风、雨、旱、蝗等自然灾害为数百年所未有。② 到1941年的时候,随着旱灾的持续绵延,蝗灾进一步加深。这次蝗灾覆盖了新乡、周口、开封、洛阳、焦作、商丘和许昌等河南大半个区域。当时亲历官员把这种灾况称为一种浩劫:

> 当这一年的秋天,我受赈济委员会许(昌)南(阳)总站的委托,到许昌东邻的鄢陵视察难民的收容工作,并到黄河堤上一观它泛滥后的泼辣的情形。……这黄河泛滥过的广大平原的农田也永难恢复它往日肥沃的旧观,离散后的灾民还能有几成愿意或者可以返回他们的故土?我正怅望着滔滔的黄浪悲叹不已的时候,突然看到漫天的黄风从远远的对方刮来。中原地方,往往有漫天的黄风从多沙土的地方刮来。一年中不止一次,这是因为平原地区没有崇山峻岭遮阻的关系——从郑县的黄河边到武胜关的平汉路沿线,就一直是一块大平原,所以我对于这一次的黄风刮来以为不足为奇。谁知道当风头接近到眼前的时候,又发现黄风并不是浑然一团,而是像弹头般的个体动物——蝗虫,越过黄河就簌簌地纷纷降落,但是降落的部分仿佛是凌空的沧海之偶然漏下了水滴,还有绝大部分的蝗虫像飞箭一般越过我的头顶飞向大后方。啊呀!这怎么得

---

① 河南省水利厅水旱灾害专著编辑委员会编:《河南水旱灾害》,黄河水利出版社1999年版,第237—238页。

② 郭景轶编:《河南农业大事记》,中国农业出版社1997年版,第49页。

了？……旱、蝗连续成灾，不仅只许昌一县，从郑县沿平汉线到许昌附近的各县，麦的收成大都是一成许。①

此后不久，1943年6月，宝丰、巩县、孟津、临汝、洛阳、偃师、许昌、禹县和黄泛区局部地区遭受蝗灾。②

蝗虫所到之处，"远看像一阵大灰风，侧耳一听呼呼地响；一到头顶，遮天蔽日；落在树上是黑鸦鸦的，胳膊粗的树枝压得上下忽闪，好像就要压断似的；一眨眼落在墙上，就是一片黑呼呼的；落在庄稼地里就是'沙沙沙沙'一阵阵紧张的咀嚼声，不大一会儿，玉米、谷子、高粱就会变成条条光杆。这块庄稼吃光了，马上展翅高飞又转往他处。……吃过的地方，飞蝗会留下蝗卵，20天左右就会孽生出小蝻，再过一星期，小蝻就密密麻麻地蹦着寻觅食物"。③可以看出，蝗虫导致的灾害不仅仅是毁灭性的，而且也是连续性和再生性的。毁灭性、连续性和再生性交织在一起，致使河南很多区域的民众颗粒无归、家破人亡。截止到1943年12月，河南全省人口为3000多万人，其中，饿死300多万人，流亡300多万人，在死亡线上挣扎等待救济者达到了1500多万人。国民政府在回答外国记者时候承认河南是全国受灾最严重的省份，认为造成河南灾害的原因有二，一是蝗灾，二是黄河水患。④

这种情况下，广大民众啃树皮、吃水草和观音土已经是司空见惯的现象，而骨肉相食这种惨状也时有发生。更有甚者，看到自己的亲生骨肉饿得奄奄一息，不忍心看着活活饿死而把自己的孩子活埋。⑤

面对严重危害河南农村经济、导致河南人民流离失所的蝗虫灾害，河南大学积极投入治蝗工作中，并取得了巨大的成绩。

---

① 杨却俗：《忆民国三十年河南的一次浩劫》，《春秋》（台湾）1970年第12卷第2期。
② 郭景轶编：《河南农业大事记》，中国农业出版社1997年版，第49页。
③ 崔炎寿：《一九四二年登封灾荒记》，《河南文史资料》1994年第3期。
④ 郭景轶编：《河南农业大事记》，中国农业出版社1997年版，第50页。
⑤ 杨却俗回忆道：灾情越来越严重的时候，许昌南关的一对壮年夫妇告诉过我：他们的幼子饿得奄奄一息的时候，没法子救活，救活了也没法子养活，横竖大家早晚都是个死，只是看过娇儿的要死难过得很，为了"不忍"看下去，就把他埋掉了。参见《忆民国三十年河南的一次浩劫》。

二 对蝗虫灾害的应对

河南大学对河南蝗灾的治理,仍然主要是以河南大学农学院为主体展开的。从时间上看,可以分为抗战迁移中的治理以及复员回汴后继续参与治理两个阶段。

(一)抗战迁移中对蝗灾的治理

1942年,随着灾害的加重,河南的灾情引起了国民政府的重视,国民政府农林部派全国治蝗总督导刘淦芝到河南对治蝗进行督促,河南地方政府也组织人力和物力,对这场严重的灾害进行挽救。灭蝗以挽救残存农作物为当时救灾的主要任务。当时迁居潭头的河南大学农学院师生,积极与河南省建设厅合作,参与到这场灭蝗救灾运动中来。

河南大学和河南省政府、河南省建设厅磋商后,决定农学院部分教师和全体学生全力以赴奔赴各个灾区治虫救灾。同时,分别发给农学院学生每人一张治蝗任命书。

当时,科学技术不发达,各种设备也比较落后,"一无农药,二无器械,唯一就是靠人工土法防治",各种文献中也没有相关防治蝗虫的记载。① 河南大学农学院与河南省建设厅配合,因陋就简,在治理蝗灾过程中逐步总结出一系列相对有效的治蝗办法。

一方面,通过设哨观察,严密监视,预防蝗虫落下。发现飞蝗将要到来时候,人们就手持工具严阵以待。当飞蝗飞过头顶时候,就集中人力,分点分片,高举各色布条或者红旗在空中来回扰动,同时敲锣打鼓,从而形成彩旗招展、锣鼓喧天的场面,使蝗虫不敢落下。如果蝗虫落下,就用扫帚、打蝗拍子等进行拍打。河南大学农学院学生在实践中发现,早晨有露水的时候,由于蝗虫的翅膀沉重,不易起飞,拍打效果比较好。他们把这一发现传授给农民,取得了比较好的效果。②

另一方面,采用挖沟掩埋法、围烧法、炮轰法,以及前面提到的扑打等方法。挖沟掩埋主要是在无庄稼的空地、田边、路沟,挖深3尺、底宽2尺、口宽1尺的沟,长度不限,将蝗虫赶到沟内,边赶边撒土,等

---

① 白文田:《1943年河南蝗灾亲历记》,《河南文史资料》1994年第3期。
② 崔炎寿:《一九四二年登封灾荒记》,《河南文史资料》1994年第3期。

到沟中的蝗虫离沟口半尺左右时候,用土将沟填平,用脚踏实,蝗虫即被闷死。围烧法是在空地和道路上,围一圈柴草,将蝗虫赶入圈子内,放火将周围柴草点燃,蝗虫的翅膀由于被火苗点燃,无力飞出,就被火烧死了。炮轰法就是利用民间的土枪和鸟枪,里面装上掺杂着砂子和碎石子的火药,向空中蝗群轰击,除了能打死一部分蝗虫外,没有被打死的也不敢降落,只有迅速飞走。扑打法由于在灭蝗的时候容易踩踏庄稼,故不到不得已的时候不再使用。①

农学院师生到达灾区后,立即深入受灾村镇进行调查,一边搜集资料,一边了解飞蝗的生活习性和危害状况,配合农民治理蝗虫。由于农民封建迷信观念比较严重,因此,也给河南大学治理蝗灾带来了一定的困难。农学院学生崔炎寿被分配到自己的家乡登封县任治虫专任指导员。崔炎寿在从登封卢店去唐庄的路上,看到路边很多家庭都在树下、房子的墙壁上贴着黄表纸,供奉着"蚂蚱老爷"的牌位。一位60多岁的老太太在一块谷田旁边,一边在地上打滚一边哭诉:"蚂蚱爷,蚂蚱奶呀,你老人家可怜可怜俺一家六口人,老的小的忙了一季了,全指望这一块谷子哩!你要是吃完俺可要饿死了!你救救俺吧,给俺留点吧!"

崔炎寿利用自己所学的知识,结合家乡实际情况对蝗灾进行治理,同时利用治理蝗灾的机会向广大农民宣传科学知识,强调蝗虫不是什么神仙。经过崔的讲解,农民开始配合着扑打蝗虫。但由于封建迷信思想根深蒂固,很多农民一边扑打蝗虫,一边却说:"蚂蚱爷,蚂蚱舅,咱们没怨也没仇,打你都怨崔炎寿。"崔对此也只有无奈地一笑了之。②

河南大学在潭头期间,虽然条件艰苦,却积极与河南省政府和地方基层组织合作,以各种手段和方法最大限度地投入抗战期间河南的蝗灾治理工作中,在治理蝗虫灾害,维护农民基本利益和促进地方农村经济发展方面,做出了不俗的成绩。

(二)抗战复员后积极参与治蝗工作

如本章前面所述,民国时期河南的蝗灾是持续性的。1945年8月,河南省的商城、荥阳、郑县、固始、南召、嵩县、内乡、南阳、新郑、

---

① 白文田:《1943年河南蝗灾亲历记》,《河南文史资料》1994年第3期。
② 崔炎寿:《一九四二年登封灾荒记》,《河南文史资料》1994年第3期。

光山、宜阳、阌乡、洛宁、孟县等地又发生了严重的蝗灾。① 而且一直持续到1947年。

1947年5月16日,河南治蝗委员会接到行总河南分署的电报,在河南扶沟、西华以及淮阳等汜区②一带发现了大批蝗虫幼虫。5月19日,驻河南农业指导员郝麦尔电告河南治蝗委员会,发现扶沟等地方的幼虫面积为30平方英里,不仅密度非常大,且大部分为二三龄的蝻虫,幸而还没有羽化。鉴于这种情况,河南治蝗委员会立即投入工作中。在发现蝗蝻初期,主要采用了奖励收购和播撒毒饵相结合的办法,在奖励上,每二斤面粉换一斤蝗虫幼蝻,鉴于地形复杂,采用了以捕捉蝗蝻为主撒播毒饵为辅的方法。③ 随着治蝗的工作的展开,又采用了其他相对有效的办法。

从灭蝗结果上看,虽然由于技术局限和对农民动员等原因而导致"结果与理想之目的,相距甚远",但也"上下一致,收效甚宏"。④ 国民政府农林部驻豫总督察郭尔溥在总结这次治蝗得失时候就强调:"本年度豫境汜区夏蝗之防治,为时似晚,而能达此圆满结果者,实依行总豫分署之全力协助与参加工作人员之努力所致也。以工作人员而论,每日均有十二时之田间工作,日记报告多在灯下整理。举凡郑许漯及汜区各库,扶沟十六工作队,周家口第四工作队,练寺复垦工作全体人员,几以全力协助工作,星夜运送药剂器械麸皮面粉大米等物资至指定地点,以应急需,此均为此次治蝗工作能收速效之主因也。"⑤

需要指出的是,河南行总分署之所以能够取得这样的治蝗成绩,与河南大学抗战复员后的积极参与有着密切关系。

1947年7月1日,河南大学派出了以河南大学农学院教授何子平

---

① 郭景轶编:《河南农业大事记》,中国农业出版社1997年版,第50页。
② 民国时期官方文件、河南地方政府和河南民众所说的汜区,即是现在我们通常所说的豫、皖、苏三省交界的黄泛区。在本文中所说的汜区,则主要指河南省的扶沟、商水、西华以及淮阳等黄泛区所在县,这些地方系1945年黄河堵口时候又被淹没的地方,因此被称为新汜区或新黄泛区。
③ 郭尔溥:《三十六年度河南治蝗工作概述》,《河南善救分署周报》(治蝗专刊)1947年第93期。
④ 何子平:《河南汜区秋蝗防治工作》,《河南善救分署周报》(治蝗专刊)1947年第93期。
⑤ 郭尔溥:《三十六年度河南治蝗工作概述》,《河南善救分署周报》(治蝗专刊)1947年第93期。

（何均）为队长，河南大学农学院部分在校学生为骨干的灭蝗队奔赴氾区进行灭蝗工作。

河南大学治蝗队抵达氾区之后，首先对蝗灾情况进行了调查。经调查发现，在扶沟练寺区、红花集区、西华区以及周口区等地蝗灾情况严重且蝗蝻繁殖迅速。[1] 以何子平为队长的河南大学治蝗队首先对氾区蝗灾状况进行了统计（见表4-2）。

表4-2　1947年河南大学对氾区（黄泛区）蝗灾面积所进行的统计

受灾地区	覆盖村镇	受灾面积
扶沟练寺区	泰岭、澄岭、长林岗、鸭岗、晋桥、张挂、殡王岗、郑桥、桑楼及附近地区	3000平方里
红花集区	柳城寨、田楼、潘岗、艾岗、南梁及附近地区	1500平方里
西华区	护当城、尹坡、东东桥、青河驿、大于楼、道陵岗、八里庙及附近地区	1800平方里
周口区	淮阳之指挥营、梁七集、李方口、商水、沙河两岸及西华之王牌坊及其附近	1200平方里

资料来源：何子平：《河南氾区秋蝗防治工作》，《河南善救分署周报（治蝗专刊）》，1947（93）。

在对灾区蝗灾进行统计的基础上，河南大学把学生分派到不同地方从事各种治理工作。

练寺区主要由张鸿儒[2]与史则京[3]负责指导配制毒饵、毒液以及主持奖励收购蝗蝻的过秤等事项，而后，随着工作难度的增强，河南大学农学院又派李恩泽[4]和易佩瑾[5]加入练寺区工作中来。红花区奖励收购蝗蝻

---

[1] 何子平：《河南氾区秋蝗防治工作》，《河南善救分署周报》（治蝗专刊）1947年第93期。
[2] 张鸿儒系河南南阳人，1948年6月河南大学农学院第21届毕业生，毕业后到苏州国立河南第六联中工作。根据《国立河南大学农学院概况》和《河南善救分署周报》（治蝗专刊）整理而成。下同。
[3] 史则京系河南辉县人，1948年6月河南大学农学院第21届毕业生，毕业后到汉口工作。
[4] 李恩泽系河南灵宝人，1948年6月河南大学农学院第21届毕业生，毕业后到汉口工作。
[5] 易佩瑾系河南信阳人，1948年6月河南大学农学院第21届毕业生，毕业后曾经到苏州国立河南第六联中 工作。

工作则主要由杨建勋①和徐春阶②等负责办理，西华老城则有河南大学农学院学生徐崇杰③与其他队员一起办理收购事宜，农学院学生谢治隆④与其他治蝗队员驻扎周口镇负责周口治蝗工作。⑤

针对泛区蝗灾发生情况，为了确保灭蝗的有效性，河南大学农学院详细地制定了初期、中期与末期的工作计划与相应措施。⑥

初期工作主要在1947年7月12日至23日实施。如前所言，为了明了泛区蝗虫发生情况，派出队员对周口到练寺之间的黄泛区东部和黄泛区西部地域做一个广泛调查，根据调查结果，在西华、红花集、练寺等地设立治蝗站，以发扬民众围打为主，收购为辅，并在蝗群密集的地方撒布毒饵。

中期治蝗主要集中在7月25日至8月10日。到7月20日左右，随着蝗蝻幼虫的增大，加上泛区面积辽阔，原来的治蝗措施已经不再适应新的情况。在这种形势下，逐步放弃以扑打为主，收购为辅的方法，改为以收购为主，扑打和撒布毒饵为辅的方法。这时候，治蝗委员会又派王太俊、张庆恩和张鹤龄几位河南大学农学院的学生加入救灾中。

末期治蝗主要集中在8月11日至28日。鉴于泛区的蝗蝻经过连续一个多月的扑打、收购和布设毒饵诱杀，数量上已经大为减少，而且，蝗群已经由群居型改为散居型且不易捕捉。基于这种情况，首先提高了收购标准，由原来的1斤蝗蝻换半斤面粉改为1斤蝗蝻换1斤面粉或者相当价值的实物。同时，随着灭蝗工作的顺利进展，为了减少开支，开始逐步归并了一些灭蝗工作站，直到8月28日撤退回开封。

河南大学与河南省政府合作对黄泛区蝗灾所进行的治理，是民国时期河南大学与河南地方社会互动合作的又一重要事件。河南大学通

---

① 杨建勋系河南安阳人，1949年6月河南大学农学院第22届毕业生，毕业后工作不详。
② 徐春阶系河南信阳人，1948年6月河南大学农学院第21届毕业生，毕业后到汉口工作。
③ 徐崇杰系黑龙江龙江人，1948年6月河南大学农学院第21届毕业生，毕业后到台湾农学院工作。
④ 谢治隆系河南淅川人，1949年6月河南大学农学院第22届毕业生，毕业后到开封农场工作。
⑤ 郭尔溥：《三十六年度河南治蝗工作概述》，《河南善救分署周报》（治蝗专刊）1947年第93期。
⑥ 何子平：《河南泛区秋蝗防治工作》，《河南善救分署周报》（治蝗专刊）1947年第93期。

过积极参与这次治理蝗灾的活动，为民国时期河南农业发展做出了贡献。

本章小结

河南大学与民国时期河南经济的贡献，主要通过河南大学与河南地方政府以及相关部门合作、以河南大学农学院为主体所参与的一系列与河南经济发展有关的活动而体现出来。

河南大学农学院立足河南以农业经济为主体、仍然是自然经济的落后生产方式这一现实，采用多种方式来努力推动河南经济发展。

通过建立完善的农业推广机构和制订完备的农业推广计划，为全面实施农业推广活动奠定基础，从而较为有效地推动了农业推广活动的开展。

通过与河南省建设厅、中国银行、河南省第五区农林局、辉县县政府以及百泉乡村师范的合作，促进了辉县乡村经济的发展。通过创办农民夜校，向农民传播了新型农业知识。通过研究和推广良种鸡种，降低了鸡瘟发病率，帮助农民提高生活质量。通过开展农作物病虫害的防治工作，提升了农民科学种田的基本知识，改变了农民单单靠经验种田的落后方式。

通过对优质棉花和小麦生产情况的调查和推广，了解到河南棉花和小麦产量提升缓慢的基本诱因，并通过试验新的品种等方式来进行推广，有效地提高了河南棉花和小麦的产量。而河南大学农学院对棉花产业的调查，其实已经涉及系统的现代农业经济领域。

即使是在抗战辗转迁移期间，河南大学仍然坚持不懈地进行各项农业推广和研究工作，河南大学的这些工作促进了民国时期河南经济的发展。

参与河南蝗虫灾害的治理工作，既体现了河南大学与河南地方社会的良性互动，又从另一侧面反映出了河南大学对民国时期河南经济发展所做的贡献。

结　语

河南大学与河南社会互动发展的过程，不仅是中国现代大学发展过程的一个缩影，更是大学与社会互动发展的具体写照。正如有的学者所言："作为'后发外生型'国家，中国大学与社会的互动，与政府和政治的关系远不是那么泾渭分明。众所周知，中国现代大学从产生之日起，就与政府、政治结下了难解之缘。……大学作为汇聚知识精英、推动生产力进步、引领社会文化的重要场所，始终是政府和各方势力的重要关注点，它们都千方百计地将触角延伸到大学校园内，争夺大学的人才和资源；而落后的经济、动荡的社会，以及帝国主义侵略的步步紧逼，也使大学的师生们义不容辞地主动参与到民族救亡和国家建设中，与民族共命运、与国家共存亡。"[①] 河南大学与民国时期河南地方社会的互动发展，不仅映射出了"中国现代大学从产生之日起，就与政府、政治结下了难解之缘"这一基本特点，也在一定程度上体现出了中国现代大学与地方社会互动发展的若干特色。

第一，河南大学创建和发展过程中路径的独特性体现了近代不同省区高等教育现代化进程中地区性因素影响的重要性。

河南大学的前身——河南留学欧美预备学校的创建，是在民国初创、政体变更这一社会大变革下进行的。涂尔干认为："教育变革总是社会变革的结果或前兆，前者要从后者得到解释。"[②] 作为河南近代教育发展史上的一个重要事件，河南大学的前身——河南留学欧美预备学校的创办，

[①] 田正平、潘文莺：《关于中国大学史研究的若干思考》，《社会科学战线》2018 年第 2 期。

[②] 转引自［英］戴维·布莱克莱吉《当代教育社会学流派——对教育的社会学解释》，王波等译，春秋出版社 1980 年版，第 11 页。

正是中国社会变革大潮下河南社会变革的一个具体结果。在辛亥革命后政潮汹涌的1912年，河南相对平静的政治环境为河南留学欧美预备学校的创建提供了相对良好的外部条件，在一定程度上推动了河南留学欧美预备学校的创办。

在河南大学发展过程中，众多与河南大学发展相关的先驱无疑都对河南大学发展起了巨大作用，但是，河南大学早期关键发展阶段上几个重要人物的影响，则体现出了近代不同省区高等教育早期现代化进程中地方各种因素直接影响的重要性。无论在河南留学欧美预备学校升格为河南中州大学，还是在河南中州大学与河南法政专科学校、河南农业专科学校三校合并成立河南省立中山大学的过程中，以及河南大学在烽火连天中升格为国立大学，这一特征尤为明显。

现在公认的是，林伯襄堪称影响河南大学发展的开创性人物。林伯襄主持创办河南留学欧美预备学校后，一直掌校数年。在林伯襄的引领下，河南留学欧美预备学校实际上已经发展成为一所多学科的专门学校，为河南培养了大批现代新型人才，也为其后发展为大学奠定了坚实基础。比如，凌冰、李敬斋、杜俊、张鸿烈等河南留学欧美预备学校毕业的学生，在留学归来后，都曾经担任过河南大学校长或河南省教育厅厅长等职务，为河南教育现代化和河南大学的发展做出了杰出贡献。

冯玉祥是在关键阶段影响河南大学巨大转折的重要人物。在由河南留学欧美预备学校发展为综合性的省立河南大学的过程中，经历了河南中州大学和河南中山大学两个关键时期，这两个关键阶段均与冯玉祥的强力介入有着密切的关系。河南中州大学的成立是河南大学早期发展史上乃至河南高等教育史上第一个巨大的转折，标志着河南省真正拥有了一所现代意义的公立大学。而正是1922年冯玉祥第一次短暂督豫时期的大力支持，河南留学欧美预备学校才得以在1923年升格为河南中州大学。河南中山大学的成立，则标志着河南大学开始真正迈入多学科综合性大学的行列中。河南中州大学与河南法政专科学校、河南农业专科学校于1927年合并为河南中山大学的过程中，冯玉祥也功不可没。如前所言，正因为河南中山大学的成立，使河南大学在发展过程中开始真正步入了多学科综合性大学的行列，而不像中西部其他一些当时"新建"的高校那样，要么被降格为学院，要么被裁撤。可以说，河南中山大学的成立为民国时期河南大学的持续发展进一步奠定了基础,并使得河南大学成为抗战全面爆发前中西部省区中唯一一所拥有5个学院的综合性大学。进一步看,抗战期间河南大学较之其他在大后方的大学更遭磨难,但在抗战复员后仍能跻身全国10所拥有6个学院的综合性大学的"俱乐部",从源头上看,也得益于1927年省立中山大学成立所打下的多学科根基。

从冯玉祥对河南大学发展的影响看,一个地区主政权威型人物的介入有时候可以给大学的发展提供重要机会,冯玉祥对河南大学发展的影响清晰地反映了这一规律,这可能是中国近代社会特有的一种现象。另外,冯玉祥对河南大学发展的影响也显示出现代大学发展中地方知识分子与主政权威型人物之间互动的一个逻辑:权威型人物介入对大学发展的影响,只有通过地方知识分子的积极支持与回应才可能产生真正的效果。比如,由于冯玉祥第一次督豫时间不足半年,在这极为短暂的时间内,如果河南知识分子没有抓住这一稍纵即逝的机会把河南留学欧美预备学校升格为河南中州大学,河南大学乃至河南高等教育以后的发展前景就不得而知了。在冯玉祥的支持下,正是由于部分知识分子做出迅速的反应,才使河南中州大学得以顺利建立,当河南中州大学开学时,冯玉祥早已经离开河南。由此可见,当时河南部分知识分子的迅速反应,把冯玉祥对河南大学发展的暂时性影响变成了河南大学以后发展的持久性动力。

河南大学从省立升格为国立,则和刘季洪的努力有着密切关系。刘季洪执掌河南大学后,在千头万绪的工作之中,其一个重要的工作方向就是努力推动河南大学实现国立化。在刘季洪的努力下,1937年初政府已经决定于该年下半年使河南大学归于国立,但因为抗战全面爆发而在中央政府层面按下了暂停键。在河南大学于省内四处迁移过程中,虽然刘季洪已经调离他处,但为了改变河南大学当时的发展困境而殚精竭虑,终于推动了河南大学国立化的实现。可以说,河南大学早期现代化进程中国立化的实现,刘季洪是值得铭记的首要人物。

第二,河南大学与民国时期河南社会之间的互动发展,反映了近代地方大学与地方社会互动发展的一般性规律,即立足所在省区的现实,推动所在省区的社会发展是求得大学自身发展和实现社会服务职能的基本途径。

在河南大学的引领和推动下，经过河南教育界和河南地方政府的各种博弈，立足河南契税固有发掘潜力，且重要性没被河南地方政府所关注的事实，河南成为全国教育经费独立最早的省份。河南教育经费的独立，不仅推动了河南大学和河南其他各级各类教育事业的发展，其更深远意义在于，也为民国时期其他省份教育经费独立树立了可资借鉴的样本，强化了其他省份教育经费独立的决心和信心。

以河南大学教育系为主体，结合河南农村需求所创造的"廉方教学法"，有效地促进了河南小学教育由传统向现代的转型，从而也使河南大学在当时小学教学法改革的大潮中，以其适应中国农村社会现实这一特色而闻名于全国。无论是河南大学创办的附属中学，还是河南大学教授创办的中学，以及河南大学对其他私立中学提供的各种帮助，都富有成效地推动了河南中等教育的发展。河南大学毕业生在河南省政府支持下创办和主持的百泉乡村师范，在其存在的18年时间里，为河南广大乡村培养了数以千计的优秀师资，有效地促进了乡村教育的普及。河南大学所做的这一切努力，有力地推动了民国时期河南教育发展。同时，也正是在河南大学毕业生为主要负责人的努力下，把百泉乡村师范建设和地方社会发展结合起来，成为在有限条件下推动河南乡村教育的一个重要平台。此外，河南大学为河南教育界培养的人才成为推动民国时期河南教育发展的中坚力量。

从文化上看，在外敌入侵、民众危亡的危急关头，河南大学师生通过创办进步刊物等方式来传播爱国主义思想，把爱国主义文化以较为直观的形式体现出来，最大限度在河南省传播了爱国主义文化。河南大学毕业生以河南省立民众教育馆为基地，以各种通俗易行的方式，帮助河南广大民众改良生活习惯、破除封建迷信，接受新知识、新观念、新文化，传播爱国主义思想。河南大学毕业生樊粹庭通过自己的努力，在对豫剧优缺点扬弃的基础上，吸纳其他戏剧的长处，使当时被称为"乡村野戏"的豫剧开始登上大雅之堂，初步推动了豫剧由传统向现代的转化，为豫剧成为最大的地方戏剧种奠定了基础。河南大学部分教授不仅和河南文化界其他人士一道，有效地调解了中央研究院考古所与河南有关部门在殷墟发掘中的争端，而且，河南大学部分师生积极投身殷墟发掘活动中，促进了河南乃至中华传统文化的发现、保存和传播。河南大学积极投入殷墟发掘的各个方面，也反过来获得了中央研究院考古所在人才培养方面的支持，不仅为河南社会、更是为中国现代考古学的发展培养和贡献了杰出的人才，一定程度上实现了与中央研究院考古所合作的双赢局面。

在经济上，立足河南是一个农业大省的社会现实，河南大学通过成立专门的农业推广机构，开展农业推广和改良工作，尤其是通过对小麦种子的改良和推广，为河南至今成为全国小麦第一大省在特定阶段贡献了自己的智慧和力量。此外，对河南省农林作物的针对性研究也为河南的森林采育工作贡献甚巨。面对河南频繁发生的蝗灾，通过和河南地方政府合作参与灭蝗工作，最大可能地帮助河南农村广大村民挽回损失。

可以说，民国时期38年时间里，由于地处内陆，河南大学在全国的影响力虽然不如沿海沿江省市的大学那么显著，但对河南省地方社会各方面的影响力，则的确是显著而卓有成效的。正是因为如此，河南大学才得以在不同发展阶段得到了河南地方当局和社会各界的认可与支持。而所有这些支持、认可与扶植，在河南大学发展过程中至关重要。

整体上看，民国时期河南大学与河南社会之间互动关系的研究告诉我们，地方性大学在发展过程中，不仅可以通过人才培养和各种学术研究成为地方文化教育发展的"引领台"，也应该通过直接或间接参与地方社会各项建设，成为促进本区域社会发展的"服务站"。说到底，这是地方性大学获得生存、发展机遇的根本途径。

第三，本书所研究的大学与地方社会的关系，仅仅是以河南大学与民国时期河南社会互动发展为对象来对中国现代大学与地方社会互动发展进行研究的一个个案，就中国近代高等教育史研究而言，有更多的个案值得我们关注。

由于民国时期不同省区在各个方面存在着极大的差异，因此，在中国近代高等教育史研究中，加强不同省区大学与当地社会互动关系的研究，以透过以往中国近代高等教育史研究路径上宏观叙事的惯性，在更深层面上了解不同区域大学创建缘由、发展历程、发展动因以及和地方社会之间千丝万缕的联系，从而了解中国不同区域现代大学在发展过程中与地方社会互动的多重面相，以为当代不同地区大学和当地社会良性互动提供借鉴,应当是中国近代高等教育史研究的重要方向之一。而通过对民国时期河南大学与河南社会互动关系的研究,抑或会对研究其他中国现代大学,特别是中西部内地省区大学与所在区域社会互动关系在思路上有所裨益。

参考文献

一　基本史料类

白吉安：《梁漱溟口述实录》，团结出版社2009年版。

曹仲植：《河南省地方财政》，文威印书局1942年版。

常香玉、陈小玉、张黎至：《戏比天大——常香玉回忆录》，中国戏曲出版社1990年版。

陈立夫：《成败之鉴——陈立夫回忆录》，正中书局1994年版。

陈明章主编：《国立河南大学》，南京出版有限公司1981年版。

陈宁宁主编：《河南大学忆往》河南大学出版社2002年版。

陈素真：《情系舞台——陈素真回忆录》，中国人民政治协商会议河南省政治协商会议文史资料编印室1991年版。

陈学恂、田正平主编：《中国近代教育史资料汇编·留学教育》，上海教育出版社2006年版。

陈学恂主编：《中国近代教育大事记》，上海教育出版社1981年版。

陈学恂主编：《中国近代教育史教学参考资料》（3册），人民教育出版社1986年版。

丁致聘编：《中国近七十年来教育记事》，国立编译馆1935年版。

冯友兰：《三松堂自序》，人民出版社1998年版。

冯玉祥：《冯玉祥日记》，江苏古籍出版社1992年版。

冯玉祥：《我的生活》，岳麓书社1999年版。

郭戈主编：《李廉方教育文存》，人民教育出版社2006年版。

郭景轶主编：《河南农业大事记》，中国农业出版社1997年版。

国立河南大学农学院：《国立河南大学农学院概况》，国立河南大学农学院内部资料 1949 年版。

国立中央研究院、河南省政府主编：《国立中央研究院河南省政府合组河南古迹研究会三周年工作概况及第二次展览会展品说明》，河南省古迹会 1935 年版。

国民政府教育部高等教育司编：《二十一年全国高等教育概括统计》，国民政府教育部 1933 年版。

国民政府教育部高等教育司编：《高等教育概况》，国民政府教育部 1929 年版。

国民政府教育部教育年鉴编纂委员会编：《第一次教育年鉴》（影印版），传记文学出版社 1971 年版。

国民政府教育部教育年鉴编纂委员会：《第二次教育年鉴》（影印版），商务印书馆 1948 年版。

国民政府教育部统计室编：《二十二年全国高等教育统计》，国民政府教育部 1934 年版。

国民政府教育部统计室：《二十三年全国高等教育统计》，国民政府教育部 1935 年版。

国民政府教育部：《中华民国法令大全（第三编 财政·实业·教育）》，商务印书馆 1936 年版。

河南棉产改进所编：《河南省棉产改进所二十四年份工作报告》，河南棉产改进所 1946 年版。

河南省财政厅编：《河南财政厅章则辑览》，河南省财政厅 1922 年版。

河南省教育厅编：《河南教育特刊》，河南省教育厅 1929 年版。

河南省教育厅编：《社会教育讲演大纲》，河南印书局 1930 年版。

河南省教育志编辑室编：《河南教育资料汇编·民国部分》，内部资料 1983 年版。

河南省立河南大学：《河南省立河南大学教职员学生一览》，河南大学 1936 年版。

河南省立中州大学编：《中州大学一览》，河南中州大学 1923 年版。

河南省赈务会：《二十年度河南水灾报告书》，河南赈务会 1932 年版。

河南省政府建设厅：《河南建设述要》，河南省建设厅 1939 年版。

河南省政府秘书处编：《河南省政府年刊》，河南省政府 1932 年版。

河南省政府秘书处编：《河南省政府年刊》，河南省政府1933年版。

河南省政府秘书处编：《河南省政府年刊》，河南省政府1934年版。

河南省政府秘书处编：《河南省政府年刊》，河南省政府1931年版。

河南省政府秘书处编：《十九年度河南建设概况》，开明印书局1932年版。

河南省政府秘书处：《河南省政府二十九年度行政总报告》，出版单位不详1941年版。

河南省政府秘书处：《河南省政府民国二十六年行政计划》，河南省政府1937年版。

河南省政府秘书处：《河南省政府年刊》，河南省政府1935年版。

胡朴安主编：《中华风俗志》（下编），河北人民出版社1988年版。

黄炎培编：《清季各省兴学史》（影印本），文海出版有限公司1974年版。

黄炎培：《黄炎培考察教育日记》（第一集），商务印书馆1914年版。

黄炎培：《黄炎培考察教育日记》（第二集），商务印书馆1915年版。

贾逸君主编：《民国名人传》，岳麓书社1992年版。

贾永琢主编：《河南现代名人传》，永厚出版社1948年版。

蒋铁生编：《冯玉祥年谱》，齐鲁书社2003年版。

李桂林、戚名琇、钱曼倩主编：《中国近代教育史资料汇编·普通教育》，上海教育出版社2007年版。

李敬斋：《河南全省教育会议报告》，河南印书局1930年版。

李敬斋：《河南最近教育概况》，河南省教育厅1931年版。

李敬斋主编：《河南教育年鉴》，河南省教育厅1931年版。

李培基：《河南平粜局报告书》，河南省平粜局1931年版。

李渊庭、阎秉华编：《梁漱溟年谱》（增订本），广西师范大学出版社2003年版。

梁培宽：《梁漱溟往来书信手迹》，大象出版社2009年版。

梁漱溟：《忆往谈旧录》，陕西师范大学出版社2009年版。

刘积学主编：《河南省临时参议会第二届第三次会议汇编》，河南省政府内部资料1938年版。

刘峙：《河南建设述要》，河南省政府1935年版。

刘峙：《我的回忆》，文海出版有限公司1982年版。

马鹤天:《山东河南影印记》,公记印书局 1924 年版。

民国河南省参议会编:《河南省参议会首届第二次大会汇刊》,河南省政府 1947 年版。

潘懋元、刘海峰主编:《中国近代教育史资料汇编·高等教育》,上海教育出版社 2006 年版。

(清)朱寿朋:《光绪朝东华录》,中华书局 1958 年标点版。

璩鑫圭、唐良炎主编:《中国近代教育史资料汇编·学制演变》,上海教育出版社 2007 年版。

璩鑫圭、童富勇、张守智主编:《中国近代教育史资料汇编·高等教育》,上海教育出版社 1994 年版。

璩鑫圭、童富勇、张守智主编:《中国近代教育史资料汇编·实业教育·师范教育》,上海教育出版社 2007 年版。

[日]多贺秋五郎编:《近代中国教育史资料:民国编》(上、中、下),文海出版有限公司 1976 年版。

舒新城编:《近代中国教育史料》,中华书局 1928 年版。

宋荐戈:《中华近世通鉴·教育专卷》,中国广播电视出版社 2000 年版。

王锡彤:《抑斋自述》,河南大学出版社 2001 年版。

行政院农村复兴委员会:《河南省农村调查》,商务印书馆 1934 年版。

行政院善后救济总署河南分署秘书室编:《行总河南分署三十五年度业务概述》,开封行政院善后救济总署河南分署 1947 年版。

徐玉坤:《河南教育名人传》,河南人教育出版社 1989 年版。

徐玉坤主编:《河南教育大事记》,河南教育出版社 1993 年版。

杨晓晴:《二十二年度河南省立民众教育馆工作报告》,河南省立民众教育馆总务部 1934 年版。

尹德新主编:《历代教育笔记资料》,中国劳动出版社 1993 年版。

张静吾:《九十沧桑》,香港泰德时代出版有限公司 2008 年版。

赵恒惕主编:《吴佩孚先生集》,文海出版有限公司 1971 年版。

赵佩:《开封大事记》,河南人民出版社 1990 年版。

中国第二历史档案馆编:《中华民国档案资料汇编》(农商·一),江苏古籍出版社 1991 年版。

中国第二历史档案馆编:《中华民国史档案资料汇编》(第三辑·教育),

江苏古籍出版社 1991 年版。

中国第二历史档案馆编：《中华民国史档案资料汇编》（第五辑 第三编·教育一、二），江苏古籍出版社 1994 年版。

中国第二历史档案馆编：《中华民国史档案资料汇编》（第五辑 第一编·财政经济），江苏古籍出版社 1994 年版。

中国第二历史档案馆编：《中华民国史档案资料汇编》（第五辑 第一编·文化），江苏古籍出版社 1994 年版。

朱有瓛主编：《中国近代教育史资料汇编·教育行政机构及教育团体》，上海教育出版社 2007 年版。

朱有瓛主编：《中国近代学制史料》（第二辑·上册），华东师范大学出版社 1987 年版。

朱有瓛主编：《中国近代学制史料》（第二辑·下册），华东师范大学出版社 1989 年版。

二　地方志

陈伯嘉、李成均：《汝南县志》，1938 年石印本。

陈垣、管大同：《临颍县志》，1916 年河南商务印刷所铅印本。

邓县修志馆：《重修邓县志》，1942 年稿本。

窦经魁、耿惰：《阳武县志》，1936 年豫成印刷所刊本。

杜鸿宾、刘盼遂：《太康县志》，1933 年铅印本。

杜续赞、张嘉谋：《方城县志》，1942 年铅印本。

方廷汉、谢随安、陈善同：《重修信阳县志》，1936 年汉口洪兴印书馆铅印本。

河南省地方史志编纂委员会：《河南省志·教育志》，河南人民出版社 1993 年版。

李庚白、李希白：《新安县志》，1939 年河南新安同文印刷所石印本。

凌甲娘、吕应南、张嘉谋：《西华县志》，1938 年铅印本。

刘景向、王荣梧：《民国河南新志》，1929 年手稿本。

刘月泉、刘炎光、陈全三等：《正阳县志》，1936 年铅印本。

孟广赞：《民国宁陵县志》，1941 年铅印本。

欧阳霖、张佩训、仓景恬等：《叶县志》，1871年手稿本。

时经训：《民国河南地方志》，1919年铅印本。

宋静溪：《长垣县志》，1944年开封佩文印刷所铅印本。

苏从武：《洛阳县志略》，1920年刊本。

孙椿荣、张象明：《灵宝县志》，1935年铅印本。

陶钟翰：《开封县志草略》，1941年开封马集文斋铅印本。

屋联元、王诩运：《镇平县志》，1876年木刻本。

萧国祯、李礼耕、焦封桐等：《民国修武县志》，1931年新乡修文印刷所铅印本。

熊灿、张文楷：《扶沟县志》，1893年大程书院刻本。

严绪钧、朱撰卿：《淮阳县志》，1916年刊本。

姚家望、黄荫梢：《封丘县续志》，1937年开封新豫印刷所铅印本。

佚名：《潢川县志》，1948年手稿本。

佚名：《内乡通考》，1864年手稿本。

于沧澜、马家彦、蒋师辙：《鹿邑县志》，1896年刊本。

元淮、傅钟浚：《柘城县志》，1896年刊本。

翟爱之：《上蔡县志》，1944年石印本。

张浩源、林裕煮、王凤翔：《民国宜阳县志》，1918年河南商务印刷所铅印本。

张璠璜：《确山县志》，1931年铅印本。

张士杰、侯良禾：《通许县新志》，1934年新豫印刷所铅印本。

张震芳、施景舜：《项城县志》，1914年石印本。

赵辉棣、夏绪卿：《续修息县志》，1880年刊本。

邹古愚、修邹鹊：《获嘉县志》，1935年刊本。

三　近代报纸、杂志

《申报》（1872年创刊）。

《教育世界》（1901年创刊）。

《大公报》（1902年创刊）。

《东方杂志》（1904年创刊）。

《教育杂志》（1909年创刊）。
《中华教育界》（1912年创刊）。
《大中民报》（1912年创刊）。
《豫省简报》（1912年创刊）。
《河南公报》（1912年创刊）。
《自由报》（1912年创刊）。
《评议报》（1912年创刊）。
《河南白话报》（1912年创刊）。
《河声日报》（1912年创刊）。
《临时纪闻》（1913年创刊）。
《开封公理报》（1913年创刊）。
《时事豫报》（1913年创刊）。
《大河通报》（1913年创刊）。
《开封民立报》（1913年创刊）。
《嵩岳日报》（1916年创刊）。
《中州晚报》（1916年创刊）。
《大梁日报》（1916年创刊）。
《晨报》（1916年创刊）。
《豫言报》（1917年创刊）。
《新中州报》（1917年创刊）。
《两河新闻》（1917年创刊）。
《大中日报》（1918年创刊）。
《大同日报》（1919年创刊）。
《新教育》（1919年创刊）。
《新豫日报》（1920年创刊）。
《开封正义报》（1920年创刊）。
《河南教育公报》（1921年创刊）。
《大中国报》（1921年创刊）。
《豫省简报》（1922年创刊）。
《通俗教育报》（1923年创刊）。
《河南省政府公报》（1926年创刊）。

《河南民政》（1927 年创刊）。
《河南建设》（1928 年创刊）。
《河南教育》（1928 年创刊）。
《农民季刊》（1929 年创刊）。
《河南大学校刊》（1929 年创刊）。
《河南大学文学院季刊》（1930 年创刊）。
《殷墟发掘报告》（1930 年创刊）。
《戏剧月刊》（1930 年创刊）。
《河南省政府行政报告》（1931 年创刊）。
《学校之友》（1932 年创刊）。
《河南大学周刊》（1932 年创刊）。
《开封教育实验季刊》（1933 年创刊）。
《教育平话》（1934 年创刊）。
《河南大学学报》（1934 年创刊）。
《河南农村合作》（1934 年创刊）。
《河南统计汇刊》（1935 年创刊）。
《合作事业》（1936 年创刊）。
《河南大学农学院院刊》（1936 年创刊）。
《河南博物馆馆刊》（1936 年创刊）。
《河南合作》（1940 年创刊）。
《河南大学文学院学术丛刊》（1941 年创刊）。
《河南善救分署周报》（1946 年创刊）。
《国立河南大学学术丛刊》（1946 年创刊）。
《豫教通讯》（1946 年创刊）。
《河南农讯》（1947 年创刊）。

四　校史、文史资料类

《河南大学校史》编写组：《河南大学校史》，河南大学出版社 2002 年版。
《暨南大学校史》编写组：《暨南大学校史》，暨南大学出版社 1996 年版。
《交通大学校史》编写组：《交通大学校史》，高等教育出版社 1996 年版。

梁山、李坚、张可谟：《中山大学校史（1924—1949）》，上海教育出版社1983年版。

南京大学高教研究所史料编写组：《金陵大学史料集》，南京大学出版社1989年版。

《南开大学校史》编写组：《南开大学校史》，南开大学出版社1989年版。

《清华大学校史》编写组：《清华大学校史稿》，中华书局1981年版。

《山东大学校史》编写组：《山东大学百年史（1901—2001）》，山东大学出版社2001年版。

《山西大学校史》编纂委员会：《山西大学百年校史》，中华书局2002年版。

《四川大学校史》编写组：《四川大学校史稿》，四川大学出版社1985年版。

萧超然、沙健孙、梁柱等：《北京大学校史稿（1898—1949）》，北京大学出版社1988年版。

张玉英、王百强、钱辛波主编：《燕京大学史稿（1919—1952）》，人民中国出版社1999年版。

《浙江大学校史》编写组：《浙江大学校史》，浙江大学出版社1996年版。

中国人民政治协商会议安阳政治协商会议文史资料编印室编：《安阳文史资料》1990—2007年刊。

中国人民政治协商会议宝丰政治协商会议文史资料编印室编：《宝丰文史资料》1999—2003年刊。

中国人民政治协商会议登封政治协商会议文史资料编印室编：《登封文史资料》1984—2003年刊。

中国人民政治协商会议河南省政治协商会议文史资料编印室编：《河南文史资料》1979—2006年刊。

中国人民政治协商会议开封政治协商会议文史资料编印室编：《开封文史资料》1981—2003年刊。

中国人民政治协商会议洛阳政治协商会议文史资料编印室编：《洛阳文史资料》1989—1996年刊。

中国人民政治协商会议南阳政治协商会议文史资料编印室编：《南阳文史资料》1985—2007年刊。

中国人民政治协商会议商丘政治协商会议文史资料编印室编:《商丘文史资料》1993—1999年刊。

中国人民政治协商会议新乡政治协商会议文史资料编印室编:《新乡文史资料》1991—2002年刊。

五 中英文著作类

蔡建国:《蔡元培与近代中国》,上海社会科学院出版社1997年版。

曹凤南:《小学乡土教育的理论与实际》,中华书局1936年版。

曹锦青:《黄河边上的中国》,上海文艺出版社2000年版。

常导之:《教育行政大纲》,中华书局1933年版。

陈达凯等主编:《中国现代化史 第一卷 1800—1949》,学林出版社2006年版。

陈东原:《中国教育史》,商务印书馆1936年版。

陈果夫:《中国教育改革之途径》,正中书局1945年版。

陈景磐:《中国近现代教育家传》,北京师范大学出版社1987年版。

陈礼江:《民众教育》,正中书局1937年版。

陈宁宁:《黉宫圣殿——河南大学近代建筑群》,河南大学出版社2006年版。

陈旭麓:《近代中国社会的新陈代谢》,上海人民出版社1992年版。

陈翊林:《最近三十年中国教育史》,太平洋书店1930年版。

褚启宏:《教育现代化的路径》,教育科学出版社2000年版。

[德]兰德曼:《哲学人类学》,彭富春译,工人出版社1988年版。

[德]雅斯贝尔斯:《什么是教育》,邹进译,生活·读书·新知三联书店1991年版。

杜成宪等:《中国教育史学九十年》,华东师范大学出版社1998年版。

樊粹庭:《樊粹庭文集·手札评鉴》,张大新编校,河南大学出版社2012年版。

甘豫源:《乡村教育》,中华书局1935年版。

高践四:《民众教育》,商务印书馆1934年版。

高瑞泉:《中国近代社会思潮》,华东师范大学出版社1996年版。

古楳：《乡村教育新论》，民智书局 1933 年版。
顾岳中：《民众教育》，商务印书馆 1948 年版。
郭人全：《农村教育》，黎明书局 1934 年版。
郭胜强：《河南大学与甲骨学》，河南大学出版社 2003 年版。
韩德英、杨杨、杨健民：《中国豫剧》，河南人民出版社 1999 年版。
胡焕庸：《中国东部、中部、西部三带的人口、经济和生态环境》，华东师范大学出版社 1989 年版。
黄书光：《胡适教育思想研究》，辽宁教育出版社 1994 年版。
黄宗智：《中国研究的范式问题讨论》，社会科学文献出版社 2003 年版。
霍益萍：《近代中国的高等教育》，华东师范大学出版社 1999 年版。
季啸风主编：《中国高等学校变迁》，华东师范大学出版社 1992 年版。
［加拿大］许美德：《中国大学 1895—1995：一个文化冲突的世纪》，许洁英等译，教育科学出版社 2000 年版。
姜书阁：《中国近代教育制度》，商务印书馆 1934 年版。
教育杂志社编：《大学之教育》，商务印书馆 1925 年版。
金林样：《蔡元培教育思想研究》，辽宁教育出版社 1994 年版。
金以林：《近代中国大学研究：1895—1949》，中央文献出版社 2000 年版。
李华兴：《民国教育史》，上海教育出版社 1997 年版。
李济：《安阳》，上海世纪出版集团 2006 年版。
李济：《中国文明的开始》，江苏教育出版社 2005 年版。
李泰棻：《国民军史稿》，文海出版有限公司 1981 年版。
刘世永、解学东：《河南近代经济》，河南大学出版社 1988 年版。
刘正伟：《督抚与士绅·江苏教育近代化研究》，河北教育出版社 2001 年版。
刘志琴等：《近代中国社会文化变迁录》，浙江人民出版社 1998 年版。
罗荣渠主编：《从"西化"到"现代化"——"五四"以来有关中国的文化趋向和发展道路论争文选》，北京大学出版社 1990 年版。
罗廷光：《教育行政》，商务印书馆 1946 年版。
罗志田：《乱世潜流：民族主义与民国政治》，上海古籍出版社 2001 年版。

马宗荣：《社会教育事业十讲》，商务印书馆 1936 年版。

毛礼锐、沈灌群：《中国教育通史》（第五卷），山东教育出版社 1988 年版。

［美］伯顿·R. 克拉克：《高等教育系统：学术组织的跨国研究》，王承绪等译，杭州大学出版社 1994 年版。

［美］柯文：《在中国发现历史——中国中心观在美国的兴起》，林同奇译，中华书局 2002 年版。

［美］列文森：《儒教中国及其现代命运》，郑大华、任菁译，中国社会科学出版社 2000 年版。

［美］乔治·麦可林：《传统与超越》，干春松、杨风岗译，华夏出版社 2000 年版。

［美］薛立敦：《冯玉祥的一生》，丘权政、陈昌光等译，浙江教育出版社 1988 年版。

［美］亚伯拉罕·弗莱克斯纳：《现代大学论——美英德大学研究》，徐辉、陈晓菲译，浙江教育出版社 2001 年版

［美］张信：《二十世纪初期中国社会之演变——国家与河南地方精英》，岳谦厚、张玮译，中华书局 2004 年版。

商丽浩：《政府与社会：近代公共教育经费配置研究》，河北教育出版社 2001 年版。

商务印书馆编：《最近三十五年之中国教育》，商务印书馆 1931 年版。

申志诚、孙增福等：《河南近现代教育史稿》，河南大学出版社 1990 年版。

石柏林：《凄风苦雨中的民国经济》，河南人民出版社 1993 年版。

石磊：《中国豫剧第一批创作剧目："樊戏"研究》中国戏剧出版社 2003 年版。

石中英：《知识转型与教育改革》，教育科学出版社 2001 年版。

舒新城：《近代中国教育思想史》，中华书局 1932 年版。

舒新城：《中国教育小史》，泰东书局 1929 年版。

唐力行：《国家、地方、民众的互动与社会变迁》，商务印书馆 2004 年版。

陶孟和：《社会与教育》，商务印书馆 1930 年版。

田正平：《留学生与中国教育近代化》，广东教育出版社1996年版。

田正平、商丽浩：《中国高等教育百年史论：制度变迁、财政运作与教师流动》，人民教育出版社2006年版。

田正平：《中国教育史研究——近代分卷》，华东师范大学出版社2001年版。

田正平主编：《中国教育思想通史》（第六卷），湖南教育出版社1994年版。

王炳照、阎国华：《中国教育思想通史》（第七卷），湖南教育出版社1994年版。

王东杰：《国家与学术的地方互动——四川大学国立化进（1925—1939）》，生活·读书·新知三联书店2005年版。

王尔敏：《近代文化生态及其变迁》，百花洲文艺出版社2002年版。

王凤喈：《中国教育史》，国立编译馆1945年版。

王雷：《中国近代社会教育史》，人民教育出版社2002年版。

王李金：《中国近代大学创立和发展的路径——从山西大学堂到山西大学（1902—1937）的考察》，人民出版社2007年版。

王日新、蒋笃运：《河南教育通史》，大象出版社2004年版。

王锡彤：《抑斋自述》，河南大学出版社2001年版。

王卓然：《中国教育一瞥录》，商务印书馆1923年版。

吴家莹：《中华民国教育政策发展史》，五南图书出版公司2001年版。

吴式颖、阎国华：《中外教育比较史纲·近代卷》，山东教育出版社1997年版。

吴相湘：《晏阳初传》，岳麓书社2001年版。

吴宣德：《中国区域教育发展概论》，湖北教育出版社2003年版。

吴研因、翁之达：《中国之小学教育》，商务印书馆1934年版。

熊明安：《中国高等教育史》，重庆出版社1988年版。

徐慕云：《中国戏剧史》，上海世纪出版集团2008年版。

许小青：《政局与学府：从东南大学到中央大学（1919—1937）》，中国社会科学出版社2009年版。

阎团结、梁星亮：《冯玉祥幕府与幕僚》，浙江文艺出版社2010年版。

杨念群等：《新史学：多学科对话的图景》（上、下），中国人民大学出版社 2003 年版。

杨念群:《中层理论——东西思想会通下的中国史研究》,江西教育出版社 2007 年版。

杨荫溥:《民国财政史》,中国财政经济出版社 1985 年版。

余家菊:《中国教育史要》,中华书局 1934 年版。

余子侠:《民族危机下的教育应对》,华中师范大学出版社 2001 年版。

俞庆棠:《师范学校民众教育》,正中书局 1946 年版。

曾业英主编:《五十年来的中国近代史研究》,上海世纪出版集团、上海书店出版社 2000 年版。

张静如等:《北洋军阀统治时期中国社会之变迁》,中国人民大学出版社 1992 年版。

张静如等:《国民政府统治时期中国社会之变迁》,中国人民大学出版社 1993 年版。

张亚群:《科举革废与近代中国高等教育的转型》,华中师范大学出版社 2005 年版。

张应强:《高等教育现代化的反思与建构》,黑龙江教育出版社 2000 年版。

赵清明:《山西大学与山西近代教育》,高等教育出版社 2011 年版。

郑登云:《中国高等教育史》(上册),华东师范大学出版社 1994 年版。

中国文化建设协会编:《抗战前十年之中国》(影印版),文海出版有限公司 1974 年版。

钟叔河、朱纯主编:《过去的大学》,长江文艺出版社 2005 年版。

周予同:《中国现代教育史》,良友图书印刷公司 1934 年版。

朱经农:《教育思想》,商务印书馆 1948 年版。

朱元善:《职业教育真义》,商务印书馆 1917 年版。

庄泽宣、陈学恂:《民族性与教育》,商务印书馆 1939 年版。

庄泽宣:《如何使新教育中国化》,民智书局 1929 年版。

庄泽宣:《新中华教育概论》,新国民图书社 1935 年版。

Israel, Jonev, *Student Nationalism in China*, 1927 – 1937, Standford: Standford Hoover Institution&Standford University Press, 1966.

Sheridan and James E., *China in Disintegration: the Republican Era in Chi-*

nese History, 1912 – 1949, New York: Free Press, 1975.

Fewsmith and Joseph, *Party, State, and Local Elitesin Republican China Merchant Organizations and Politics in Shanghai, 1890 – 1930*, Honolulu: University of Hawaii Press, 1985.

Yeh Wen-hsin, *The Alienated Academy: Culture and Politics in Republican China, 1919 – 1937*, Cambridge Mass: Harvard University, 1990.

Wang Te-wei, *Fin-de-siáecle Splendor Repressed Modernities of Late Qing Fiction, 1849 – 1911*, Stanford, Calif: Stanford University Press, 1997.

Arthur M. Cohen, *The Shaping of American Higher Education*, SanFrancisco: Jossey-Bass Publishers, 1998.

Richard Aldrich, *A Century of Education*, London: Routledge Falmer, 2002.

Michael Lackner and Natascha Viltinghoff, *Mapping Meanings-The Field of New Learning in Late Qing China*, Leiden · Boston: Brill, 2004.

Huters, *Bringing the World Home: Appropriating the West in Late Qing and Early Republican China*, Honolulu: University of Hawaii Press, 2005.

Michacl. Shattock, *Managing Good Governance in Higher Education*, New York: Open University, 2006.

六 学术论文类

鲍和平:《胡适与善后会议》,《民国档案》1998 年第 1 期。

曹峻:《试论民国时期的灾荒》,《民国档案》2000 年第 3 期。

陈德军:《南京国民政府初期的"青年问题":从国民识字率角度的一个分析》,江苏社会科学 2002 年第 1 期。

陈业新:《近五百年来淮河中游地区蝗灾初探》,《中国历史地理论丛》2005 年第 2 期。

程凯:《河南古代教育发展述略》,《史学月刊》1994 年第 5 期。

程凯:《近代河南教育改革与发展述略》,《河南社会科学》1995 年第 4 期。

程凯:《清末河南教育状况探究》,《河南社会科学》1995 年第 6 期。

杜成宪:《20 世纪关于中国教育史发展线索问题的探索》,《华东师范大学学报》（教育科学版）2001 年第 4 期。

杜成宪：《中国教育史学科体系试构》，《华东师范大学学报》（教育科学版）1997 年第 1 期。

杜恂诚：《民国时期的中央与地方财政划分》，《中国社会科学》1998 年第 3 期。

高燕宁：《辛亥革命与中国政治现代化的初步尝试》，《思想战线》2001 年第 2 期。

黄书光：《论陈鹤琴在中国现代教育史上的地位》，《华东帅范大学学报》（教育科学版）1997 年第 4 期。

江瑞平：《现代化研究的中国化》，《中国社会科学》1998 年第 1 期。

蒋大椿：《历史的内容及其前进的动力》，《近代史研究》1981 年第 4 期。

金林祥：《中国近代学制略论》，《教育评论》1996 年第 1 期。

李德芳：《试论南京国民政府初期的村治派》，《史学月刊》2001 年第 1 期。

李瑚：《谈近代史料的搜集与整理》，《近代史研究》1982 年第 4 期。

李均：《民国时期高等教育研究述论》，《学术研究》2004 年第 10 期。

李喜所：《清末民初的留学生》，《史学月刊》1982 年第 4 期。

李喜所：《中国留学生研究的历史考察》，《文史哲》2005 年第 4 期。

李晓晨：《论民国时期华北农村迷信风俗》，《河北大学学报》（哲学社会科学版）2006 年第 4 期。

李玉才：《冯玉祥与民国年间豫陕甘大赈灾（1928—1930）》，《中国农史》2006 年第 1 期。

林被甸：《现代化研究在中国的兴起与发展》，《历史研究》1998 年第 5 期。

林良夫：《民国时期教育家群体特征论析》，《华东师范大学学报》（教育科学版）1999 年第 4 期。

刘海峰：《中国高校校史确定的原则与标准》，《中国高教研究》2004 年第 1 期。

罗荣渠：《新历史发展观与东亚的现代化进程》，《历史研究》1996 年第 5 期。

罗志田：《五代式的民国：一个忧国知识分子对北伐前数年政治格局的即

时观察》，《近代史研究》1999 年第 4 期。

马敏：《建构民国时期（1912—1949）社会发展指标体系的几点思考》，《华中师范大学学报》（人文社会科学版）2001 年第 1 期。

麦致远：《近代军阀与辛亥革命》，《华中师范大学学报》1982 年第 5 期。

商丽浩：《近代教育收费制度的历史考察》，《华东师范大学学报》（教育科学版）1998 年第 2 期。

申国昌、李宇阳：《新中国区域教育史研究的回顾与展望》，《教育史研究》2021 年第 1 期。

宋秋蓉：《民国时期私立大学发展的政策环境》，《清华大学教育研究》2004 年第 2 期。

苏新留：《略论民国时期河南水旱灾害及其对乡村地权转移的影响》，《社会科学》2006 年第 11 期。

苏新留：《民国时期河南水旱灾害初步研究》，《中国历史地理论丛》2004 年第 3 期。

苏新留：《民国时期水旱灾害与河南乡村社会》，博士学位论文，复旦大学，2003 年。

孙语圣：《民国时期自然灾害救治社会化研究》，博士学位论文，苏州大学，2006 年。

田正平：《蔡元培教育思想的历史进步性》，《杭州大学学报》1980 年第 1 期。

田正平、陈玉玲：《中央与地方之冲突：国民政府初期对地方高校的整顿——以四川大学、山西大学校为中心的考察》，《高等教育研究》2013 年第 6 期。

田正平：《关于民国教育的若干思考》，《教育学报》2016 年第 4 期。

田正平、刘崇民：《民国时期（1912—1937）县教育局长群体构成分析》，《浙江大学学报》（人文社会科学版）2006 年第 5 期。

田正平：《论中国教育近代化的延误》，《华东师范大学学报》（教育科学版）1996 年第 4 期。

田正平：《论中国近代留学教育的兴起》，《教育研究》1994 年第 4—5 期。

田正平、潘文鸢：《关于中国大学史研究的若干思考》，《社会科学战线》

2018 年第 2 期。

田正平：《嬗变中的留学潮流与民国初年的教育改革》，《华东师范大学学报》（教育科学版）1995 年第 2 期。

田正平、肖朗：《教育交流与教育现代化》，《社会科学战线》2003 年第 2 期。

田正平、肖朗：《教育史学科建设的回顾与前瞻》，《教育研究》2003 年第 1 期。

田正平：《辛亥革命与中国教育近代化》，《浙江大学学报》（人文社会科学版）2002 年第 1 期。

田正平、张建中：《对近代边疆教育的思考》，《西北师范大学学报》2009 年第 3 期。

田正平、朱宗顺：《评列文森的中国近代史观——对列文森〈儒教中国及其现代命运〉的思考》，《浙江大学学报》（人文社会科学版）2004 年第 1 期。

王炳照：《二重性·两点论·双重任务——略论中国传统教育与现代化》，《北京师范大学学报》1995 年第 5 期。

王洪瑞：《清代河南学校教育发展的时空差异与成因分析》，博士学位论文，陕西师范大学，2007 年。

王家范：《关于社会历史认识的若干思考》，《史林》1998 年第 1 期。

王建革：《近代华北乡村的社会内聚及其发展障碍》，《中国农史》1999 年第 4 期。

王天奖：《民国时期河南的学校教育》，《河南大学学报》（社会科学版）1996 年第 3 期。

王续添：《地方主义与民国社会》，《教学与研究》2000 年第 2 期。

王续添：《地方主义与民国社会（续）》，《教学与研究》2000 年第 3 期。

王续添：《论民国时期的地方政治意识》，《教学与研究》2003 年第 5 期。

王续添：《论民国时期的地方政治意识（续）》，《教学与研究》2003 年第 6 期。

王续添：《民国时期的地方心理观念论析》，《史学月刊》1999 年第 4 期。

王学典：《大学校史与学术史的关联——读〈青岛海洋大学大事记〉》，《中国海洋大学学报》（社会科学版）2004 年第 6 期。

王彦才：《论民国时期政府对私立大学的资助》，《教育评论》2006年第6期。

王印焕：《民国时期离村农民的内在结构特点分析》，《社会科学辑刊》2003年第1期。

王振伟：《现代豫剧之父——樊粹庭》，《当代戏剧》2005年第3期。

吴效马：《民国时期社会风俗转型的二重性特征》，《教学与研究》2004年第12期。

吴星云：《民国乡村建设派别的主要分歧》，《历史教学》2004年第12期。

熊贤君：《中国近现代义务教育的特征》，《华东师范大学学报》（人文社会科学版）1998年第2期。

徐洁：《民国时期（1927—1949）中国大学课程整理过程及发展特点》，《江苏高教》2007年第2期。

徐莉、牛中家、陈成名等：《民国时期河南省教育厅的工作方针、任务与措施》，《档案管理》2003年第1期。

徐秀丽：《民国时期的乡村建设运动》，《安徽史学》2006年第4期。

荀渊：《中国高等教育从传统向现代的转型——对1901—1936年间中国高等教育变革的考察》，博士学位论文，华东师范大学，2002年。

杨涛：《河南大学堂创建考》，《郑州大学学报》（哲学社会科学版）2011年第2期。

于述胜：《论民国时期教育制度的评价尺度及其发展逻辑》，《华东师范大学学报》（教育科学版）1999年第3期。

虞和平：《略论民国时期的人力资源开发》，《历史研究》1998年第2期。

袁中金：《河南近代铁路建设与经济发展》，《史学月刊》1993年第4期。

曾海洋：《厦门大学与闽南社会区域文化变迁研究——以私立时期（1921—1937）为中心》，博士学位论文，厦门大学，2007年。

曾宪林：《论武汉国民政府的性质》，《近代史研究》1982年第1期。

张斌贤：《关于大学史研究的基本构想》，《北京大学教育评论》2005年第3期。

张大新：《樊粹庭在豫剧现代化进程中的卓越贡献》，《岭南师范学院学报》2017年第1期。

张海鹏：《关于中国近代史的分期及其"沉沦"与"上升"诸问题》，《近代史研究》1998年第2期。

章开沅：《论国魂——辛亥革命进步思潮浅析之一》，《华中师范大学学报》（人文社会科学版）1981年第4期。

章开沅：《排满与民族运动》，《近代史研究》1981年第3期。

赵清明：《从山西大学看山西教育近代化的起步》，《高等教育研究》2010年第5期。

赵艳萍：《民国时期的蝗灾与社会应对》，博士学位论文，华南师范大学，2007年。

郑宝恒：《民国时期行政区划变迁述略（1912—1949）》，《湖北大学学报》（哲学社会科学版）2000年第2期。

郑登云：《中国近代中师课程的沿革》，《华东师范大学学报》（教育科学版）1996年第3期。

周川：《1917年中国的大学：变革及其意义》，《高等教育研究》2017年第5期。

后　　记

　　本书是在我的博士学位论文的基础上修改而成的。选择这样一个题目，与导师田正平先生对中国现代大学研究状况的全面思考有着密切关系。

　　先生一直强调，中国高等教育早期现代化并不仅仅是沿海、沿江等著名现代大学的参与，广大内陆地区一些现代大学在其中发挥的作用也不容忽视。因此，对中国现代大学的研究，不应局限于对沿海、沿江地区著名现代大学的关注，而要扩大研究视野，对一些有代表性的内陆现代大学也要进行深入研究，这样才能较为全面、系统地反映出中国高等教育早期现代化进程中的多重面相。先生认为，河南大学早期的发展极具代表性。先生指出，河南大学于辛亥革命后由河南知识分子倡议建立，以河南留学欧美预备学校起步，到抗战全面爆发前，在没有中央财政支持的情况下，短短二十多年的时间已经发展成为一所在全国屈指可数的学科门类比较齐全的综合性大学。河南大学早期的迅速发展虽然体现出中国高等教育早期现代化进程中的一些共性，但更反映出了内地现代大学和地方社会互动发展的独特性。虽然河南大学早期发展历史可谓是内地现代大学的一个典型，但对河南大学所进行的系统性学术研究还有很大提升空间。因此，围绕河南大学早期与河南社会互动发展做一系统研究不失为一个较为合理的选题。进入浙江大学师从先生攻读博士学位前，我曾在河南大学求学，先生建议我，可利用自己学术经历的便利来从事这方面的研究。

　　题目确定后，最初有些沾沾自喜，感觉这样的选题应当很容易。但随着研究的展开，发现这是一个看似简单、却需要花费很大工夫的选题，尤其是因为相关研究相对单薄，加上相关史料较为分散，竟然感觉研究无从着手，导致一段时间研究几乎陷入了停滞状态，甚至出现了想要放弃的想法。针对我的困惑，先生数次叮咛和开导我，选择这样的课题，一定不要就事论事，要牢牢把握中国现代大学的发展一直和外部社会有着千丝万缕联系这一主线。因此，除了要充分考虑到国家环境这一影响现代大学发展的宏观背景外，一些学者的言论、地方先进知识分子的诉求以及地方主政者对教育的喜好等因素都是需要关注和着力的方面。同时，也要通过爬梳史料深入发掘大学对地方教育、文化和经济等方面的贡献，这样才能体现出大学和地方社会的互动、反映出大学的特色。先生告诫我要沉下心来，先踏踏实实地查阅和整理资料，然后再对论文进行写作和组织，否则，只会"欲速则不达"。先生的指导可谓让我茅塞顿开，使我的研究少走了很多弯路。论文初稿完成后，先生从微观的错字、漏字、标点符号的使用，到宏观的论文整体布局，都做了详细的批注和修改，由于怕我没有深入系统地了解他的评语，每章最后他都再次对该章的不足和缺陷分门别类地进行一个详细的总结性评价并提出整体修改建议。没有先生的悉心指导，我的论文根本不可能顺利完成。

浙江大学教育学院的肖朗教授对我写作过程中的帮助和启发良多。肖老师不仅对论文框架的不足和需要改进之处提出了诸多可行的建设性建议，更是把自己的一些与我论文相关的书籍借给我，为我的写作提供了诸多方便。

感谢参加我的博士论文答辩的孙培青教授、杜成宪教授、周谷平教授、商丽浩教授和吴宣德教授，他们在对我的论文予以肯定的同时，也提出了非常宝贵的意见。有些意见在修改和完善的过程中已经采纳，有些意见由于缺乏深刻的认识，有待于以后体会和补充。

浙大毕业已逾十一载，听悉当时负责研究生事务工作的甘露老师已经退休，但甘露老师耐心细致的帮助仍让我难以忘怀。

永远铭记河南大学苗春德先生给予的各种帮助。苗先生一直关注和关心我的研究工作，多次通过电话与我讨论和研究相关问题，对本课题的研究思路、研究框架以及相关内容等方面都分别提出了建设性的意见和建议，并提供了许多珍贵的研究资料。

感谢同门一众同学的各种帮助。尤其难忘的是，在论文写作过程中，张建中小师兄不吝把他多年来所搜集的各种资料全部送给我，使我在搜集和利用资料方面获得了极大的方便。赵清明师兄虽然公务繁忙，但仍然经常打电话告诫我一定要勤奋！不要拖拉！并一再叮嘱我要咬紧牙关、不能在关键时刻掉链子。

衷心感谢南阳师范学院学报编辑部李玉恒编审各种兄长般的无私关怀和帮助！

感谢我的妻子！在我求学期间，是她用自己顽强的韧性支撑起了我们的家，才使我安心地在浙大求学。她的辛劳付出是我学业得以完成的根本保证。

河南大学校史办的刘卫东教授、校档案馆陈宁宁馆长、校友会侯宝顺老师等对我在河南大学查阅资料给予了极大的帮助。

感谢中国社会科学出版社李凯凯老师，是他的辛勤劳动，才使本书得以及时出版。

杨　涛

2022 年 6 月于湖州学院